ELMAR SABELBERG

REGIONALE STADTTYPEN IN ITALIEN

ERDKUNDLICHES WISSEN

SCHRIFTENREIHE FÜR FORSCHUNG UND PRAXIS
HERAUSGEGEBEN VON ADOLF LEIDLMAIR,
EMIL MEYNEN UND ERNST PLEWE

HEFT 66

GEOGRAPHISCHE ZEITSCHRIFT · BEIHEFTE

FRANZ STEINER VERLAG WIESBADEN GMBH
1984

ELMAR SABELBERG

REGIONALE STADTTYPEN
IN ITALIEN

GENESE UND HEUTIGE STRUKTUR
DER TOSKANISCHEN UND SIZILIANISCHEN STÄDTE
AN DEN BEISPIELEN
FLORENZ, SIENA, CATANIA UND AGRIGENT

MIT 4 ABBILDUNGEN, 62 KARTEN UND 10 BILDERN

FRANZ STEINER VERLAG WIESBADEN GMBH
1984

Zuschriften, die die Schriftenreihe „Erdkundliches Wissen" betreffen, erbeten an:
Prof. Dr. E. Meynen, Langenbergweg 82, D-5300 Bonn 2
oder
Prof. Dr. E. Plewe, Roonstr. 16, D-6900 Heidelberg
oder
Prof. Dr. A. Leidlmair, Kaponsweg 17, A-6065 Thaur/Tirol

Gedruckt mit Unterstützung der Deutschen Forschungsgemeinschaft

CIP-Kurztitelaufnahme der Deutschen Bibliothek

Sabelberg, Elmar:
Regionale Stadttypen in Italien : Genese u. heutige Struktur d. toskan. u. sizilian. Städte an d.
Beispielen Florenz, Siena, Catania u. Agrigent / Elmar Sabelberg. – Wiesbaden : Steiner, 1984.
   (Erdkundliches Wissen ; H. 66)
   ISBN 3-515-04052-8
NE: GT

Meinem Vater
Fritz Dörrenhaus
zum 81. Geburtstag

VORWORT

Die Städte in Italien haben einen eigentümlichen Charakter. Immer wieder wurde erkannt und formuliert, daß sie physiognomische, funktionale und historische Besonderheiten aufweisen; deren Aufzählung oder gar Analyse fehlen dagegen. Die vorliegende Arbeit faßt die italienischen Städte als *regionale Stadttypen* auf, deren eigenartiger struktureller Aufbau in zweifacher Hinsicht gedeutet werden kann: Zum einen weicht er in den italienischen Städten insgesamt von der allgemein vertretenen Stadtmodellvorstellung ab; zum anderen lassen sich auch innerhalb Italiens Städte mit verschiedenartiger innerer Struktur gegeneinander abgrenzen. Die Erklärung der regionalen Stadttypen wird über die in den Beispielgebieten unterschiedliche Stadtgeschichte — also über die *Genese* der Städte — vorgenommen. Die Untersuchung begreift sich dabei als eingebunden in die historisch-genetische Forschungstradition und baut auf den in verschiedenen Wissenschaften über Italien gewonnenen Forschungsergebnissen auf. Dabei sind wichtige Grundgedanken der Arbeit durch die Vorstellung und Anregung einzelner Geographen geprägt, die ich als meine Lehrer bezeichnen möchte.

F. Dörrenhaus hat mehrfach die grundsätzliche Unterscheidung der genetischen Stadttypen in Italien formuliert (z.B. Dörrenhaus 1976). In zahlreichen Gesprächen verdeutlichte er mir seine Gedanken und vermittelte mir so das Bewußtsein, daß die Einbeziehung der Geschichte die kulturgeographische Forschung in Italien um neue Erkenntnisse bereichert. Für zwei der genetischen Stadttypen wurden Strukturunterschiede z.B. in der heutigen Bausubstanz und in der Anordnung der Funktionen aus den Unterschieden in der Geschichte abgeleitet. Der Ansatz von Dörrenhaus wird hier also weitergeführt und auf die heutige Struktur der Städte bezogen.

E. Meynen hat mir die Vorstellung, daß die persistenten Gebäude der heute sichtbare Ausdruck der Stadtgeschichte sind, nahegebracht. Auf einer Vielzahl von Exkursionen durch die Stadt Köln, an denen ich als Student und Assistent teilnehmen konnte, lernte ich zu verstehen, wie das Weiterbestehen der Gebäude die heutige Funktionsanordnung in den Städten mitbeeinflußt. Dieser Grundgedanke erwies sich in Italien, wo die Gebäude über ungewöhnlich lange Zeiträume hinweg weiterbestehen, als entscheidendes Bindeglied zwischen der Stadtgeschichte und der heutigen Struktur.

Von J. Bartel wurde mir in vielen Diskussionen, z.T. direkt in Siena, verdeutlicht, daß für eine Interpretation der früheren Anordnung der Gebäude das Wegenetz in seinem klein- und großräumigen Verlauf von großer Wichtigkeit ist. In Siena und Florenz konnte erst über diese Deutung die Anordnung der mittelalterlichen Gebäudetypen durch verschiedene Stadtentwicklungsphasen erklärt werden.

Die Ergebnisse dieser Arbeit hätten in dieser Form und Deutlichkeit nicht ohne die anregenden Diskussionen mit meinem Lehrer K. Rother und mit meinen Kollegen vom Lehrstuhl II des Geographischen Instituts der Universität Düsseldorf formuliert werden können. Den Herausgebern des „Erdkundlichen Wissens, Beihefte zur Geographischen Zeitschrift" danke ich für die Aufnahme in die Reihe. Es freut mich besonders, daß meine Untersuchung hier erscheinen kann, wo auch die Grundgedanken von Dörrenhaus veröffentlicht wurden.

Der Deutschen Forschungsgemeinschaft danke ich für die Unterstützung dieser Arbeit durch einen Reisekostenzuschuß und durch ein einjähriges Habilitationsstipendium.

Die Arbeit ist die überarbeitete Fassung einer Habilitationsschrift, die im Wintersemester 1981/82 von der Mathematisch-Naturwissenschaftlichen Fakultät der Universität Düsseldorf angenommen wurde.

Düsseldorf 1983   Elmar Sabelberg

INHALTSVERZEICHNIS

1. EINLEITUNG

Italien ist ein „Land der Städte". Unter ganz verschiedenen Gesichtspunkten bestimmen sie die Entstehung und die Struktur der italienischen Kulturlandschaft. *Historisch* reichen die Anfänge der Stadtkultur in Italien für europäische Verhältnisse sehr weit zurück. Die ersten Städte lassen sich bereits am Ende der Villanova-Kultur (ca. 7. Jahrhundert v. Chr., Banti 1960) nachweisen. Die Städte der Etrusker, Griechen und Karthager bildeten bereits ein dichtes Netz. Sie sind weitgehend sicher datiert und meist auch lokalisiert; häufig bestehen sie heute noch fort. Die Römer bauten das Städtesystem weiter aus und legten schon das Grundmuster der heutigen Verteilung fest. In der weiteren Geschichte Italiens wurden zwar Städte aufgegeben, verlegt und auch neu gegründet; wichtiger ist jedoch die innere Entwicklung und Veränderung der bereits bestehenden städtischen Siedlungen. Sie führte in den einzelnen Regionen Italiens zu unterschiedlichen Stadtgeschichten, die in den Orten ganz verschiedene wirtschaftliche, soziale, bauliche und topographische Auswirkungen hatten. Damit hat die Geschichte eine sehr große Bedeutung für das Städtewesen sowie für die Anzahl und innere Struktur der Städte.

Infolge der weit zurückreichenden Geschichte der Städte ist ihre *Anzahl* in Italien sehr groß und je nach den verwendeten Definitionsmerkmalen verschieden. Etwa 8.000 Orte haben einen historisch bedeutenden Kern mit einer „städtischen" Bausubstanz (Arbeitskreis 1975, S. 153). Nach Strukturmerkmalen – etwa der Dichte der Bebauung und der Bevölkerungzahl – weisen weite Bereiche Italiens fast ausschließlich städtische Siedlungen auf (Almagia 1959, S. 587). Selbst kleine Orte zeigen nach der Anzahl der Geschäfte und nach dem täglichen Passantenverkehr einen städtischen Charakter. Zusätzlich hatten und haben die Städte einen sehr direkten *Einfluß* auf das umgebende Land. In etruskischer, griechischer, vorrömischer und römischer Zeit waren sie ähnlich wie eine Polis organisiert. Sie waren Stadtstaaten, in denen Stadt und agrarisches Umland eine rechtliche, verwaltungstechnische, soziale und wirtschaftliche Einheit bildeten. In den römischen Municipien lebte diese Ordnung fort. Italien war damals ein Verband von Stadtstaaten, denen zur Polis nur die außenpolitische Selbständigkeit fehlte. Die heutige Folge dieser Organisation ist, daß in Italien die Stadtgemeinden dominieren, und auch in Landgemeinden, d.h. in Gemeinden ohne ein städtisches Zentrum, sind die „Dörfer"[1] oft „stadtartig" gebaut. Nur wenige Städte sind seit dem 19. Jahrhundert über ihre Gemeindegrenze hinausgewachsen. Diese Struktur wirkt sich heute auf die zentralörtlichen Beziehungen aus (Wapler 1979). Darüber hinaus ist der Einfluß der

---

1 Der Begriff „Dorf" ist von seiner Bedeutung her nicht ohne weiteres auf italienische Siedlungen übertragbar. In Mitteleuropa ist er mit bestimmten historischen Rechtsformen, mit einer Sozialstruktur, einer Bau- und Anlagenform verbunden, die in dieser Form in Italien nie bestanden haben.

Städte auf ihr Umland noch viel direkter. So wurden in historischer Zeit und werden auch noch heute die Agrarsysteme des Umlandes weitgehend von der städtischen Oberschicht, die gleichzeitig die Landeigentümer stellt, gesteuert; deren Wirtschaftsdenken bestimmt die Agrarwirtschaft des Umlandes (Dörrenhaus 1976; u.a.).

Die Städte nehmen also innerhalb der Kulturlandschaft Italiens eine ganz hervorragende Stellung ein. Ohne sie sind z.B. die Strukturmerkmale der Agrarlandschaft meist gar nicht erklärbar. Darüber hinaus haben die italienischen Städte selbst durch ihre lange Geschichte offensichtlich ein *eigentümliches, inneres Gefüge* in ihrer Architektur, in ihrem Grundriß, in ihrer Sozialgliederung und im Lebensstil ihrer Bevölkerung. Um so erstaunlicher ist es, daß sich nur sehr wenige Arbeiten mit diesen charakteristischen Strukturmerkmalen befassen; sie werden höchstens nur sehr allgemein und ohne weitere Analyse und Begründung aufgezählt (so z.B. Schwarz 1952; Silverman 1975; u.a.). Es gibt zwar eine Fülle von Untersuchungen italienischer, deutscher, englischer und angloamerikanischer Wissenschaftler zu einzelnen Städten oder zum Städtesystem in Italien; jedoch existieren nur wenige detaillierte geographische Stadtmonographien, und nur selten werden in ihnen die Besonderheiten der italienischen Städte betont, die sich aus dem Alter der Stadtkultur, der Dichte des Städtenetzes, der direkten Verknüpfung mit dem Umland und anderem mehr ergeben müssen.

In den meisten geographischen Stadtuntersuchungen dominieren die summarischen Darstellungen. Dem Alter der Städte wird in der Regel mit einer Schilderung der Stadtgeschichte Rechnung getragen, neben der dann unverbunden die moderne Bevölkerungsentwicklung und die jüngere Siedlungsausdehnung untersucht werden. Die Arbeiten erfassen dabei nur in wenigen Fällen die Auswirkungen der Geschichte auf die heutigen Stadtstrukturen. Ebenso sind detaillierte funktionale Stadtanalysen selten, und sie stellen kaum das Spezifische der italienischen Städte dar. Ganz überwiegend übernehmen sie mehr oder minder unausgesprochen die Modellvorstellungen über Stadtstruktur und Stadtentwicklung, wie sie in Mitteleuropa, England und Angloamerika entwickelt wurden und ordnen die untersuchten Städte in diese Modelle ein. Es fehlen im wesentlichen Untersuchungen, die die italienischen Städte als regionale Stadttypen auffassen, indem sie die charakteristischen Formen ihrer Struktur, ihrer funktionalen Gliederung und einzelner Funktionsbereiche als eigenständige Merkmale zu erfassen und durch die besondere Stadtentwicklung oder durch andere Faktoren zu erklären versuchen. Eine Ausnahme bildet hierbei die Interpretation der süditalienischen Klein- und Mittelstädte als „Agrostädte" (Monheim 1969), die an die von Niemeier (1935) in Südspanien entwickelten Gedanken anschließt. Jedoch führte auch dieser Ansatz nicht weiter zu einer Untersuchung von strukturellen Besonderheiten der süditalienischen Stadt, sondern die „Agrostadt" wird in der jüngsten Literatur als ein Übergangsstadium zu einer unseren Modellvorstellungen entsprechenden Stadt interpretiert (King/Strachan 1978).

Neben diesen Untersuchungen von Geographen gibt es eine Fülle von soziologischen Fallstudien, die sich mit der sozialen Schichtung und mit den sozialen Strukturen in italienischen Beispielstädten beschäftigen. Diese Arbeiten sind vorwiegend von Engländern und Angloamerikanern verfaßt worden. Die Ergebnisse werden hierbei durch den wirtschaftlichen Unterschied zwischen Mittel- und Norditalien und dem unterentwickelten Süditalien oder durch das „traditionelle" oder „immobile" Verhalten der Bevölkerung erklärt (so etwa Galtung 1965; u.v.a.m.). Ein Zusammenhang dieser Sozialschichtung zur Stadtgeschichte, zur heutigen Stadtstruktur oder zur Verteilung der innerstädtischen Funktionen wird nur sehr selten aufgedeckt. Diese Arbeiten sind darüber hinaus für eine allgemeine Charakteristik der besonderen Sozialstruktur der Bevölkerung in den italienischen Städten zu verschieden, da sie jeweils eine eigene Sozialgliederung entwerfen.

Die Geschichte der italienischen Städte wird ebenfalls in sehr vielen historischen und kulturhistorischen Arbeiten behandelt. Diese untersuchen dabei vor allem das erneute Aufleben der antiken Stadtstaaten in den „freien Comunen" Nord- und Mittelitaliens. Hier sind die bedeutsamen Sonderentwicklungen der Wirtschafts-, Verfassungs-, Sozial- und Bevölkerungsgeschichte sehr detailliert bearbeitet worden. Für Süditalien fehlen noch entsprechende Untersuchungen. Der Bezug zu den heutigen Städten fehlt den historischen Beiträgen allerdings weitgehend, wenn auch ihre Untersuchungen häufig wichtige Grundlagen für die Erklärung der heutigen Struktur der Städte liefern. Die Kunsthistoriker verbinden in ihren Arbeiten vor allem für die nord- und mittelitalienischen Städte die Ergebnisse der stadtgeschichtlichen Forschung mit der Analyse einzelner Gebäude. Dabei betrachten sie die besonders prächtigen oder kunstgeschichtlich wertvollen Bauten. Ihre Ergebnisse können mit großem Gewinn für eine Untersuchung der Gebäude und für eine weiterführende Analyse des inneren Gefüges der Städte verwandt werden. Als besonders fruchtbar erweisen sich die Stadtforschungen, die sich mit den Überschneidungen im Grenzbereich der Geographie, der Geschichte und der Kunstgeschichte beschäftigten. Sie haben die Besonderheiten der italienischen Stadtgeschichte für eine Interpretation des Grundmusters der Kulturlandschaft verwendet und sind dabei zu wertvollen Ergebnissen für die Topographie der Städte (Braunfels 1979) und für die Entstehung der Agrarlandschaft (Dörrenhaus 1971) gekommen. Für die Analyse und Deutung der inneren Struktur der heutigen Städte in Bausubstanz und Funktionsgliederung sind ihre Grundgedanken jedoch bisher kaum herangezogen worden.

Für die vorliegende Arbeit ergibt sich daraus eine deutliche Aufgabenstellung. Ihr Ziel ist, die charakteristischen Besonderheiten der italienischen Städte und ihre eigentümlichen Abweichungen von den gängigen geographischen Stadtmodellvorstellungen zu erfassen und zu erklären. Diese zeigen sich vor allem in der Bausubstanz, in der Bevölkerungsstruktur und in der Verteilung der tertiären Funktionen, und sie können ohne die Berücksichtigung der langen Stadtgeschichte sicher nicht verstanden werden. Da geographische Stadtmonographien für die Untersuchung dieser Aspekte weitgehend fehlen, sind auch die Merkmale italienischer Stadttypen nur sehr grob umrissen und z.T. gar nicht bekannt. Es liegt deshalb nahe, von den Ergebnissen benachbarter Fächer, die die Besonderheiten der italienischen Städte schon stärker herausgearbeitet haben, auszugehen und zu untersuchen, welche Verbindungen von den dort gebildeten Typen zu den heutigen Stadtstrukturen bestehen.

Am genauesten ist die Geschichte der italienischen Städte erforscht worden, so daß
für die Unterscheidung von *genetischen Stadttypen* eine ausreichende Grundlage
vorhanden ist. Darüber hinaus ist die Übernahme historischer Forschungsergebnisse
erfolgversprechend, weil sie auch bei der Deutung der ländlichen Kulturlandschaft
gute Ergebnisse erbracht haben.

In dieser Arbeit sollen zwei gegensätzliche genetische Stadttypen betrachtet
werden. Als Regionen mit sehr unterschiedlicher Stadtgeschichte wurden die
Toskana und Sizilien ausgewählt. In ihnen wurden jeweils zwei Beispielstädten
(Florenz, Siena; Catania, Agrigent) mit heute vergleichbarer Bevölkerungszahl und
ähnlicher wirtschaftlicher Stellung genauer untersucht. Je nach Material- und
Literaturlage werden auch andere Städte zum Vergleich herangezogen. Vor allem
an den Beispielstädten wird dargestellt, in welch starkem Ausmaße sich die Unterschiede in den formalen und funktionalen Strukturmerkmalen der heutigen Städte
aus deren verschiedenartiger Genese herleiten lassen. Damit werden die *regionalen
Stadttypen* aus der Genese erklärt. Sicherlich können nicht alle ihre Besonderheiten
aus der Stadtgeschichte her gedeutet werden; im Vordergrund dieser Arbeit soll,
ausgehend von den genetischen Stadttypen, der Zusammenhang zwischen der
Stadtentwicklung und der heutigen Stadtstruktur stehen.

2. DIE GENESE DER STÄDTE UND DIE HEUTIGE STADTSTRUKTUR IN ITALIEN

Der Ansatz, die heutige regionale Verschiedenartigkeit der Städte durch genetische Stadttypen zu erklären, ist ungewöhnlich und soll deshalb erläutert werden. Er setzt voraus, daß die Geschichte eine sehr starke und direkte Beziehung zu den heutigen Formelementen der Stadt aufweist. Diese Verbindung wird sichtbar in der *Bausubstanz* der italienischen Städte, deren historische Zentren ganz aus mittelalterlichen Gebäuden zu bestehen scheinen. Öffentliche Prachtbauten wie Rathäuser, Kirchen, Klöster usw. und die Bauten der Oberschicht sind weitgehend erhalten, was aus ihrer aufwendigen Bauweise und der Funktion verständlich ist. Zusätzlich sind jedoch auch die Bauten der Unterschicht in großem Umfang noch vorhanden[2]. Alle diese Bauten weisen vorwiegend Stilmerkmale von der Romanik bis zum Barock auf. Die Gebäude in den vor 1800 bebauten Kernen der italienischen Städte können also z.T. genetisch direkt bis in das Mittelalter zurückgeschrieben werden. Damit ist die Bausubstanz in doppelter Hinsicht eine wichtige Quelle für die Erforschung der Stadtentwicklungsphasen.

Für die Interpretation der baulichen Entwicklung der Städte stehen – anders als in Mitteleuropa – außer der Parzellengliederung und dem Straßengrundriß auch die Gebäude zur Verfügung. Sie lassen sich für ihre Entstehungszeit zu sozial und wirtschaftlich bedingten Gebäudetypen zusammenfassen. Ihre Verteilungsmuster lassen sich z.T. bis in das 13. Jahrhundert zurückverfolgen. Ebenso kann aus ihnen auch die Veränderung ihrer Anordnungsprinzipien für verschiedene Zeiten abgeleitet werden. Darüber hinaus spiegeln die Gebäude soziale und funktionale Strukturen früherer stadtgeschichtlicher Epochen deutlich wider, aus denen sich – selbstverständlich in Verbindung mit schriftlichen Quellen – schon für das Mittelalter sozial- und wirtschaftstopographische Erkenntnisse gewinnen lassen[3]. So kann in den italienischen Städten die Verteilung der Sozialschichten und die Anordnung der Funktionsbereiche aus der Bausubstanz für die Entstehungszeit der Gebäude rekonstruiert werden. Ebenso spiegeln sich auch die Veränderungen dieser Sozial- und Funktionsräume wider.

Das Weiterbestehen der Gebäude verbindet direkt die Stadtgeschichte und die heutige Stadtstruktur. Hier kann das Denkmodell der „*Persistenz*" weiterführende Interpretationsansätze bieten (Wirth 1979, S. 91ff.)[4]. Wenn auch der Begriff noch

---

2 Das hat z.B. Auswirkungen auf die Planung heutiger Sanierungen (Arbeitskreis 1975).

3 Keller (1970, S. 568) weist darauf hin, daß für die mittel- und norditalienischen Städte der sozial- und wirtschaftstopographischen Gliederung schon seit dem Mittelalter eine wesentlich größere Bedeutung zukommt als der verfassungstopographischen Unterteilung.

4 Der Begriff wurde von Czajka (1964) eingeführt. In ähnlicher Weise wurde er von De Vries-Reilingh (1968), Rossi (1973), Meynen (1976), Wirth (1979) und anderen verwendet.

nicht einheitlich benutzt wird, so bezeichnet er in der Mehrzahl der Fälle Strukturen, die weiterbestehen, obwohl sich ihre Funktion geändert hat. So werden z.B. Gebäude für bestimmte Aufgaben errichtet und entsprechend in äußerer Bauform und innerer Gliederung gestaltet. Wenn sich die Funktionen ändern oder verlagern, werden sie nicht mehr in dieser Form, an diesem Standort oder auch überhaupt nicht mehr benötigt. Trotzdem werden die Bauten nicht sofort den neuen Ansprüchen durch Abriß und Neubau oder durch Umbau angepaßt. Sie bestehen weiter und können sich dabei sogar hinderlich auf die neuen Funktionsansprüche auswirken.

Die Persistenz von Gebäuden wird für kurze Zeiträume allein schon durch die vorgenommenen Kapitalinvestitionen erklärt (Wirth 1979, S. 91ff.), die erst „abgeschrieben" sein müssen, ehe man das Gebäude abreißen und durch ein neues ersetzen kann. Bei einer Persistenz von Gebäuden über längere Zeiträume — wie sie in den italienischen Städten auftritt — spielt dieser Ammortisationsgedanke keine Rolle mehr; hier wird die Beharrung von Rechtsnormen, Wertvorstellungen, Verhaltensweisen, Sozialsystem usw. wichtiger. Die Vorstellungen über das Weiterbestehen von Gebäuden, so wie sie bisher in der Literatur dargestellt wurden, bieten keine Erklärung für das ungewöhnlich lange Beharren der Gebäude und seine Auswirkungen in den italienischen Städten. Die Ursache hierfür ist noch nicht untersucht worden. Vordergründig fehlen einige Veränderungseinschnitte, die in der Geschichte der mitteleuropäischen Städte eine wichtige Rolle gespielt haben. So haben nur wenige Städte Italiens im Zweiten Weltkrieg flächenhafte Zerstörungen erlebt. Die großen Umstrukturierungen durch die Industrialisierung und die Gründerzeit setzten in Italien erst zwischen 1880 und 1900 ein und kamen in vielen Bereichen erst seit 1950 voll zur Geltung. Damit waren ihre Auswirkungen von vornherein andersartig. Neben diesen Abweichungen in der jüngeren Geschichte scheint jedoch von größerer Bedeutung zu sein, daß die Bevölkerung in den italienischen Städten ein besonderes Verhalten zur historischen Bausubstanz hat. Alte Gebäude werden eher durch innere Umbauten neuen Nutzungsbedürfnissen angepaßt, als durch Neubauten ersetzt; so finden sich hier im allgemeinen nur wenige Gebiete, in denen ältere Bauten durch neuere ersetzt worden sind.

Selbstverständlich fanden auch in den italienischen Städten seit dem Mittelalter bauliche Veränderungen statt. Dabei wurde die Bausubstanz im Laufe der Stadtentwicklung vor allem durch drei Vorgänge umgestaltet. Die vorhandenen Gebäude wurden, wenn sich die funktionalen und sozialen Nutzungs- und Ordnungsvorstellungen gewandelt hatten, den neuen Vorstellungen durch An- und Umbauten allmählich angepaßt. Zweitens wurden die Städte erweitert, indem neue Bebauungsgebiete randlich angegliedert wurden, in denen die neuen Ideen der Anordnung von Nutzungen verwirklicht wurden. Drittens wurden für die zentralen Bereiche repräsentative Stadtgestaltungsprojekte entworfen, die als Gesamtkonzeption geplant und von der öffentlichen Hand getragen wurden, wobei häufiger größere Gebiete eine flächenhafte Umgestaltung erfuhren. Trotz dieser Umbauten in den Zentren blieben jedoch die alten Gebäude zum überwiegenden Teil weiter bestehen.

Die persistenten Gebäude sind historische Elemente in den heutigen Städten. Ihre soziale und wirtschaftliche Bedeutung kann nur aus der allgemeinen Stadtgeschichte verstanden werden. Obwohl eine Fülle von historischen Einzelarbeiten veröffentlicht vorliegt, fehlt eine zusammenfassende Darstellung. Besonders spürbar wird dieser Mangel, wenn der Einfluß der unterschiedlichen historischen Entwicklung der Städte in Nord- und Mittelitalien einerseits und in Süditalien andererseits für die Deutung der persistenten Gebäude ausgewertet werden soll. Es muß also in der vorliegenden Arbeit der Versuch unternommen werden, eine solche generalisierende Stadtgeschichte zu entwerfen. Dabei wird auf die genannten regionalen Entwicklungsunterschiede besonderes Gewicht gelegt.

Das Weiterbestehen der Gebäude hat einen starken Einfluß auf die Anordnung der Funktions- und Sozialräume in den heutigen Städten. Dies führt zur Feststellung und Deutung der eigenartigen Strukturen regionaler Stadttypen. Hierdurch ist die Verbindung zwischen der Geschichte und der heutigen Struktur in den Städten besonders deutlich. Nach der gängigen Stadtmodellvorstellung wird die Lokalisation der Funktionen ganz überwiegend von wirtschaftlichen Faktoren bestimmt. Die Wohnbereiche unterschiedlicher Qualität unterliegen zumindest indirekt auch diesem Diktat, da sie von anderen innerstädtischen Funktionen verdrängt werden, wenn eine wirtschaftliche „Notwendigkeit" hierfür besteht. Die aus wirtschaftlichen Gründen in bestimmten Gebieten der Städte angeordneten Funktionen führen auf die Dauer zu einer „rentablen", den Nutzungsansprüchen entsprechenden Bausubstanz. Eine Funktionsänderung führt entsprechend zu einer Änderung der Bauten, bis diese den neuen Nutzungsvorstellungen entsprechen[5]. Begrenzt wird diese Veränderung letztlich nur dadurch, daß die Gebäude abgeschrieben sein sollen, bevor sie durch Neubauten ersetzt werden können. Hieraus ergibt sich, daß aufwendigere Neubauten meist länger erhalten bleiben als einfache.

In den italienischen Städten muß diese Vorstellung aufgrund der hohen Persistenz modifiziert werden. Es besteht hier eine starke *Abhängigkeit der Funktionsverteilung von den Gebäudetypen* (Rossi 1973). Die Gebäude sind für bestimmte Funktionen oder als Wohnbauten bestimmter Sozialgruppen errichtet worden, und sie erhielten eine dieser Aufgabe entsprechende äußere und innere Baustruktur. Da sie in der folgenden Zeit meist erhalten blieben, beeinflußte ihre Bauweise die Folgenutzungen. Somit ist die Ordnung der Funktionen von der Anordnung der Gebäude einer viel früheren Zeit abhängig.

Unter dem Gesichtspunkt, daß persistente Gebäude die Funktionsanordnung mitbestimmen, gibt es verschiedene theoretische Erklärungen für diese Wechselwirkung (Tab. 1). Im allgemeinen orientiert sich z.B. die Lokalisation der hochrangigen Funktionen (Wohnungen höherer Sozialschichten, hochrangige tertiäre Nutzungen etc.) im wesentlichen an der Ausstattung der Gebäude. Schon allein durch die Alterung sinken Gebäude in ihrer Wertigkeit ab, und damit wird auch ihre Möglichkeit, hochrangige Funktionen zu beherbergen, geringer; sie nehmen fortschreitend niederrangige Funktionen auf. Die hochrangigen Funktionen müssen auf

5 Friedrichs (1977, S. 205ff.) weist darauf hin, daß auch in unseren Städten die Anordnung der Bausubstanz und der Bevölkerung wesentlich konstanter ist, als es dieser Modellvorstellung entspricht.

Tab. 1: Zusammenhänge zwischen der Persistenz von Gebäuden und der Funktionsverteilung

Erhaltungsdauer der Gebäude	Die Gebäude bleiben länger erhalten		Die Gebäude werden relativ schnell durch Neubauten ersetzt
	Absinken der Gebäudewertigkeit durch zunehmendes Alter und geringe Pflege	Gebäude behalten ihre Wertigkeit durch Umbauten und Anpassung an neue Nutzungsansprüche	Gebäude können nach einer „wirtschaftlichen Abschreibung" entsprechend den Funktionsansprüchen verändert oder ersetzt werden
Auswirkungen auf die Lokalisation der Funktionen	Die Wertigkeit der Funktionen sinkt mit der der Gebäude ab Hochrangige Funktionen wandern in Neubauten	Die Wertigkeit der Funktionen bleibt in den Gebäuden erhalten	Die Funktionen können sich vorwiegend nach „wirtschaftlichen" Erfordernissen anordnen
	Die Neubauten werden an die Altstadt außen angegliedert / Die Neubauten ersetzen alte Gebäude in der Altstadt		
Bedeutung für die Funktionsräume	Verlagerung der Funktionsbereiche in Alt- und Neustadt. Hochrangige Funktionen wandern an den Rand der Stadt / Verlagerung der Funktionsbereiche innerhalb der Altstadt. Mischgebiete mit niederrangigen und hochrangigen Funktionen	Funktionsbereiche bleiben innerhalb der Altstadt konstant	Die Anordnung der Funktionsbereiche entspricht den an der „Wirtschaftlichkeit" orientierten Modellvorstellungen

Entwurf: E. Sabelberg

Neubauten ausweichen. Wenn diese nicht die alte Bausubstanz ersetzen können, werden sie vor dem alten Stadtkern errichtet, und damit verlagern sich die Funktionsräume innerhalb der Stadt. Sinkt der Wert der Gebäude über längere Zeit sehr stark, werden sie schließlich abgebrochen und durch Neubauten ersetzt. Hierbei werden die schlechtesten Bauten, meist Wohnbauten der Unterschicht, am ehesten und leichtesten verdrängt. Es entstehen also zwei unterschiedliche Verteilungsmuster hochrangiger Funktionen, die beide durch den Verfall der Gebäude und die Verlagerung der Nutzungen bedingt sind: Zum einen entstehen neben dem alten Stadtkern neue Gebiete für hochrangige Funktionen und damit ein großräumiges Nebeneinander der Funktionsbereiche, zum anderen entsteht im Stadtkern ein kleinräumiges Nebeneinander von Nutzungen extrem unterschiedlicher Rangstufe.

Eine andersartige Entwicklung in der Verteilung der Funktionen tritt ein, wenn Gebäude durch entsprechende Investitionen erhalten und gepflegt werden und eine Wertminderung nicht stattfindet. Die Lokalisation der hochrangigen Nutzungen wird sich auch hier an der Wertigkeit und Eignung der Gebäude orientieren. Die Funktionsräume bleiben dabei im alten Stadtkern relativ konstant erhalten. Die Gebäude bestehen in Wert und Wertigkeit fort, und die hochrangigen Folgefunktionen sind ebenfalls in den Bauten angeordnet, die früher schon hochrangige Nutzungen beherbergten.

Die Abhängigkeit der Funktionsverteilung von persistenten Gebäuden kann also durchaus verschiedene Auswirkungen haben. Im Laufe der Geschichte können sich die Funktionsansprüche und die Bewertung der Gebäudeausstattung in ganz verschiedene Richtungen ändern und damit entsteht auch eine ganz unterschiedliche Anordnung der Funktionsräume. Darin spiegelt sich im wesentlichen das Verhalten der Bevölkerung gegenüber diesen Bauten wider. Selbstverständlich darf die Lokalisation der Funktionen nicht ausschließlich aus der Bausubstanz gedeutet werden. Die Gebäude werden jedoch dann für eine Interpretation der Funktionsanordnung sehr wichtig, wenn sie lange, weit über den Zeitraum einer direkten Abschreibung hinaus, erhalten bleiben.

Folgende Grundgedanken leiten damit die vorliegende Untersuchung:
1. Die Unterschiede zwischen den italienischen Stadttypen sind durch eine unterschiedliche Stadtgeschichte bedingt.
2. Die direkte Verbindung zwischen Geschichte und heutiger Struktur besteht in einer Persistenz der Bausubstanz über große Zeiträume hinweg.
3. Eine vergleichbar lange Persistenz von Gebäuden in unterschiedlichen regionalen Stadttypen kann sich ganz verschiedenartig auf die Anordnung der heutigen Funktionen auswirken.

3. DIE GRUNDZÜGE DER STADTGESCHICHTE IN ITALIEN

Das zentrale Problem der Geschichte der italienischen Städte ist nicht die Erschließung eines stadtfreien Landes durch ein Städtesystem, sondern die immer wieder neue Umformung der bereits seit der Antike bestehenden Städte. Die Quellenlage für eine solche Darstellung ist allgemein günstig; eine Fülle historischer Werke liegt vor, die sich jedoch im wesentlichen auf die politische und wirtschaftliche Stadtgeschichte beziehen. Für die sich wandelnde innere Struktur und Topographie der Städte müssen die Arbeiten erst ausgewertet werden; z.T. fehlt auch das Quellenmaterial für eine solche Untersuchung. So muß der Versuch, eine vergleichende Geschichte des inneren Aufbaus der italienischen Städte zu entwerfen, notwendigerweise lückenhaft bleiben.

3.1. DIE ANTIKEN STÄDTE

Italien ist ein Land mit alter städtischer Kultur. Die wohl frühesten Stadtgründungen, die nur archäologisch erfaßbar sind, stammen aus dem 7. vorchristlichen Jahrhundert. In der Emilia und in Etrurien entstanden am Ende der Villanovakultur die ersten sicher nachweisbaren Städte, die von den Etruskern übernommen und fortgeführt wurden (Banti 1960; Susini 1978, S. 53). Ob die städtische Kultur aus dem Orient nach Italien übertragen wurde und auf welchem Weg dies geschah, ist eine Streitfrage der Vorgeschichtsforscher, die im Zusammenhang dieser Arbeit belanglos ist. Etwa zur gleichen Zeit begannen die Griechen, Phoenizier und Karthager mit der Gründung von Kolonien, die die ersten durch schriftliche Quellen nachweisbaren Städte in Süditalien darstellen. Über ihre innere Struktur ist wenig bekannt. Sie wurden zunächst als Agrarstädte gegründet und nutzten dann die Gunst ihrer küstennahen Lage zum Fernhandel, der immer mehr zur Lebensgrundlage wurde. Sie hatten den *Charakter einer Polis*, d.h. zu der eigentlichen Siedlung „Stadt" gehörte als Einheit ein agrares Umland, das ihr wirtschaftlich und rechtlich gleichgestellt war. Die Städte hatten eine Oberschicht von Landeigentümern und einen hohen Anteil an Handwerkern und Händlern (Kirsten 1956; Susini 1978, S. 54). Das Agrarland war die Voraussetzung für die Versorgung der Städter mit Nahrungsmitteln; die eigentliche wirtschaftliche Lebensgrundlage war jedoch der Handel.

Im römischen Reich wurde das beschriebene System der Stadtstaaten in den Municipien[6] weiter ausgebaut (Kirsten 1958b; Rudolf 1935). Das römische Reich

6 Vittinghoff (1958, S. 13f.) betont, daß es eine falsche Verallgemeinerung bedeutet, wenn man die unterschiedlichen Stadtformen der Römer unter den Begriff „Municipium" zusammenfaßt. Er schreibt jedoch selbst, daß die Grundtendenz dieser Verallgemeinerung durchaus Gültigkeit hat. Deshalb wird sie für die Belange dieser Arbeit beibehalten.

bestand in Italien aus einem Bund von Stadtstaaten, die weitgehend eine eigenstän-
dige Verwaltung behalten hatten, jedoch keine außenpolitische Autonomie besaßen.
So gab es auch kein eigentliches römisches Staatsbewußtsein, sondern nur das
Bewußtsein, Bürger einer Stadt zu sein. Landgemeinden existierten im römischen
Italien nur selten. Wenn sich auch im Verlauf der römischen Geschichte die Verfas-
sung der Städte veränderte, so behielten sie dennoch aus geographischer Sicht
charakteristische wirtschaftliche und soziale Elemente einer Polis. Die rechtliche
Verbindung von Stadt und Land, die innere Selbstverwaltung, die große Bedeutung
der Händler und Handwerker und die landbesitzende Oberschicht blieben bestehen
(Vittinghoff 1958).

Sozial und funktional waren diese Städte schon stark differenziert und in vieler
Hinsicht mit heutigen Städten Italiens vergleichbar. Die Oberschicht bestand aus
Großgrundbesitzern, Händlern und Unternehmern, die Mittelschicht vorwiegend
aus Handwerkern, Kleinhändlern und Verwaltungsbeamten. Den größten Teil der
Bevölkerung stellte das „Proletariat" aus Unfreien, Sklaven und Armen, die als
Arbeiter in den Handwerksbetrieben beschäftigt waren (Susini 1978, S. 54). Die
innere Struktur der römischen Städte ist vor allem durch die Ausgrabungen von
Pompeji genauer bekannt. Formal hatten sie in der Regel ein rechtwinkliges Straßennetz und waren von einer Mauer umgeben. An der Kreuzung der wichtigsten Straßen
befand sich das religiöse, politische und wirtschaftliche Zentrum – das Forum.
Hier waren die Verwaltungs- und Kulturgebäude konzentriert, hier standen die
öffentlichen Markthallen für Lebensmittel und für Güter des langfristigen Bedarfs
(etwa Textilien) und hier trafen sich die Geschäftsstraßen der Stadt. Gleichzeitig
konzentrierten sich in der Nähe des Forums die Theater und die Thermen als wichtige Kommunikationszentren für die Geschäftswelt sowie die Wohngebäude der
Oberschicht (Eschebach 1970; Etienne 1974, S. 201ff.). Eine ganz ähnliche Struktur scheint schon in den griechischen Städten das Gebiet um die Agorà besessen zu
haben (Hammond 1972; Koenigs 1974, S. 72f.). Zu den öffentlichen Einrichtungen
gehörten weiterhin Amphitheater, Sporthallen und der Zirkus, die meist wegen
ihres Raumbedarfs vom Zentrum weiter entfernt lagen.

Bis zum Ende des römischen Reiches änderte sich diese Grundstruktur der
Städte nur wenig. Ihre Selbstverwaltung wurde in der Kaiserzeit durch den Einsatz
von Beamten stärker eingeschränkt. Mit der zunehmenden Unsicherheit durch die
einwandernden Germanen am Ende des römischen Reiches nahmen die „municipalen" Formen jedoch wieder zu; die Zentralverwaltung verlor an Einfluß. Der Bischof,
der aus der Oberschicht der jeweiligen Stadt gewählt wurde, übernahm eine immer
wichtigere Verwaltungsfunktion. Die Voraussetzung hierfür war, daß sich das
Christentum mit seiner Erhebung zur Staatsreligion in seiner Organisationsgliederung
sehr eng an die staatliche Verwaltungshierarchie angeschlossen hatte. Weil damit
jedes Municipium auch Bischofssitz geworden war, setzte sich mit der Bischofsverwaltung wieder eine Form der städtischen Selbstverwaltung durch (Vittinghoff
1958).

3.2. DIE STÄDTE WÄHREND DER ZEIT DER GERMANENEINWANDERUNGEN (6. BIS 10. JAHRHUNDERT)

Das römische Reich endete in Italien mit der Einwanderung von Germanenstäm-men; zuerst wanderten die Goten ein, dann die Langobarden, und schließlich geriet Italien unter fränkischen Herrschaftseinfluß. Gleichzeitig hielt sich die antike Stadttradition in Gebieten, die formal-rechtlich von Byzanz beherrscht wurden (Seidlmayer 1962, S. 55ff.). Die verschiedenen Germanenstämme verbanden mit ihren Eroberungen unterschiedliche Vorstellungen, die *unterschiedliche Auswir-kungen auf die Städte* hatten. Im Grunde waren diese ihnen in Wirtschaftsform, Bauweise und Lebensart fremd. Die Goten wollten nach ihrer Vorstellung die Tradi-tion des römischen Reiches in Italien fortsetzen; entsprechend wenig tasteten sie die Städte an. Sie wählten selbst Städte als ihre Herrschaftssitze aus, deren zivile Ver-waltung in den Händen römischer Bürger blieb (Fasoli 1969, S. 24). Die Langobar-den eroberten Italien nicht mehr mit diesem Bewußtsein; dennoch ließen sie die Städte eigenständig neben ihren „vorfeudalen"[7] Organisationsformen auf dem Lande bestehen. Die Städte blieben mit ihrer Händler- und Handwerkerbevölkerung weitgehend erhalten. Da die Verwaltung der Langobarden vor allem über die Lehns-träger auf dem Lande erfolgte, verloren die Städte einen Teil ihrer politischen Bedeutung. Sie lagen jedoch so stark außerhalb der langobardischen Interessen, daß sie weiterhin ihre eigene, selbständige Magistratur besaßen und so letztlich Formen der Municipien bewahrten (Luzzatto 1970, S. 44). Nur die Spitze der langobardi-schen Verwaltung war in die wichtigsten Städte verlegt worden. Räumlich wurden die entsprechenden Bauten und Einrichtungen jedoch meist nicht in den Städten errichtet, sondern außen an sie angegliedert (Luzzatto 1970, S. 42ff.). Das Nebenein-ander zweier unterschiedlicher Verwaltungen wirkte sich u.a. insofern aus, als das römische Recht für römische Bürger neben dem langobardischen Recht für Lango-barden fortbestand. Der Einfluß der langobardischen Herrschaft war im südlichen Italien nur noch gering. Zwar entstanden auch hier langobardische Herzogtümer, jedoch hatten sie auf die Verfassung und Stellung der Städte keinen Einfluß. Die Franken führten seit dem 8. Jahrhundert das vollständige Feudalsystem ein und gestanden den Städten und ihren Bürgern keine Sonderstellung mehr zu. Hier wurde die wirtschaftliche, politische und juristische Macht auf die „castelli" – also aus den Städten hinaus – verlegt. Dennoch behielten auch hier die Städte eine gewisse Son-derstellung aufgrund ihrer Befestigung und durch die Funktion als religiöses und wirtschaftliches Zentrum. Der fränkische Einfluß beschränkte sich auf das nördliche und mittlere Italien. In Süditalien wurde ein Feudalsystem erst durch die Norman-nen im 11. Jahrhundert endgültig durchgesetzt, so daß hier die antiken Formen des Städtewesens länger bestehen blieben.

---

7 Die Organisationsformen der Langobarden zeigen viele Ähnlichkeiten mit der feudalen Verwaltung. Im strengen, historischen Sinne dürfen sie jedoch noch nicht als „feudal" bezeichnet werden (Hintze 1970b).

Alle diese Veränderungen betreffen im wesentlichen die politische Stellung der Städte. Die *Auswirkungen auf die innere Gliederung und Struktur* sind nur durch wenige direkte Hinweise zu erschließen. In ihrer Wirtschaft und Bevölkerungszahl wurden sie allein schon durch die vielen Kriege stark in Mitleidenschaft gezogen. In allen Städten war ein starker Bevölkerungsrückgang zu verzeichnen, der sich in einem Schrumpfen der bebauten Fläche im Vergleich zur römischen Zeit auswirkte. Ebenso wurde mit Sicherheit auch die städtische Wirtschaft empfindlich beeinträchtigt; z.T. wurde sie auch ganz vernichtet. Der Fernhandel mußte mit der Unsicherheit auf den Straßen und durch die allgemeinen Zerstörungen zurückgehen; die Handwerker hatten durch den wirtschaftlichen Niedergang verringerte Absatzmöglichkeiten. Gleichzeitig läßt sich ein Rückgang der Geld- und ein Vordringen der Naturalwirtschaft beobachten; auch dies beeinträchtigte Handel und Handwerk. Dennoch ist es sehr umstritten, in welchem Ausmaß die städtische Wirtschaft erlosch, die wirtschaftstragende Bevölkerung unterging und inwieweit damit die Städte in ihrer inneren Struktur verändert wurden. Die Interpretationen reichen von einer vollständigen Zerstörung (Pirenne 1971a; Doren 1934; u.a.) bis zur weitgehenden Kontinuität der Wirtschaft (Luzzatto 1970; Schneider 1914; u.a.); es ist nicht die Aufgabe dieser Arbeit, hier eine Klärung zu schaffen. Einzelne Elemente der römischen Städte sind jedoch erwiesenermaßen über die Zeit der germanischen Eroberungen hinaus mehr oder weniger verändert erhalten geblieben, und sie haben auf die weitere Geschichte der Städte regional eine unterschiedliche Auswirkung.

Eine Anzahl von römischen Städten hat sich *in ungebrochener städtischer Kontinuität* seit der Antike erhalten. Die eingewanderten Goten konnten sie nicht erobern, und hier entwickelte sich das römische Städtewesen den wirtschaftlichen Bedingungen entsprechend weiter (Pirenne 1971b; Luzzatto 1970, S. 80ff.; Volpe 1961; u.a.). Es sind dies vor allem Küstenstädte, die von der Unterbrechung der über Land führenden Handelswege nicht betroffen waren, da sie vom Seehandel lebten. Einige dieser Städte weisen eine Kontinuität des Siedlungsplatzes seit der Römerzeit auf (Neapel, Pisa), andere haben nur eine Kontinuität in der städtischen Wirtschaft und in der Bevölkerung, während die Siedlung in einer geschützteren Lage am Meer neu aufgebaut wurde (Venedig, Amalfi). Die Städte waren anfangs nicht auf Agrarland angewiesen, da sie ausschließlich vom Fernhandel über das Meer hinaus lebten. Sie unterstanden formal der Oberhoheit des byzantinischen Reiches. De facto waren sie jedoch in Fortsetzung der römischen Municipien freie Stadtstaaten, die weitgehend unabhängig von Byzanz und sogar außenpolitisch autonom waren (Luzzatto 1949, S. 161; De Angelis 1940, S. 5ff.). Trotz dieser Kontinuität in der Wirtschaftsstruktur, in der städtischen Bevölkerung und in der Selbstverwaltung änderte sich die innere Struktur der Städte. Wenn auch für detaillierte Einzelangaben die entsprechenden Belege nicht existieren, so sind doch folgende Grundzüge erkennbar: Das Zentrum der Städte bildeten der Sitz des Bischofs und der Sitz der städtischen Selbstverwaltung, die beide anfangs noch eng verknüpft waren. Die Dominanz des Überseefernhandels prägte die gesamten Städte (Galasso 1959); dies zeigte sich u.a. in den aufwendigen Bauten der Händleroberschicht und in einem hohen Anteil von Handwerkern in der Bevölkerung.

In *den Städten des süditalienischen Binnenlandes* hatte sich diese ungebrochene, direkte Kontinuität nicht erhalten können, obwohl auch sie nicht dem fränkischen Feudalsystem unterworfen waren. Das ganze Gebiet wurde als Flächenstaat von Byzanz, also dem Nachfolger des oströmischen Reiches, oder von langobardischen Herzogtümern beherrscht, die jedoch zu schwach waren, um die bestehenden Rechtsstrukturen zu verändern. Mit der Bischofsverwaltung knüpften die Städte auch hier direkt an die städtische Selbstverwaltung des spätrömischen Reiches an (De Angelis 1940, S. 93ff.). Ihr Wirtschaftsleben, soweit es auf dem Fernhandel und dem Handwerk beruhte, war jedoch durch die gotischen Eroberungen und die nicht weniger zerstörerischen Rückeroberungen durch Byzanz weitgehend vernichtet. Die Agrarwirtschaft wurde auf überwiegende Selbstversorgung umgestellt (Sanfilippo 1978, S. 69). So bestanden zwar in der Verfassung dieser Städte Teile der römischen Selbstverwaltung durch das Bischofsamt weiter; wirtschaftlich war dagegen die römische Stadttradition unterbrochen. Die Städte wurden zu regionalen Marktorten mit einer landbesitzenden Oberschicht.

Die Städte des Binnenlandes von Nord- und Mittelitalien wurden spätestens durch die Franken ganz in das Feudalsystem eingegliedert. Damit war die municipale Selbstverwaltung der Römer beendet. Elemente von ihr scheinen sich aber z.B. in der Verwaltung durch den Bischof erhalten zu haben (Mochi-Onory 1933)[8]. Der Bischof erhielt durch die Einführung des Lehnssystems eine Doppelfunktion. Einerseits wurde er Lehnsträger in der Stadt und damit Repräsentant des neuen Rechtssystems. Andererseits war und blieb er Träger der römischen, municipalen Selbstverwaltung, so daß sich mit seiner Funktion Reste der spätrömischen Verfassung erhielten. So zog er bei der Verwaltung der Städte zur Beratung Bürger der städtischen Oberschicht heran, und er selbst fühlte sich meist mehr seiner Stadt verbunden als dem deutschen Kaiser, der sein Lehnsherr war. Auch in der Wirtschaft der Städte scheinen sich einzelne Elemente des Fernhandels, des Handwerks und der Geldwirtschaft erhalten zu haben (Vaccari 1956; Brezzi 1959, S. 8f.). Schon seit dem 10. Jahrhundert kann wieder eine Zunahme des Geldverkehrs, eine freie Handwerkerschicht und eine sehr umfangreiche Händlerschicht, deren oberste Spitze lehnsrechtlich sogar den Grundeigentümern gleichgestellt war (Luzzatto 1970, S. 45ff.), nachgewiesen werden. Auch dieser sehr frühe wirtschaftliche Aufschwung kann als ein Wiederaufleben von Resten römischer Stadttradition interpretiert werden.

Die Lehnsverwaltung selbst konnte sich kaum der wirtschaftlichen und kulturellen Attraktivität der Städte entziehen. Die Langobarden setzten ihre Gastalden direkt in die Städte, die noch so dominierend waren, daß nur von hier aus das Land regiert werden konnte. Die Langobarden selbst ließen sich häufig mit ihrer Lehnsverwaltung in den Randbezirken der Städte oder sogar außerhalb der Mauern nieder. Die römische Selbstverwaltung blieb neben der langobardischen Lehnsverwaltung bestehen. Die fränkische Lehnsorganisation ersetzte die Gastalden durch Grafen, die

---

8 Zu einer entgegengesetzten Interpretation gelangt Goetz (1944).

jedoch vorwiegend auf ihren ländlichen Burgen saßen. Die Bischöfe wurden meist als Lehnsträger in den Städten eingesetzt.

Allgemein läßt sich feststellen, daß die aus römischer Zeit überkommenen Städte zwar in ihrer Anzahl, ihrem städtischen Leben, in ihrer Wirtschaft und nicht zuletzt in ihrer Bevölkerungszahl reduziert worden sind. *Zerstört wurde aber das Städtewesen und das Bewußtsein von der Bedeutung der Städte mit Sicherheit nicht.* Allein die direkte Kontinuität der Küstenstädte und der Bestand einzelner römischer Verwaltungselemente, so etwa die Funktion des Bischofs, widersprechen einer vollständigen Zerstörung. Von den Städten im Binnenland blieb meist die Siedlungsfläche, wenn auch im Umfang reduziert, bestehen. Erhalten haben sich auch zumindest Teile des Grundrisses und einzelne, große Steinbauten, wenn sie auch anderen Nutzungen zugeführt wurden; so wurden z.B. die Amphitheater häufig zu Burgen umgebaut. Bestand hatte vor allem auch der römisch-antike Grundgedanke der Stadt als Stadtstaat, der immer beinhaltete, daß die Stadt mit einem rechtlich gleichgestellten und in die Verwaltung miteinbezogenen Umland verbunden war. Beide, Stadt und Land, wurden von einer oligarchischen Oberschicht selbst verwaltet. Sie stellte gleichzeitig die Landeigentümer des Agrarlandes und die Träger der städtischen Wirtschaft; letztere beruhte dabei vor allem auf dem Handwerk und auf dem Fernhandel.

3.3. DIE TRENNUNG DER STADTGESCHICHTE VON NORD-, MITTEL- UND SÜDITALIEN

Bisher verlief die Geschichte der Städte in Italien noch recht gleichartig. Das römische Reich bildete einen gemeinsamen Ausgangspunkt; die Einwanderung der Germanen schuf zwar Unterschiede zwischen den Küsten- und den Binnenstädten, zwischen denen des südlichen und denen des übrigen Italiens, jedoch nahmen sie alle an Wirtschaftsbedeutung und an Bevölkerung ab; sie reduzierte ihre Fläche und änderte ihre innere Struktur. *In der Folgezeit trennt sich die Entwicklung der Städte in Nord- und Mittelitalien von der in Süditalien.* In Mittel- und Norditalien befreiten sie sich aus der Feudalordnung, in die sie gerade erst eingebunden worden waren und erlebten als „freie Comunen" eine politische, wirtschaftliche und kulturelle Blütezeit. In Süditalien blieben dagegen die antiken Stadttraditionen anfangs stärker erhalten. Nach eigenständigen Entwicklungen unter den Sarazenen, Normannen und Staufern wurden die Städte erst spät in eine Art feudaler Ordnung eingebunden, in der sie bis in das 19. Jahrhundert verharrten.

3.3.1. DIE FREIEN COMUNEN IN NORD- UND MITTELITALIEN

Die Befreiung der Städte in Nord- und Mittelitalien aus dem Feudalsystem und ihre Entwicklung zu freien Comunen ist ein einmaliger Vorgang in der Geschichte des mittelalterlichen Europa. Es entstanden erneut Stadtstaaten, indem sich die

Städte nach und nach dem Lehnssystem entzogen und ihren Herrschaftsbereich auf das umliegende Land – den Contado – ausdehnten. Diese Entwicklung ging in kleinen Schritten vom 11. bis zum 13. Jahrhundert vor sich. Viele Details sind noch nicht zufriedenstellend geklärt und werden stark diskutiert, jedoch ist der grundsätzliche geschichtliche Ablauf unumstritten. Aus ihm lassen sich viele Hinweise für die innere Gliederung und Entwicklung der Städte ableiten. Die Stadtstaaten zeigten schon früh die Tendenz, sich gegenseitig zu bekämpfen und zu erobern, so daß allmählich Flächenstaaten entstanden, die von einem zentralen Stadtstaat aus geleitet wurden.

3.3.1.1. Die Entstehung der freien Comunen

Die Entstehung der freien Comunen, d.h. die Lösung der Städte aus dem Feudalsystem, erfolgte zusammen mit politischen, verfassungsrechtlichen, sozialen und wirtschaftlichen Veränderungen.

Im Verlauf der politischen Entwicklung *lehnten sich die Städte gegen ihren Feudalherrn,* den deutschen Kaiser, *auf* und entzogen sich seiner Macht. Eine Grundvoraussetzung dafür war, daß sein meist nur eingeschränkt durchsetzbarer Anspruch auf sie zusätzlich durch den Investiturstreit mit dem Papst geschwächt wurde. Immer schon war der Kaiser auf das Wohlwollen der Städte angewiesen; wenn er nach Rom – etwa zur Kaiserkrönung – ziehen wollte. Er konnte sie nur durch die Verleihung von Sonderrechten auf seiner Seite halten. Die Auseinandersetzungen des Kaisers mit dem Papst boten nun den Städten reichlich Gelegenheit, die beiden Mächte gegeneinander auszuspielen und für sich selbst Sonderrechte zu erkämpfen; sie befreiten sich auf diesem Wege allmählich aus ihren feudalen Bindungen.

Schon im 10. Jahrhundert war der Bischof dadurch, daß ihm die Organisation der Stadtverteidigung und die Gerichtsbarkeit übertragen wurde, zum eigentlichen Stadtherrn geworden. Er hatte jedoch nicht im Sinne des Feudalsystems die Stadt mit ihren Bewohnern zu eigenem Lehen erhalten, sondern er nahm nur deren vielfältige Rechts- und Eigentumsbeziehungen wahr. Dabei wurde gleichzeitig die besondere Rechtsstellung der Bürger mit berücksichtigt, die im Gegensatz zum Bischof nicht in das Feudalsystem eingegliedert wurden. Den Einwohnern wurde ausdrücklich die Mitverwaltung der an die Kirche gerichteten Privilegien übertragen, und so hatten sie teil an der Privilegienstellung des Bischofs. Diese führten zusammen mit der Gewohnheit, zu den öffentlichen Belangen in Bürgerversammlungen Stellung zu nehmen, zu einer immer stärkeren Eigenbedeutung der „Einwohnergenossenschaften", bis diese selbst der Adressat für Königsdiplome und der selbständige Träger königlicher Privilegien sein konnten. Damit ersetzt die Comune allmählich den Bischof als Lehnsträger (Dilcher 1967, S. 82).

Dieser Übergang scheint im allgemeinen recht problemlos vor sich gegangen zu sein, da der Bischof schon früh Vertreter aus der Oberschicht für Verwaltungs- und Regierungsaufgaben herangezogen hatte. In vielen Fällen haben sie einen

regelrechten Rat der „boni homines" neben dem Bischof gebildet. Die Entste-
hungsart der Bürgerversammlung ist umstritten: Einerseits soll sie auf eine römische
Tradition zurückgehen, andererseits soll sie von der bischöflichen Verwaltung neu
organisiert worden sein; ihr Bestehen ist jedoch nicht bestreitbar. Ihre Befugnisse
sind ebenfalls noch nicht eindeutig geklärt. Es ist umstritten, ob es sich nur um ein
beratendes Organ der Herrschaftsträger, das noch im Rahmen der feudalen Rechts-
auffassung gestanden hätte (Goetz 1944, S. 21ff.; Dilcher 1967, S. 77ff.; u.a.), oder
um ein Organ der autonomen Stadtverwaltung etwa unter der Leitung des Bischofs
(Cassandro 1959) gehandelt hat. Sicher war jedoch hier eine Institution der Bürgerschaft vorhanden, die die Rechte des Bischofs übernehmen konnte. Die vom deutschen König verliehenen Feudalrechte usurpierte die Bürgerschaft einer Stadt im
allgemeinen, und die deutschen Könige konnten dies letztlich nur nachträglich
bestätigen (Nahmer 1965).

Die zweite Form der politischen Veränderungen durch die Emanzipation der
Städte aus dem Feudalsystem zeigt sich *in ihrem frühen Ausgreifen auf das agrare
Umland* gegen den Landadel − in der Schaffung eines Contados. Die Städte lagen
wie Fremdkörper in dem durch das Lehnswesen verwalteten Land, so daß sich Stadt
und Lehnsträger wechselseitig als Bedrohung empfanden. Auseinandersetzungen
waren unvermeidlich, und sie führten letztlich dazu, daß die Städte das agrare Umland in ihren Besitz nahmen. Die Comunen konnten sich eines Teils dieses Landes
dadurch bemächtigen, daß sie den Bischof zwangen, seine Burgen und Stützpunkte
abzutreten (Dilcher 1967, S. 104ff.). Der überwiegende Teil der Inbesitznahme eines
Contados fand jedoch durch die Unterwerfung des Landadels, der damit seine feudalen Sonderrechte aufgeben mußte, statt[9]. In vielen Fällen zog der Adel freiwillig in
die Städte, die als wirtschaftliche, kulturelle und politische Zentren ihre alte Attraktivität erhalten hatten. Häufig wandten die freien Comunen jedoch auch militärische
Gewalt an, indem sie die Kastelle des Adels zerstörten (viele Beispiele etwa in
Francovich 1973). Die Städte übten auf den Adel auch wirtschaftlichen Druck aus,
indem sie die agrare Bevölkerung durch mehrere Dekrete zur Abwanderung in die
Stadt anregten (Doren 1934, S. 213ff.; Raith 1979, S. 24; Waley 1969, S. 42f.);
wenn auch das Ausmaß solcher Erlasse und ihre Auswirkungen für den Adel umstritten sind (Stahl 1965, S. 40ff.; Waley 1969, S. 42; Fiumi 1961, S. 149f.), so ist doch
ein starker Zustrom von bäuerlicher Bevölkerung in die Stadt als sehr wahrscheinlich anzusehen. Die Auseinandersetzungen zwischen freier Comune und feudalem
Landadel endeten in der Regel nicht mit einer Vernichtung des Adels, sondern mit
einer vertraglichen Regelung, in der er sich verpflichtete, in der Stadt ein Haus zu
bauen und dort mindestens sechs Monate im Jahr zu wohnen, sowie sich der Ge-
richts- und Steuerhoheit der Comune zu unterwerfen. Seine feudalen Privilegien
mußte er dabei aufgeben; seinen Landbesitz hat er jedoch in der Regel als privat-
rechtliches Eigentum behalten können (Herlihy 1967, S. 50ff.; Stahl 1965, S. 28ff.).

---

9 Die militärische Unterwerfung des Landadels ist für fast jede freie Comune ausführlich
  belegbar. Als Beispiel sei hier nur auf die Darstellung von Cecchini/Carli (1962, S. 12ff.) für
  San Gimignano hingewiesen.

In vielen Fällen verkaufte auch der ländliche Feudaladel seine Rechte direkt an die Stadt (Fiumi 1961, S. 22). So lösten die freien Comunen die feudalen Rechtsbindungen in der Stadt und im Umland auf. Dabei hatten sie jedoch nie das Ziel, die Bevölkerung des Landes von der „Feudalherrschaft" zu befreien, sondern es ging ihnen lediglich um die Ausdehnung und Sicherung des eigenen Machtbereiches. Bei dieser Entwicklung entstanden viele rechtliche Übergangsformen, die nicht eindeutig der feudalen oder der nicht-feudalen Rechtsordnung zugerechnet werden können; ihr Effekt bestand jedoch immer in einer „Entfeudalisierung" der Rechtsbeziehungen.

In der inneren Verfassung der freien Comunen zeigt sich *der Übergang von der Regierung des feudalen Stadtherrn zur Selbstverwaltung durch die Bürgerschaft,* zu der in verschiedenen Zeiten unterschiedlich viele Familien der Oberschicht gerechnet wurden. Hatten die Bichöfe ihre Feudalmacht über die Stadt bis zum 10. Jahrhundert stark ausgebaut und waren schließlich zum alleinigen Stadtherrn geworden, der alle feudalen Rechts- und Eigentumstitel der Stadt verliehen bekommen hatte, so lag schon — wie oben beschrieben — in dieser Stellung der Keim für die oligarchische Selbstverwaltung der Stadt (Dilcher 1967, S. 77ff.). Allgemein wird die Erwähnung, daß von der Bürgerschaft gewählte Konsuln als Vertreter der Stadt auftreten, als Beleg für das Bestehen der freien Comunen gewertet (etwa seit dem 12. Jahrhundert; Dilcher 1967; Waley 1969, S. 60ff.). Im Laufe ihrer Geschichte hat sich die Zusammensetzung der Wahlberechtigten und damit der an der Selbstverwaltung beteiligten Bürger mehrfach verändert. Die Entwicklungen sollen hier jedoch nicht im einzelnen nachvollzogen werden. Allgemein galt, daß einem großen und einem kleinen Rat die Gesetzgebung oblag. Die Exekutive wurde meist einem unabhängigen „Podestà" übertragen (Waley 1969, S. 66ff.).

Die wichtigste Voraussetzung für den Weg der Städte zur freien Comune ist *ihre wirtschaftliche Entwicklung.* Bereits für das 9. Jahrhundert ist in den Städten eine breite Händlerschicht nachgewiesen und ein Handel über den Brenner hinweg belegt (Luzzatto 1970, S. 80f.). Anfangs dominierten landwirtschaftliche Produkte wie Getreide, Wein und Öl; darüber hinaus florierte aber auch der Handel mit Waren wie Salz und Safran und der Sklavenhandel (Lopez/Raymond 1955, S. 42). Die Kreuzzüge, für die die italienischen Küstenstädte vor allem den Transport der Ritterheere und später den der Pilger übernommen hatten, eröffneten neue Dimensionen für den Fernhandel. Einerseits wurden seine Möglichkeiten erst jetzt in vollem Umfang erkannt; andererseits eröffneten sich durch die Kreuzritterstaaten neue Handelsmöglichkeiten mit den Luxuswaren des Orients (Doren 1934, S. 146ff.). Die Städte des Binnenlandes beteiligten sich an der Ausrüstung von Schiffen für die z.T. risikoreichen Fahrten, und sie waren am Weitervertrieb der Waren über die Landwege nach Mitteleuropa beteiligt. Gleichzeitig mit dem Fernhandel erhielt das Gewerbe der Städte einen starken Auftrieb, und es ging bald selbst zur Produktion der Luxusgüter wie Stoffe, Waffen, Lederwaren usw. über. So gehörten z.B. in Florenz die Unternehmer der Tuchproduktion bald zu den reichsten Mitgliedern der Oberschicht. Stoffe wurden die wichtigsten Waren für den Fernhandel. Das im Handwerk und Handel gewonnene Kapital wurde von den Unternehmern bald auch für Bankgeschäfte eingesetzt, was die Gewinnmöglichkeiten vervielfachte (Doren 1934; Goldtwaite 1968). Die Ausdehnung und finanzielle Kapazität des Florentiner Handels war im 13. Jahrhundert so umfassend und weitreichend, daß die Tuchhändler zu Bankiers der Könige von England, von Frankreich, von Neapel und der Kurie wurden. Florenz hatte die englische Wollproduktion gepachtet und besaß das Getreideausfuhrmonopol, das Salz- und Münzregal für Neapel, Apulien und Sizilien (Friedmann 1913). Darüber hinaus behielten aber auch die im eigenen Contado gewonnenen Agrarprodukte wie Grundnahrungsmittel (Öl, Wein), „Industrieprodukte" (z.B. Seidenkokons) und Gewürzpflanzen (z.B. Safran) einen wesentlichen Anteil am Handel. Selbst in kleinen freien Comunen wurden hiermit große Geldmengen angehäuft, wie etwa in San Gimignano mit dem Safranhandel (Cecchini/ Carli 1962, S. 22).

Die bisher beschriebenen politischen und wirtschaftlichen Entwicklungen in den italienischen Städten sind einerseits nur verständlich in Verbindung mit tiefgreifenden *sozialen Veränderungen seit dem 11. Jahrhundert* (Luzzatto 1970, S. 92ff.), andererseits führten sie selbst wiederum zu solchen Veränderungen. Sie betreffen einerseits die Oberschicht, in die nun neben den Kaufleuten der neu in die Stadt gezogene Adel gehörte, und andererseits die Handwerkerschicht, die sehr stark anwuchs.

Die Ansiedlung des Adels in den Städten führte zu einem Nebeneinander von entfeudalisierten, jedoch mit Landbesitz versehenen Adeligen und von Bürgern mit wachsendem Reichtum aus dem Handel. Ob dabei der Adel innerhalb der Stadt die dominierende Macht war und erst allmählich vom Bürgertum zurückgedrängt wurde (Stahl 1965, S. 54ff.; u.a.), oder ob der Adel von vornherein weitgehend entmachtet und ohne Einfluß war (Doren 1934, S. 193ff.; u.a.), ist umstritten. Am einleuchtendsten erscheint die Darstellung, daß die beiden Schichten zu einer *neuen „signorilen Schicht"* verschmolzen (Dilcher 1967; Keller 1969; Sestan 1960; Dörrenhaus 1971, S. 42). Diese besondere Benennung ist sinnvoll, da hier eine neue, nicht in die feudalrechtlichen Kategorien „Adel" und „Bürger" passende Schicht entstand, in der anfangs durchaus noch Vorstellungen und Bezeichnungen des Adels dominierten, die jedoch ihren Sinn verloren hatten und allmählich verschwanden. Diese neue Schicht steht außerhalb des Feudalrechts. Wirtschaftlich führt ihre Entstehung zur Verbindung des entfeudalisierten Landbesitzes des Adels mit den Handelshäusern der Bürger. Erst aus dieser Verschmelzung erklärt sich mühelos sowohl der früh nachgewiesene, sehr umfangreiche Landbesitz einzelner bürgerlicher Familien (Stahl 1965, S. 30ff.) als auch der überwiegende Anteil des Adels in der Selbstverwaltung der jungen freien Comunen (Stahl 1965, S. 30ff.; Raith 1979, S. 31). Die neue Oberschicht hatte charakteristische Verhaltensformen, die sich nur aus der Kombination der Verhaltensmuster des fränkischen Feudaladels und der der städtischen Händler erklären lassen.

Die *Handwerkerschicht* in den Städten war zur Zeit der geschilderten Wirtschaftsblüte sehr umfangreich, und schon früh (in Florenz im 12. Jahrhundert) war sie in berufliche Korporationen untergliedert, obwohl sie noch allgemein mit dem aus der feudalen Rechtsvorstellung stammenden Begriff der „comune militum"

oder des „populus" bezeichnet wurde (Stahl 1965, S. 105ff.). Woher die Untergliederung nach Handwerksgruppen oder „artes" stammt, ist nicht schlüssig nachzuweisen. Sie tritt im 12. Jahrhundert plötzlich auf und dokumentiert allein durch
den Umfang der Handwerkerschicht eine weiter zurückliegende Entstehung. Ohne
die Handwerker wäre die Wirtschaftsblüte der Städte nicht zu verstehen. Die Frage,
ob diese Schicht aus der Spätantike in Resten erhalten geblieben war (Solmi 1929)
oder ob sie neu in den Städten aus frühmittelalterlichen, byzantinischen und feudalen Vorbildern entstand (Doren 1934, S. 93ff.), ist aus den schriftlichen Quellen
kaum zu erklären. Allein das Fortbestehen antiker Städte zeigt, daß ein römisches
Vorbild und die direkte Kontinuität römischer Handwerksorganisationsformen
möglich waren. Ähnliche Überlegungen gelten auch für die Händlerschicht, so daß
zumindest das Vorbild römischer Stadtwirtschaft und Sozialschichtung angenommen werden muß.

Die Geschichte der Städte des 11. bis 14. Jahrhunderts in Mittel- und Oberitalien
endet so mit der Bildung freier Stadtstaaten. Diese Entwicklung äußerte sich in
einer allmählichen Veränderung der Verfassung zu städtischer Autonomie und Selbstverwaltung und führte zur Lösung aus dem Feudalverband. Andererseits bewirkte
sie soziale Umschichtungen, die die feudale Untergliederung der Bevölkerung aufgehoben hatte, z.T. wie in Mailand mit starken revolutionären Ausbrüchen (Keller
1969). Mit diesen Prozessen hatten die Städte gleichzeitig ein agrares Umland erobert
und eine starke Wirtschaftsblüte durch Handel und Handwerk erlebt. Das Land war
wieder vorwiegend in Stadtstaaten organisiert worden, und nur an wenigen Stellen
konnten sich die in der Feudalzeit gebildeten Landgemeinden erhalten.

3.3.1.2. Die freien Comunen

Im Laufe der Geschichte blieben die freien Comunen in ihrer Struktur nicht
starr, sondern sie veränderten sich entsprechend den wechselnden wirtschaftlichen,
sozialen und machtpolitischen Voraussetzungen. Einzelne für die bauliche Struktur
der Städte besonders wichtige Entwicklungen sollen hier geschildert werden.

Die freien Comunen wurden von einem starken Gemeinschaftsbewußtsein der
gesamten Bevölkerung getragen, das sich auch in einer baulichen *Selbstdarstellung
der Stadt* äußerte. Sie zeigte sich einerseits in vielen Einzelbauten, die den öffentlichen Gemeinschaftsaufgaben oder der besonderen Repräsentation dienten, andererseits auch in einer Stadtplanung, in der seit dem 13. Jahrhundert die Stadt als
Gesamtheit nach einem einheitlich geplanten und von der Selbstverwaltung durch-
gesetzten Ordnungsprinzip gestaltet wurde (Braunfels 1979, S. 116ff.). Die politische Selbstverwaltung schuf sich seit dem 13. Jahrhundert ihre Repräsentativbauten. Der Rat der regierenden städtischen Familien baute sich als Amtsgebäude den
Palazzo del Popolo, der auch Palazzo Comunale oder Palazzo Pubblico genannt
wurde. Er war mit seinem Turm, der immer der höchste der Stadt sein mußte, und
seiner prachtvollen Gestaltung als Symbol der comunalen Freiheit gedacht. Getrennt
von diesem Bau der „Legislative" wurde der Palazzo del Podestà als Bau der „Exeku-

tive" errichtet. Da die führenden Familien der Stadt sich mißtrauten, sollte keiner die exekutive Macht übertragen werden (Waley 1969, S. 66ff.). So wurde für dieses Amt ein Fremder, der keine Verwandten in der Stadt haben durfte, für ein Jahr gewählt. Während seiner Amtszeit mußte er sich streng isoliert halten, durfte keine Geschenke und keine Einladungen annehmen und mußte am Ende seiner Amtszeit dem Rat der Stadt Rechenschaft abgeben. Er selbst mußte sich gegen Übergriffe schützen können, wenn er unliebsame Entschlüsse durchsetzen sollte. So wurde ihm ein besonders stark befestigter Palazzo als Amtsgebäude zugewiesen. In allen Städten, die freie Comunen waren, ist ein Palazzo del Popolo und ein Palazzo del Podestà gebaut worden; beide sind typische Bauwerke, die die Befreiung der Städte aus dem Feudalsystem dokumentieren. Die Selbstverwaltung der freien Comunen führte im Laufe der Zeit zur Entstehung eines immer größeren Verwaltungsapparates, für den entsprechende „Bürobauten" errichtet wurden, wie in Florenz die Uffizien und in Siena die Rückseite des Palazzo Comunale.

Über die Regierungsgebäude hinaus wurden viele der Gemeinschaft dienende Bauten des 13. und des 14. Jahrhunderts auch zur monumentalen Selbstdarstellung der Stadt errichtet; zusätzlich sollten sie häufig die städtische Wirtschaft fördern. Die Stadtmauern wurden so nicht nur als Verteidigungsbauwerke, sondern auch zur Verschönerung der Stadt errichtet. Die Quellen wurden in Quellhäusern gefaßt, um die Wasserversorgung der Bevölkerung zu gewährleisten, aber auch um das Stadtbild repräsentativer zu gestalten und die großen Wassermengen, die für das Textilhandwerk notwendig waren, auffangen zu können. Die wichtigsten Straßen der Stadt wurden nicht nur verbreitert, begradigt und gepflastert, um den Verkehr zu erleichtern und die Hygiene zu verbessern, sondern auch um die Fremden mit der Schönheit der Stadt zu beeindrucken. Einer der wichtigsten Bauten der Comune, an dem die gesamte Bevölkerung der Stadt Anteil nahm, war der Bau, die Vergrößerung und die Verschönerung des Doms, was immer auch unter dem Gesichtspunkt geschah, daß das Stadtbild prächtiger erscheinen sollte (Braunfels 1979, S. 145f.).

Der Schönheit der Städte diente die schon im 13. Jahrhundert einsetzende Stadtplanung. Es wurde dabei auch auf das Aussehen der privaten Gebäude durch Bauvorschriften Einfluß genommen. Die durch das Zentrum führenden Straßen — meist die Achse zwischen Palazzo del Popolo und dem Dom und deren Umgebung — sollten ein einheitliches, prächtiges Aussehen bekommen. So wurde hier nach der Festlegung der Straßenbreite die Gestaltung der Häuser und Palazzi in Fensterform, Stein der Fassadenverkleidung usw. zwingend vorgeschrieben. Funktionale Gesichtspunkte spielten bei diesen Planungen nur am Rande eine Rolle (Braunfels 1979, S. 120).

Die *Bevölkerungsentwicklung* war für die bauliche Ausdehnung der freien Comunen Nord- und Mittelitaliens sehr wichtig. Die Einwohnerzahl der Städte zeigt seit der Zeit, für die Schätzungen vorliegen, eine charakteristische Entwicklung (Tab. 2)[10]. Seit dem 11. Jahrhundert wächst sie sehr stark an und erreicht zu Beginn des

---

10 Die Zahlenangaben beruhen auf Schätzungen und Umrechnungen. Entsprechend treten sehr starke Differenzen auf. In der Tabelle 2 wurden für Florenz und Siena jeweils die höchsten und niedrigsten Schätzwerte zusammengestellt. Seit dem 16. Jahrhundert liegen genauere Zählungen vor.

14. Jahrhunderts ein deutliches Maximum. Im Laufe des 14. Jahrhunderts nimmt sie dann stark ab. In der anschließenden Zeit stagnieren die Bevölkerungszahlen und wachsen bis zum 19. Jahrhundert nur noch sehr langsam. Diese Bevölkerungsentwicklung ist für alle Städte des Raumes charakteristisch, und er entspricht weitgehend der wirtschaftlichen Entwicklung. Die Bevölkerungsabnahme ist durch Pestepidemien Mitte des 14. Jahrhunderts und durch mehrere Hungersnöte zu erklären (Herlihy 1967, S. 115). Sie war mit einer starken Depression der Wirtschaft bis ca. 1450 verbunden, die in vielen Bereichen sicher durch die Bevölkerungsabnahme verursacht wurde. Andererseits war der Verlust der Wirtschaftsbedeutung in vielen kleinen Städten ebenfalls ein Grund für eine weitere Reduzierung der Bewohner (Cherubini 1977, S. 14ff.). Die Erklärung des starken Bevölkerungswachstums in den Städten ist noch umstritten. Es wird vor allem diskutiert, ob es durch Zuwanderung oder durch natürliches Wachstum hervorgerufen wurde. Bei der Theorie der Zuwanderung bestehen unterschiedliche Auffassungen, in welchem Umfang der Landadel oder die einfache Landbevölkerung an diesen Abwanderungen in die Stadt beteiligt waren. Eine den italienischen Städten entsprechende Bevölkerungsentwicklung gab es in vielen anderen europäischen Städten (Benevolo 1976); dies wurde zum Anlaß genommen, die Zuwanderung aus dem Contado in die Stadt generell zu bezweifeln (Cristiani 1962, S. 163; u.a.) und statt dessen das Stadtwachstum auf einen natürlichen Bevölkerungszuwachs zurückzuführen. An vielen Einzeluntersuchungen (Sznura 1975 für Florenz; Herlihy 1967 für Pistoia; u.a.) ist jedoch nachgewiesen worden, daß in den Städten zwar unbestreitbar eine verstärkte natürliche Bevölkerungsvermehrung feststellbar ist, daß sie aber dennoch vor allem durch die Zuwanderungen aus dem Contado wuchsen. Hierbei hatte die Ansiedlung des feudalen Landadels von der Anzahl her sicher keine allzu überragende Bedeutung. Die große Masse der zuwandernden Bevölkerung stammte aus der Bauernschicht des Umlandes. Die Städte hatten durch mehrere Gesetze, etwa der Erlaubnis zum Hausbau in der Stadt, der Verleihung der Bürgerschaft usw. eine Landflucht hervorgerufen, um einerseits die eigene aufstrebende Wirtschaft mit Arbeitskräften zu versorgen und um andererseits die wirtschaftlichen Grundlagen des Landadels zu zerstören (Doren 1934, S. 213ff.; Braunfels 1963, S. 490ff.). Abweichend von dieser Interpretation konnte Plesner (1979, S. 153ff.) für einen kleinen Bereich nachweisen, daß nur wenige der hörigen Bauern in die Stadt abwanderten; vielmehr waren es die freien Kleineigentümer, die an dieser Wanderung beteiligt waren. Trotz aller noch offenen Fragen läßt sich mit Sicherheit festhalten, daß sich die wachsende städtische Handwerkerschicht vor allem aus der ländlichen Unterschicht rekrutierte (Fiumi 1968).

In den Städten wirkte sich die starke Bevölkerungszunahme in einer entsprechenden Vergrößerung der Siedlungsfläche aus. Sie führte zum planmäßigen Bau von „Vorstädten", den „Borghi", die mehrfach durch Errichtung neuer Mauerringe mit in die Stadt einbezogen werden mußten.

Das Ausmaß, in dem die Familien der Oberschicht an der Selbstverwaltung beteiligt wurden, wechselte im Laufe der Geschichte. Diese Änderungen der Verfassung hatten nur wenige Auswirkungen auf die innere Struktur der Städte. Wichtiger

Tab. 2: Bevölkerungsveränderungen in Florenz und Siena im 11. bis 18. Jahrhundert

	Florenz	Siena
1100	25.000 E[3] –30.000 E[2]	15.000 E[1]
1200	50.000 E[4] –60.000 E[5]	40.000 E[1]
1260	75.000 E[5] –85.000 E[4]	–
1300	88.000 E[3] –105.000 E[5]	25.000 E[8] –50.000 E[1]
1348	55.000 E[8] –76.000 E[5]	20.000 E[8] –55.000 E[1]
1380	55.000 E[3] –62.000 E[6]	15.000 E[8]
1470	54.000 E[8] –	
1580	59.000 E[8] –60.000 E[7]	18.779 E[8]
1670	70.355 E[8]	16.544 E[8]
1784	78.537 E[8]	16.173 E[8]

Quellen: [1] Guidoni 1970 [2] Brezzi 1959 [3] Sznura 1975 [4] Pampaloni 1973 [5] Fiumi 1968 [6] Sanfilippo 1978 [7] Franchetti Pardo 1977 [8] Beloch 1937–1961

waren hierfür die *Veränderungen in der städtischen Wirtschaft.* Aus der Frühzeit der freien Comunen ist kaum mehr bekannt, als daß die Oberschicht aus Händlern und Unternehmern bestand, von denen die der Textilverarbeitung zu den reichsten gehörten. Gleichzeitig gehörten zur Oberschicht auch die Eigentümer des Agrarlandes im Contado. Das im Handel erworbene Kapital wurde durch die Übernahme von Bankgeschäften vor allem seit dem 13. Jahrhundert stark vermehrt, wobei die größten Verdienste durch die Bankgeschäfte mit der Kurie erzielt wurden. Die Händler der toskanischen Städte waren die einzigen, die im größeren Umfange das Wechseln verschiedener Währungen und den Geldtransport über größere Entfernungen für die Einnahmen der Kirche in ganz Europa durchführen konnten (Schneider 1899, S. 3ff.). Die toskanischen Bankhäuser hatten dabei anfangs nur die Aufgabe, das für die Kirchen in Europa gesammelte Geld aufzubewahren und nach Italien zu transportieren. Bald übernahmen sie auch den Austausch der verschiedenen Währungen in den entsprechenden Gegenwert an Edelmetallgewicht, der dann von der Kirche in jeder anderen Filiale dieser Bank über Wechsel abgehoben werden konnte. Im 13. Jahrhundert betrieb die Kurie die Politik, möglichst viele kleine Banken mit diesem Geldtransfer zu betrauen; sie wollte so ihren Einfluß in der Toskana verstärken. Aus diesem Grunde waren in der Mitte des 13. Jahrhunderts allein in Florenz mindestens 80 Bankhäuser entstanden (Clarke 1966, S. 25f.). Mit dem Exil des Papsttums in Avignon wurde das politische Ziel fallengelassen, und die Kurie beauftragte nur noch wenige finanzstarke Bankhäuser mit ihren Geldgeschäften. Die Folge war eine Vielzahl von Bankzusammenbrüchen im 14. Jahrhundert; die große Wirtschaftsblüte war damit unterbrochen (Peyer 1960). Die rückläufige Entwicklung fiel mit den beschriebenen Pestepidemien zusammen, so daß die wirtschaftliche Depression noch verstärkt wurde. In der Folgezeit beschränkte sich die Wirtschaft der Städte im wesentlichen nur noch auf die Handwerkerproduktion und den in bescheideneren Dimensionen weitergeführten Handel, was zu deutlich geringeren Gewinnen führte (Melis 1962). Nur einzelne von der Kurie bevorzugte Großbanken konnten auch weiterhin gewinnreiche Geldgeschäfte betreiben (etwa die der Medici, der Strozzi u.a. in Florenz und die der Chigi in Siena). Die skizzierte Wirtschaftsentwicklung wirkte sich in der baulichen Entwicklung der Städte seit dem 15. Jahrhundert vor allem darin aus, daß Großbauten einzelner Familien erstellt wurden. Großflächige Veränderungen oder Erweiterungen der Städte fanden in dieser Zeit kaum noch statt.

Der Handel und die Warenproduktion hatten im 15. Jahrhundert nur noch geringe Ausdehnungsmöglichkeiten. Die städtische Wirtschaft stagnierte; sie erlebte keine Depression, aber auch keinen wesentlichen Ausbau mehr. In dieser Phase beginnen die städtischen Landeigentümer verstärkt, sich der Verbesserung der Agrarwirtschaft zuzuwenden; das Villensystem und die Mezzadria werden ausgebaut und verbessert (Stopani 1977, S. 21ff.; Dörrenhaus 1976, S. 78f.), und in den Handel gehen immer stärker auch agrarische Produkte ein.

Das *Handwerk* war immer eine der wichtigsten Grundlagen für die städtische Wirtschaft. Die Arbeiten in den einzelnen Handwerkszweigen wurden immer stärker spezialisiert, wie sich an vielen Beispielen zeigen läßt (Raith 1979, S. 63ff.). Die Produktion wurde im Laufe der Zeit immer mehr vom Meisterbetrieb auf größere, als Manufakturen arbeitende Betriebe verlegt. Viele Arbeitsgänge z.B. in der Wollverarbeitung wurden auch in Heimarbeit vergeben, wobei die Geräte, etwa die Webstühle, meist gestellt wurden. Es traten also immer mehr Formen auf, welche die Merkmale der Industrialisierung im 19. Jahrhundert vorwegnahmen. Die Handwerker wurden dabei in vielen Bereichen zu „Lohnarbeitern". Entsprechend ergaben sich seit dem 14. Jahrhundert sehr starke soziale Konflikte, die sich immer wieder in Unruhen entluden (Rutenburg 1971; u.a.). Man kann deshalb in den nord- und mittelitalienischen Städten durchaus von einer frühkapitalistischen Wirtschaft sprechen, die frühindustrielle Formen in der Handwerksproduktion aufwies (Clarke 1966; Doren 1934). Baulich wirkte sich diese Entwicklung in Gebäudeformen aus, die ganz im Sinne einer „Industrie" ausschließlich für spezielle Verarbeitungszweige eingerichtet wurden.

Alle diese Veränderungen und Weiterentwicklungen bewirkten jedoch nie das Aufgeben der wirtschaftlichen, sozialen und politischen Grundidee des Stadtstaates.

3.3.1.3. Die Stadtstaaten und die Entwicklung eines Städtesystems

Die Vielzahl von konkurrierenden Stadtstaaten führte früh zu Kämpfen der Städte untereinander. Die wichtigsten Gründe für diese Kämpfe waren die Abgrenzung der wirtschaftlichen Einflußbereiche, die Sicherung der Verkehrswege und der Zugang zu den günstigen Häfen. Entsprechend wuchsen die an den Fernverkehrswegen gelegenen Städte besonders stark. In der Toskana war z.B. für Florenz die Lage an den Paßstraßen über den Apennin und für Siena die Lage an der fränkischen Königsstraße besonders wichtig. Florenz suchte vor allem einen günstigen Hafen, nämlich Pisa, zu erobern und sich ebenfalls einen Zugang zur fränkischen Königsstraße zu sichern. Die Kämpfe führten dazu, daß die großen, wirtschaftlich starken freien Comunen die kleinen unterwarfen und in ihre Abhängigkeit brachten. Es entstanden „Großcomunen", die zwar offensichtlich Stadtstaat-Charakter hatten, jedoch schon eine Schicht kleinerer, abhängiger ehemaliger freier Städte beherrschten. Die Kämpfe gingen auch zwischen den „Großcomunen" weiter, und sie endeten mit der endgültigen Dominanz von Florenz, das die übrige Toskana im wesentlichen unterwarf.

Die *Eroberung der Städte durch andere Stadtstaaten* führte zu charakteristischen Unterschieden im wirtschaftlichen Wachstum und somit zur Ausbildung eines Städtesystems. Die freien Comunen, die ihre Nachbarn unterwerfen konnten, konzentrierten möglichst den gesamten Handel und die wichtigsten Zweige des Handwerks auf ihre Stadt; entsprechend stärker wurde ihr Wirtschaftswachstum. Die Oberschicht der eroberten Städte wurde zwar nicht zur Abwanderung gezwungen, und ihr blieb auch meist die innenpolitische Selbstverwaltung (Fiumi 1961 für San Gimignano, S. 187ff.; Cecchini/Carli 1962, S. 52ff.), jedoch wanderten ihre Händler- und Unternehmerfamilien meist schon allein deshalb in erobernde Städte ab, um am Wirtschaftsleben weiterhin aktiv teilnehmen zu können. Die erobernden Städte wuchsen also in ihrer Wirtschaftskraft, wurden weiter ausgebaut und veränderten ihre innere Struktur. Die kleineren eroberten Städte blieben dagegen in ihrer wirtschaftlichen Entwicklung häufig stehen, die Bevölkerung wuchs meist nur langsam, und ältere Bau- und Strukturformen wurden konserviert. Die Machtansprüche der beherrschenden Stadt wurden durch einen Prätor, der als Verwaltungsgebäude den Palazzo Praetorio (meist den früheren Palazzo del Podestà) zugewiesen bekam, und durch ein an der Stadtmauer errichtetes Kastell dokumentiert. Es entstehen hiermit zwei Schichten von Städten, die sich in ihrer Größe, ihrer Wirtschaftsstruktur und auch in ihren Bauformen unterscheiden. Fast alle „Großcomunen" sind heute zu Provinzhauptstädten geworden und haben so ihre Sonderstellung behalten. Der gleiche Entwicklungsvorgang wiederholt sich bei der Eroberung der „Großcomunen" durch Florenz. Auch hier wird die Wirtschaftskraft stark auf Florenz konzentriert, so daß es die dominierende Stadt der Toskana wird.

Eine weitere Schicht kleinster Städte entstand ebenfalls durch den Kampf der freien Comunen gegeneinander. Im 13. und 14. Jahrhundert gründeten die Stadtstaaten kleine befestigte Städte in ihrem Contado, die sog. „terre murate"[11]. Sie hatten strategische und wirtschaftliche Funktionen (Moretti 1979, S. 35ff.). Am wichtigsten war ihre militärische Aufgabe: Sie sollten Grenzen und Fernhandelswege sichern, die Macht der großen Feudalherren eindämmen oder brechen (Richter

---

11 Die kleinen Städte hatten unterschiedliche Bezeichnungen wie „terre nuove", „borghi franchi" (Fasoli 1942), „castellum" (Plesner 1979) usw.

1937) und das Gebiet gegen Ausdehnungsbestrebungen verfeindeter freier Comunen schützen. Eines der wesentlichen Markmale der „terre murate" war deshalb auch ihre starke Befestigung mit Mauern, wie etwa in Monteriggioni, und ihre Lage in wehrhaften Positionen. Ihre wirtschaftliche Bedeutung lag vor allem in ihrer Marktfunktion für die nähere Umgebung. Sie zeigt sich in dem zentralen, großen Marktplatz dieser kleinen Städte, der oft mit Arkaden umgeben war. Die „terre murate", die an Paßstraßen lagen, hatten zusätzlich die Funktion, den Warenverkehr auf diesen Straßen zu kontrollieren (Francovich 1974). Ihr gesamter Handel wurde natürlich von der übergeordneten freien Comune streng kontrolliert (Friedmann 1974, S. 336ff.). Für die Gründung dieser kleinen Städte wurde meist die Bevölkerung umliegender Gebiete zusammengezogen und nach Herkunftsorten in eigenen Vierteln zusammen angesiedelt (Moretti 1979, S. 22ff.). Mit diesen Gründungen sollten nach der Vorstellung einiger Autoren (Moretti 1979, S. 23; Friedmann 1974, S. 336) auch die Landflucht der bäuerlichen Bevölkerung abgefangen und wieder Bewohner auf dem Lande festgesetzt werden, um so den Einfluß und die Kontrolle des Stadtstaates über das Land zu sichern. An manchen Stellen wurden die „terre murate" auf dem Platz aufgelöster ehemaliger Feudalorte angelegt.

Die „terre murate" zeigen alle Merkmale von Planstädten. Sie hatten einen regelmäßigen Rechteckgrundriß, und die Baublöcke waren in gleich große Parzellen aufgeteilt. In der Mitte befand sich ein Marktplatz mit der Hauptkirche und dem Palazzo des von der freien Comune eingesetzten Verwaltungsbeamten, dem Palazzo Praetorio. Entsprechend der Vorstellung von einer Idealstadt des 14. Jahrhunderts war die Gesamtanlage meist streng geometrisch entworfen worden (Gaddoni Schiassi 1977; Guidoni 1970). Einzelne „terre murate", die besonders günstig zu den Fernhandelsstraßen lagen oder die wegen ihrer Wichtigkeit im Verteidigungs- und Angriffssystem der freien Comunen besonders hervorgehoben waren, konnten zu kleinen selbständigen Handelsstädten mit einer eigenen Händlerschicht und Handwerkerbevölkerung wachsen. So blühte etwa Semifonte, das von Siena gegen Florenz gegründet worden war, innerhalb weniger Jahre zu einer bedeutenden Handelsstadt auf. Wenig später wurde sie dann von Florenz so gründlich zerstört, daß die Stadt lange Zeit als verschollen galt und erst vor kurzem ihre Lage mit Hilfe von Luftbildern und Flurnamen identifiziert werden konnte (Salvini 1969). Andere „terre murate" wurden durch die Kämpfe so in Mitleidenschaft gezogen, und ihre Marktbedeutung war so gering, daß sie kaum mehr als eine Festungsfunktion erlangten. Wurde die militärische Bedeutung gegenstandslos, so sanken sie zu bäuerlichen Siedlungen ab.

Aus den beiden geschilderten Entwicklungen ging ein Städtesystem hervor, das in vielem noch bis heute durchscheint[12]. Die großen dominierenden Stadtstaaten sind heute Provinzhauptorte. Unter ihnen nimmt Florenz als der letzte Stadtstaat den höchsten Rang ein. Viele der kleinen Städte, die diesen Orten zugeordnet sind,

---

12 Ein eindrucksvolles Beispiel, wie das heutige Netz von Kleinstädten auf die Eroberung kleiner freien Comunen und die Anlage von „terre murate" beim Kampf um den Zugang zur fränkischen Königsstraße zwischen Florenz und Siena zurückgeht, zeigt Meli (1974).

gehen auf früh eroberte freie Comunen zurück. Die „terre murate" bilden eine Städteschicht unterster Stufe.

3.3.1.4. Die Entwicklung zur Signorie und zum Territorialstaat

Die historische Weiterentwicklung der freien Comunen zeigte drei wichtige Tendenzen. In ihrer territorialen Ausdehnung entwickelten sie sich von den „Großcomunen" durch weitere Eroberungen zu Flächenstaaten; verfassungspolitisch führte die Entwicklung von der Selbstverwaltung durch eine Oligarchie zur Signorie, und das Schwergewicht des Wirtschaftslebens verlagerte sich verstärkt vom Fernhandel und von den Bankgeschäften auf die Handwerksproduktion und die Landwirtschaft.

Die „Großcomunen" führten wie die freien Comunen weiter gegeneinander Krieg, und die Kämpfe fanden in der Toskana mit der endgültigen Unterwerfung von Siena durch Florenz im Jahre 1537 ihren Abschluß. Florenz hatte damit bis auf wenige Ausnahmen — Lucca blieb z.B. bis in das 19. Jahrhundert selbständige freie Comune — die gesamte Toskana erobert, und die Medici wurden zu Großherzögen der Toskana ernannt. Obwohl damit die Toskana von der Ausdehnung her nun zu einem *Territorialstaat* geworden war, hatte sie in mehrfacher Hinsicht wesentliche Elemente der Stadtstaaten bewahrt. So behielten die eroberten Städte einen großen Teil ihrer Selbstverwaltung (Mancuso 1978, S. 85ff.; Fiumi 1961, S. 241f.), die natürlich auf die inneren Angelegenheiten beschränkt blieb. Als hierzu entgegengesetzte Entwicklungstendenz, die auch dem Stadtstaatgedanken entstammte, behandelte Florenz die gesamte Toskana als ihren Contado. Vor allem die Wirtschafts- und Zollpolitik wurde auf eine Bevorzugung des Gewerbes in Florenz ausgerichtet. Die Handwerksbetriebe der eroberten Städte wurden benachteiligt, z.T. durften bestimmte Gewerbe nur in Florenz angesiedelt sein; in anderen Städten waren sie verboten. So wanderten die Händler und Unternehmer nach Florenz ab, da die wirtschaftlichen Möglichkeiten hier viel günstiger waren. Dies führte zu einem verstärkten wirtschaftlichen Rückgang in den eroberten Städten; die Händleraktivitäten nahmen ab, der Anteil von Landbesitz in Händen von Florentiner Bürgern nahm genauso wie der Kirchenbesitz zu und die Klöster dehnten sich in den Städten aus (für San Gimignano Fiumi 1961, S. 214ff.; für Pistoia Capecchi/Gai 1976; u.a.). Ein kleines Maß an eigenem Wirtschaftsleben erhielt sich dennoch in den Städten, da vor allem die Teile der Oberschicht, die in Opposition zur florentiner Herrschaft standen, in den Städten verharrten. Trotz dieser gegenläufigen Tendenz setzte sich eine starke wirtschaftliche Dominanz von Florenz als Hauptstadt des Großherzogtums Toskana durch. Eine ähnliche Entwicklung zeigt sich auch in den oberitalienischen Stadtstaaten. Die territoriale Ausdehnung führte auch hier nicht dazu, daß die Struktur des Stadtstaates aufgegeben wurde. Gerade weil die Hauptstädte der Territorien weiter ihre eroberten Gebiete wie einen Contado verwalteten, entstanden nun Städte unterschiedlicher wirtschaftlicher Struktur und damit eine Städtehierarchie (Franchetti Pardo 1978).

Bedeutend waren auch die *verfassungspolitischen Veränderungen* in den freien Comunen. Seit dem 14. Jahrhundert entwickelten sich zuerst die Städte Norditaliens zu Signorien. Hier usurpierte eine Familie die Alleinherrschaft über die Stadt und verdrängte die oligarchische Selbstverwaltung. Diese Familien entstammten entweder selbst der Oberschicht oder sie hatten als Podestà die Möglichkeit gefunden, die Macht an sich zu reißen. Vielfach nutzten auch die Condottieri[13] ihre starke Stellung aus, um die Herrschaft über die Stadt zu erlangen. In den toskanischen Städten fand dieser Übergang nicht als Folge einer Verfassungsänderung statt; sondern erst relativ spät, im 15, bis 16. Jahrhundert, übernahmen in den freien Comunen einzelne Familien aufgrund ihrer wirtschaftlichen Potenz de facto die Herrschaft. So dominierten die Medici in Florenz, die Guinigi in Lucca, die Piccolomini in Siena usw. Erst durch den Übergang zum Großherzogtum Toskana wird hier die Änderung auch in der Verfassung vollzogen.

Die Umwandlung zur Signorie hatte in den Städten Auswirkungen auf die Baustruktur und die Funktionsgliederung: Sie wurden ganz auf den Wohnsitz der Herrscherfamilie hin ausgerichtet. In den norditalienischen Städten waren dies meist große Kastellkomplexe, von wo aus die Herrscher mit einer entsprechenden Militärmacht die Stadt beherrschten. Die Straßen wurden auf dieses Kastell hin orientiert. In Florenz wurde die seit dem 13. Jahrhundert geplante repräsentative Achse Dom – Palazzo Vecchio durch die Betonung des Komplexes Palazzo Vecchio – Uffizien – Palazzo Pitti als dem Sitz der Medici-Familie ersetzt. Zu den auf die Ansprüche der Herrscherfamilie ausgerichteten Bauten gehörten darüber hinaus Gebäude für Kunstsammlungen, ein Theatergebäude u.a.m. Eine solche auf den Herrscherpalazzo ausgerichtete Grundstruktur der Städte ist auch heute noch in einzelnen neu gegründeten Planstädten dieser Zeit wie Sabbioneta und Vigevano deutlich (Braunfels 1976, S. 167ff.; Torelli 1930–1952).

Die freien Comunen nahmen also Strukturformen von Residenzstädten an. Sie sind jedoch nicht mit den absolutistischen Residenzstädten der Barockzeit in Mitteleuropa vergleichbar, weil sie zwar auf den Wohnsitz der Herrscherfamilie ausgerichtet waren, aber darüber hinaus die Wirtschaftsstruktur und die Sozialschichtung der freien Comunen weiterbestand. Die Oberschicht blieb mit Händlern, Unternehmern und Landbesitzern weiter bestehen, und die industrieähnliche Handwerksproduktion behielt ihre Bedeutung. So ist auch die Gebäudesubstanz der freien Comunen im wesentlichen erhalten geblieben. In den Residenzstädten Mitteleuropas ist dagegen auch die Bevölkerung durch die Residenz geprägt, wie z.B. im Beamtenadel, in den auf die Versorgung der Residenz ausgerichteten Handwerksbetrieben usw. So änderten sich zwar mit der Bildung der Signorie in Nord- und Mittelitalien die innerstädtischen Strukturen, jedoch bestand die Stadtstruktur der freien Comunen fort.

---

13 Die Condottieri waren Heerführer, die auf eigene Kosten ein Heer unterhielten. Sie stellten sich gegen Bezahlung den Städten zur Verfügung und fochten die Kriege der freien Comunen aus (Trease 1974).

Eine weitere Änderung fand in dieser Zeit in den freien Comunen auf *wirtschaftlichem Gebiete* statt; die Entwicklung der vorhergehenden Zeit setzte sich verstärkt fort. Die Oberschicht begann von den in früherer Zeit angesammelten Kapitalien zu leben und vor allem Kapitalgeschäfte mit Grundbesitz zu betreiben. Der Handel ging stark zurück und die gewerbliche Produktion stagnierte. Sie wurde zwar auf einem im Vergleich zu mitteleuropäischen Verhältnissen ungewöhnlich hohen Stand weiter betrieben, aber es gab kaum noch Ausbaumöglichkeiten. Die städtische Oberschicht verlegte außerdem ihre Aktivitäten auf die Intensivierung der Landwirtschaft, und dort legte sie ihr Geld an. Es fand also ein Rückzug von den Geldgeschäften und eine Hinwendung auf die Landwirtschaft statt (Albertini 1955); in der Po-Ebene wurden z.B. seit dem 15. Jahrhundert große landwirtschaftliche Investitionen vorgenommen. Die Bewässerungsmöglichkeiten und das Kanalnetz wurden ausgebaut und bestimmte Kulturen, wie z.B. die Seidenraupenzucht, gefördert. Hier muß der „Rückzug" der städtischen Oberschicht auf das Land als eine Investition in die Agrarwirtschaft als ein Gebiet mit neuen Gewinnmöglichkeiten interpretiert werden (Dowd 1961). Ähnliche Investitionen, allerdings in bescheideneren Ausmaßen, wurden auch in der Toskana unter den Medici in Form von Entsumpfungen und Bonifizierungen vorgenommen (Franchetti Pardo 1977). Allerdings führten hier erst die Konsequenzen der Reformen von Peter Leopold im 18. Jahrhundert zu einem wirtschaftlichen Aufschwung, der vor allem auf der Landwirtschaft beruhte (Sereni 1962, S. 208–286; Cresti 1977a). Die Verschiebung in der Bedeutung der verschiedenen Wirtschaftszweige hatte auf die inneren Strukturen der Städte jedoch nur geringen Einfluß.

Zusammenfassend läßt sich also sagen, daß die in der Zeit der freien Comunen gebildeten Stadtstrukturen im wesentlichen erhalten geblieben sind (Mancuso 1978), da die Wirtschaft der Städte stagnierte, und damit die alten Formen fortbestanden. Ebenso veränderten sich die sozialen Schichten mit ihrer Lebensweise und in ihrer Wirtschaftsbedeutung kaum, so daß auch die Gebäude in der Stadt in den alten Strukturen bestehen blieben.

3.3.2. DIE ENTWICKLUNG ZU BARONALSTÄDTEN IN SÜDITALIEN

Die Städte in Süditalien erlebten eine ganz andersartige Stadtgeschichte als die in Nord- und Mittelitalien, sie behielten ihre römisch-antike Grundform wesentlich länger und wurden erst spät in ein Herrschaftssystem mit feudalen Formen einbezogen.

3.3.2.1. Die Städte unter byzantinischer, sarazenischer, normannischer und staufischer Herrschaft

Nach der Rückeroberung Italiens von den Goten durch Byzanz Ende des 6. Jahrhunderts waren große Teile Süditaliens lange Zeit unter byzantinischer Verwaltung geblieben. Zwar hatten die Langobarden auch hier drei Herzogtümer gegründet; ihr Einfluß blieb jedoch schon allein wegen der geringen Bevölkerungszahl der Einwanderer in Süditalien unbedeutend. Sizilien erlebte eine Sonderentwicklung; es wurde im 9. Jahrhundert von den Sarazenen erobert. Trotz dieser Zugehörigkeit zu unterschiedlichen Reichen verlief die Stadtgeschichte in Süditalien gleichartig. Die Grundstrukturen der römischen Municipien blieben erhalten, und in der Verwaltung durch einen Bischof lebte die römische Stadttradition fort (De Angelis 1940; Carabellese 1905, S. 83); jedoch gingen durch Kriegszüge, Eroberungen und Zerstörungen die Bevölkerung und der städtische Handel stark zurück. Häufig wurden Siedlungsplätze verlassen und neue Orte in Schutzlage errichtet oder gar prähistorische Höhlenwohngebiete wieder besiedelt (Pecora 1968, S. 116). Die Städte wurden wie im übrigen Italien in ihrer Siedlungsfläche stark reduziert. Von der antiken Stadtherkunft blieb im wesentlichen die innere Selbstverwaltung für Stadt und Umland erhalten. Die Oberschicht der Städte bestand nur noch aus Großgrundeigentümern, die das Agrarland der Umgebung in Latifundien bewirtschafteten. Die einzige Ausnahme von dieser Entwicklung zu „wirtschaftlich reduzierten Municipien" bildeten eine Reihe von Küstenstädten, die die Verbindung nach Byzanz aufrechterhielten und die dementsprechend eine starke Fernhändlerbevölkerung hatten. Sie behielten damit auch in der städtischen Wirtschaft eine große Ähnlichkeit mit den römischen Municipien (Luzzatto 1970, S. 45).

In Sizilien fand mit der Eroberung durch die *Sarazenen* (827–902) eine Sonderentwicklung innerhalb Italiens statt. Die Insel erlebte eine starke wirtschaftliche Blüte: In den Küstenhöfen wurde die Bewässerung eingeführt, neue Nutzpflanzen wurden angebaut, der Handel, der häufig die Verbindung zwischen der christlichen und der islamischen Welt aufrechterhielt, belebte sich vor allem in den Hafenstädten, und das Handwerk blühte. So entstand auf Sizilien unter sarazenischer Herrschaft ein sprichwörtlicher Reichtum, der sich in den prächtigen Bauten der Städte, in Gartenanlagen, Lustschlössern und Moscheen niederschlug und der sicher auch seinen Einfluß auf die Bevölkerungszahl[14] hatte. Genauere Angaben über die Auswirkungen der sarazenischen Herrschaft auf die Städte sind jedoch leider aus Mangel an Quellen nicht greifbar. Zusätzlich erfolgten durch die spätere Geschichte so radikale Umwandlungen, daß sich auch nur sehr wenige bauliche Relikte aus dieser Zeit erhalten haben. Die rechtliche Verbindung von Stadt und Land bleibt dabei genauso unklar wie die Struktur der Städte selbst. Meist wird rein formal das Vorhandensein eines Sackgassengrundrisses als sarazenisches Erbe angeführt (Sanfilippo 1978, S. 70). Lediglich von Palermo ist aus arabischen Reisebeschreibungen einiges mehr über die innere Struktur der Stadt bekannt (De Seta/Di Mauro 1980, S. 19ff.). Ihr Zentrum war die Burg (La Halisah), in der die sarazenische Oberschicht wohnte und auch die militärische Führung ihren Sitz hatte. Hier verblieb auch in nachsarazenischer Zeit ein großer Teil der Oberschicht. Die Stadt muß damals ein sehr starkes Bevölkerungswachstum und eine Ausdehnung der Siedlungsfläche bis zu der

---

14 Die Bevölkerung z.B. von Palermo wird für diese Zeit auf 100.00 – 300.000 ı Einwohner geschätzt (De Seta/Di Mauro 1980, S. 31).

Größe erlebt haben, wie sie bis ca. 1800 bestand. Sie hatte Fernhandelsbeziehungen und eine wichtige Stellung für den Warenaustausch zwischen den islamischen Ländern. Innerhalb der Stadt lebte eine zahlenstarke Handwerkerbevölkerung, deren Bedeutung unterschiedlich eingeschätzt wird. Sie arbeitete jedoch sicher in der Seidenherstellung und der Produktion von feinen Stoffen über die lokalen Bedürfnisse hinaus für einen Export. Die Stadt war baulich in fünf wohl ethnisch und religiös unterschiedene Stadtbereiche untergliedert. Es gab mehrere bedeutende Basare zur Versorgung der Bevölkerung, die in den gleichen Straßen gelegen haben sollen, die auch heute noch von Märkten geprägt sind (De Simone 1971). Diese Beschreibung bestätigt, daß die Herrschaft der Sarazenen in Sizilien zu einer Blüte der Städte führte.

Die Eroberung Süditaliens durch die *Normannen* seit 1038 und Siziliens 1061 führte zu einem Abbruch der antiken Stadtentwicklung. Die Eroberer richteten eine Verwaltung des Landes und der Städte ein, die viele Ähnlichkeiten mit der Feudalorganisation aufwies, die jedoch im strengen historischen Sinne des Begriffes, wie er für West- und Mitteleuropa definiert worden ist (Ganshof 1967; Hintze 1970a), nicht als „feudal" bezeichnet werden darf. Es bestand in Sizilien nie ein vollständiges Lehnssystem mit Vasallen und Untervasallen. Von den drei wichtigsten Funktionen, in denen sich der Feudalismus auswirkte (Hintze 1970a, S. 22), existierten in Süditalien höchstens zwei, und auch sie waren unvollständig ausgebildet. Die militärische Funktion fehlte vollständig. Die wirtschaftlich-soziale Sicherung der Oberschicht war zwar eine der Aufgaben, aber ob sie durch eine grundherrliche Bindung der Bauern aufrechterhalten wurde, ist sehr zweifelhaft. Der politische Einfluß des Adels war vorhanden, jedoch überwogen von vornherein seine persönlichen Machtmittel gegenüber denen der Zentralgewalt so stark, daß sofort selbständige Machtbereiche entstanden. An die normannischen Ritter wurden große Landkomplexe vergeben, die diese selbständig und selbstherrlich ohne weitere Untervasallen verwalteten. Somit waren sie Träger einer „reduzierten Feudalität". Sie wurden deshalb meist „Barone" genannt, wobei damit keine Stellung innerhalb einer Lehnshierarchie beschrieben werden sollte. Die „Feudalmacht" der Barone war unter den Normannen weiterhin dadurch eingeschränkt, daß sowohl die Kriminal- und die Feudalgerichtsbarkeit als auch die Finanzverwaltung in den Händen der Zentralmacht verblieben (Pecora 1968, S. 121).

Ein weiteres charakteristisches Element der normannischen Herrschaft war die große Toleranz gegenüber anderen Bevölkerungsgruppen, etwa den moslemischen und griechisch-orthodoxen Religionsangehörigen. Somit behielt die von diesen Bevölkerungsgruppen getragene Händler- und Handwerkerschicht ihre Bedeutung. Die Küstenstädte beherrschten weiterhin die Handelswege und hielten die Verbindung zwischen der byzantinischen, der arabischen und der christlichen Welt aufrecht. Ihre wirtschaftliche Blüte setzte sich also auch unter der normannischen Herrschaft fort. In den Städten des Binnenlandes dominierte dagegen meist die Macht der lokalen Barone, die sich in neu an die Siedlungen angegliederten Kastellen dokumentierte. In den Städten blieb damit immer nur eine reduzierte Form der römischen Stadttradition erhalten.

Die Verwaltung Süditaliens durch die *Staufer,* vor allem durch Friedrich II., hatte auf die weitere Entwicklung der Städte entscheidenden Einfluß. Er wollte durch seine „Konstitutionen von Melfi" (1231) alle Formen der Feudalverwaltung und der stadtstaatlichen Selbständigkeit überwinden und sie durch einen absolutistischen, zentralregierten Beamtenstaat ersetzen. Dieses Programm war in der damaligen Zeit kaum gegen die Lokalmacht der Barone durchzusetzen, wohl aber gegen die Fragmente der römischen Selbstverwaltung in den Städten. So wurde eine Anzahl von Städten in Sizilien von Friedrich II. zerstört, da sie ein selbstgewähltes Stadtoberhaupt einsetzen wollten. Die wirtschaftliche Selbständigkeit der Städte wurde durch die Verstaatlichung der Fondachi, der Zölle und der Wechselstuben, sowie durch eine rigorose Kontrolle aller Aus- und Einfuhren unterbunden (Kantorowicz 1963, S. 260). Alle diese Maßnahmen führten zu einer merklichen Verbesserung und Blüte der Agrarwirtschaft (Maschke 1966); die städtische Wirtschaft mit Handel und Handwerk und die Reliktformen ihrer Selbstverwaltung wurden durch sie jedoch zerstört[15]. Die Städte wurden nun durch unabhängige, nur dem Kaiser verpflichtete Beamte kontrolliert. Diese Reformen brachen mit dem Untergang der staufischen Herrschaft zusammen. Die Barone, in ihrer Macht im wesentlichen ungeschwächt, traten nun an die Stelle der zerstörten städtischen Selbstverwaltung. Somit wurde nunmehr ganz Süditalien der „reduzierten Feudalität" unterworfen. So riefen gerade die Bestrebungen Friedrichs II., einen den Vorstellungen der Zeit weit vorauseilenden, modernen Beamtenstaat zu errichten, die endgültige Dominanz der Barone hervor. Seine Reformen führten letztlich zum Ende der wirtschaftlichen Blüte, die durch die Sarazenen in Sizilien und durch Byzanz in Teilen Süditaliens in den Städten bestanden hatte.

3.3.2.2. Die Baronalstädte

Die Geschichte Süditaliens nach dem Untergang der Staufer ist durch die *Herrschaft der Anjou, der Aragonesen und der Bourbonen* geprägt. Diese immer als Fremdherrschaft von außen nach Süditalien hineingebrachten Herrschergeschlechter bildeten jeweils nur eine schwache Zentralgewalt, deren Interesse sich vor allem auf die wirtschaftliche Ausbeutung des Landes richtete. Besonders die spanische Herrschaft verwaltete Süditalien wie eine Kolonie. Die Bodenschätze und Naturprodukte des Landes wurden außerhalb Süditaliens verwertet; darüber hinaus interessierte Spanien nur die strategische Lage Süditaliens im Mittelmeer (Pecora 1968, S. 126ff.). Bei den schwachen Zentralregierungen war die Macht der Barone um so größer. So erlebte Süditalien einen beispiellosen wirtschaftlichen Verfall, dessen wesentliche Folge die Latifundienwirtschaft ist. Auch in den Küstenstädten gingen das Handwerk und der Handel unter; die wichtigsten wirtschaftlichen Aktivitäten wurden

---

15 Maschke (1966, S. 322ff.) betont, daß Friedrich II. ein negatives Verhältnis zur städtischen
   Wirtschaft hatte. Zusätzlich unterdrückte er die Städte aus politischen Gründen.

von den Bankhäusern der mittel- und norditalienischen Städte übernommen, die das Land in kolonialem Stil ausbeuteten. Seit dieser Zeit stagnierte die wirtschaftliche Entwicklung des Landes, und auch die Städte zeigten kein Wirtschaftswachstum. Die gleiche Stagnation zeigt entsprechend auch die Bevölkerungsentwicklung der Beispielstädte (Tab. 3)[16].

Tab. 3: Bevölkerungsveränderungen in Catania und Agrigent vom 16. bis 18. Jahrhundert

	Catania	Agrigent
1500	14.200	12.000
1600	28.400	10.900
1700	16.200	11.000
1800	45.000	18.000

Quellen: BELOCH 1937–1961

Die *Städte Süditaliens* erhielten in dieser Zeit die bis heute vorherrschende Struktur. Ihre Handwerkerschicht war weitgehend untergegangen, so daß nur noch eine Oberschicht der baronalen Latifundienbesitzer und eine breite bäuerliche Bevölkerungsschicht, die auf diesen Latifundien arbeitete, bestanden. Jede Stadt wurde dementsprechend von einem Kastell beherrscht, für das sie im wesentlichen eine Versorgungsfunktion hatte. In späterer Zeit wurden die Kastelle durch die Palazzi der Barone an den Hauptstraßen und an der Zentralpiazza der Stadt ersetzt; hier lag auch die wichtigste Kirche. Die übrigen Gebäude waren klein und undifferenziert. Der einzig bedeutende Fernhandel, der von den Küstenstädten Süditaliens aus weiter betrieben wurde, war der Getreidehandel. Das Getreide wurde vorwiegend an die Stadtstaaten Nord- und Mittelitaliens verkauft; diesen Handel betrieben die Kaufleute der freien Comunen. Sie hatten z.T. Händlerkolonien in Süditalien gegründet, die meist in einem abgeschlossenen Gebiet innerhalb der Städte lagen. Die Barone verkauften ihr Getreide direkt an diese Händler, so daß eine eigenständige einheimische Händlerschicht kaum entstehen konnte. Die Versuche, eine eigene Produktion von Luxusgütern wie Woll- und Seidenstoffe aufzunehmen und hiermit einen Handel aufzubauen, waren wenig erfolgreich.

Die Baronalstädte im Südosten Siziliens erlitten 1693 durch mehrere Erdbeben größere Zerstörungen. Etwa 25 Städte wurden völlig und 32 sehr stark zerstört. Der Wiederaufbau führte in der Grundrißgestaltung zu neuen Formen: Es wurden regelmäßige Planungsgrundrisse angelegt, die durch die Vorschriften Philipps II. von

16 Der starke Bevölkerungsrückgang im 17. Jahrhundert in Catania beruht auf Zerstörungen der Stadt durch einen Lavastrom des Ätna und durch Erdbeben.

Spanien für die Anlage der Überseestädte von 1573 stark beeinflußt wurden (Mancuso 1978, S. 104). In der inneren sozialen, wirtschaftlichen und baulichen Struktur veränderte dieser Neuaufbau die Städte nach der Naturkatastrophe jedoch nicht.

3.3.2.3. Die Zeit des Absentismus – Konzentration, Neugründung und Verfall von Städten

Die Regierung der spanischen Vizekönige im 16. Jahrhundert wirkte sich auf die Struktur und die Anzahl der Städte in Süditalien aus. Die Entwicklungen waren einerseits durch *wirtschaftliche Wandlungen und andererseits durch die Verfassung* des Vizekönigreiches bedingt.

Mitte des 15. Jahrhunderts stiegen allgemein die Getreidepreise in Italien. Da damit die Gewinnspanne im Getreidehandel zwischen Süditalien und den mittel- und oberitalienischen Städten sank, wurde er für die pisanischen, florentinischen, venezianischen und genuesischen Kaufleute, die ihn bisher fast als Monopol in ihrer Hand hatten, unattraktiv. An ihre Stelle traten nun die Barone als Getreidehändler, weil sie als Produzenten direkt von der Preissteigerung profitieren konnten. Sie vergrößerten die Getreideflächen sogar und intensivierten den Getreideanbau. Das Latifundiensystem dehnte sich in dieser Zeit verstärkt aus und wurde nun durch die Organisationsformen der „Masserien" mit den entsprechenden Groß-pächtern (gabelotti) bestimmt (Pecora 1968, S. 134f.). Der Ausbau der Latifundien erreichte auch die Gebiete, die durch die demographische und wirtschaftliche Krise des 14. Jahrhunderts entvölkert worden war. Hier entstand eine starke Nachfrage nach Arbeitskräften. Zusätzlich wurden verfassungsrechtliche Grundsätze des spanischen Vizekönigreiches wirksam. Eine große Anzahl von Privilegien der Barone waren an die Gründung einer Stadt gebunden. Außerdem mußten auf dem Landbesitz eines Barons mindestens 80 Familien leben, damit er einen Sitz im Ständeparlament einnehmen konnte, das über die Privilegien der Barone beschloß. Gleichzeitig wurde die „licentia populandi", das Recht, Siedlungen zu gründen, von den Vizekönigen verkauft, die damit ihre desolaten Finanzen sanieren und die militärischen Ausgaben bestreiten wollten. Die Barone kauften sich also ein solches Recht, das ihnen die Gründung von Siedlungen in den neu erschlossenen Latifundienbereichen erlaubte (Mancuso 1978, S. 103). Diese Rechtskonstruktion führte zusammen mit der Wirtschaftsentwicklung zu einer Städtegründungswelle größten Ausmaßes, durch die etwa in Sizilien ca. 150 Städte im 15. bis 17. Jahrhundert gegründet wurden. Zusätzlich wurden häufig vorhandene Siedlungen durch Ausbauten erweitert, so z.B. im 18. Jahrhundert in Catania und Bari. Gleichzeitig mit diesen gekauften Rechten erhielten die Barone einen Sitz im Ständeparlament, und zusätzlich wurde ihnen die Gerichtsbarkeit im Bereich ihres Besitzes übertragen. Mit ihrer Hilfe konnten sie den Bewohnern ihrer Gründungsstädte eine Fülle von Sonderrechten zuerkennen, so daß diese Orte besonders schnell wuchsen und z.T. sogar alten Städten die Bevölkerung abzogen.

Die *Gründungsstädte* zeigen viele Merkmale einer Plananlage. Meist haben sie einen Schachbrettgrundriß, der den Vorteil hatte, daß die Siedlungen sich entsprechend der Bevölkerungs- und Wirtschaftsentwicklung beliebig ausdehnen konnten. Im Innern hatten auch diese Planstädte die Struktur der Baronalstädte. In der Mitte lag die Piazza, an der sich meistens auch die wichtigsten Straßen der Stadt kreuzten. An ihr befanden sich die Hauptkirche und die Palazzi der Barone. Die übrigen Gebäude der Stadt waren einstöckig und meist um einen Innenhof gebaut, der als öffentlicher Straßenraum galt. So ergab sich oft in den Baublöcken der rechteckigen Straßenanlage ein Sackgassengrundriß.

Die Wirtschaftsentwicklung und die verfassungsrechtlichen Bedingungen führten über diese Stadtgründungswelle hinaus auch zur *Änderung der innerstädtischen Strukturen.* Sowohl die Übernahme des Getreidehandels als auch der Sitz im Ständeparlament erforderte die Anwesenheit der Barone in den wichtigen, großen Städten. Sie verlegten ihren Wohnsitz von den Städten ihrer Besitzungen in die großen Verwaltungs- und Handelsstädte wie Palermo, Neapel, Messina und Catania. In einzelnen kleineren Städten wie z.B. Noto und Scicli konzentrierten sich vor allem die Barone, die in Opposition zum spanischen Vizekönigtum standen und sich so in abseitigere Gebiete zurückzogen. Es entwickelte sich so der vielfach beschriebene „Absentismus". Die von den Baronen bevorzugten Städte nahmen die Form einer Residenzstadt an und erlebten ein starkes Bevölkerungswachstum. Es wurden neue Palazzi gebaut, gleichzeitig wurden kulturelle Einrichtungen wie z.B. Theater geschaffen, und es entstand eine auf die neuen Ansprüche dieser Oberschicht eingestellte Handwerkerschicht. In den Städten, in denen die Barone ihren Wohnsitz aufgegeben hatten, sanken die Palazzi bestenfalls zu einer Art Sommerwohnsitz ab; meist verfielen sie jedoch vollständig. So führte diese Entwicklung in einer Vielzahl von Kleinstädten zum Untergang und in wenigen wichtigen Städten zu einer Konzentration von Palazzi. Für die kleinen Städte bedeutet dies einen — wenn auch nicht bedeutenden — Funktionsverlust; die Oberschicht bildeten jetzt hier die Großpächter. In den größeren Städten fand dagegen eine Steigerung der Funktionsbedeutung statt.

Die Anordnungsmuster und die innere Struktur blieben in ihren Grundstrukturen bis in das 19. Jahrhundert erhalten. Auch die Aufhebung der Feudalrechte 1832 oder das allgemeine Bevölkerungswachstum (Tab. 3) seit dem Beginn des 18. Jahrhunderts führte zu keinen wesentlichen Strukturveränderungen.

3.4. DIE ENTWICKLUNG DER STÄDTE SEIT DEM 19. JAHRHUNDERT

Im 19. Jahrhundert fand allgemein in Europa ein einschneidender Bruch in der Stadtgeschichte durch die Industrialisierung statt, der die mittelalterlichen zu den heutigen Städten umformte. In Italien setzte die Industrialisierung relativ spät ein. Sie führte auch hier zu Wandlungen innerhalb der Städte, die vor allem drei Bereiche betrafen (Mioni 1978a, S. 130):
1. Im gesamten Italien nahm die städtische Bevölkerung zu, was sich jedoch nur regional und lokal in einer Flächenausdehnung der Städte auswirkte.

2. Die Funktion der Städte änderte sich, und damit traten bei der städtischen Bevölkerung andere Berufe auf.

3. Die bauliche Struktur der Städte veränderte sich.

Seit dem Beginn des 19. Jahrhunderts nahm in Italien die Bevölkerung sehr stark zu, und es entstand eine Wanderung vom Land in die Städte. Die *Zunahme der städtischen Bevölkerung* setzt schon im 18. Jahrhundert ein. Es verstärkt sich mit der Einigung Italiens und der damit beschleunigten Industrialisierung, wobei die Provinzhauptorte den größten Teil dieses Wachstums aufnehmen (Mioni 1978a, S. 133) und sich damit überproportional vergrößern (für die Beispielstädte Tab. 4).

Tab. 4: Bevölkerungsveränderung in Florenz, Siena, Catania und Agrigent im 19. und 20. Jahrhundert

	Florenz	Siena	Catania	Agrigent
1800	75.754[1]	16.173[1]	45.000[5]	16.000[1]
1833	94.000[2]	18.860[3]	–	–
1861	115.000[3]	22.560[3]	69.000[5]	17.114[5]
1901	200.000[3]	28.375[3]	143.184[5]	24.900[5]
1931	300.000[3]	42.930[3]	222.925[5]	32.951[5]
1951	341.955[4]	39.906[4]	297.897[4]	34.165[4]
1961	411.795[4]	49.415[4]	358.700[4]	42.288[4]
1971	450.315[4]	56.539[4]	395.351[4]	40.513[4]

Quellen: [1] Beloch 1937–1961 [2] Detti 1977 [3] Barbieri 1972 [4] Istat 1951, 1961, 1971 [5] Pecora 1968

Als Auswirkung war zuerst eine starke Steigerung der Bevölkerungsdichte festzustellen. Es wurden die bisher noch bestehenden Freiräume mit Häusern zugebaut, neue große Gebäude errichtet oder vorhandene Gebäude in mehrere Wohnungen unterteilt. Dabei scheint nach den nur in geringem Umfang vorliegenden Daten die Anzahl der Bewohner pro Raum in den nord- und mittelitalienischen Städten immer geringer gewesen zu sein als in den süditalienischen Städten (Mioni 1978a, S. 141). Nach dieser Phase der Verdichtung innerhalb der Städte setzte zeitlich sehr unterschiedlich zwischen 1830 und 1870 eine *Ausdehnung der Siedlungsfläche* ein. Sie fand vorwiegend auf geplantem Grundriß statt und führte zu einem allmählichen Rückgang der Bevölkerungsdichte. Als Vorbild für diese Ausbauten dienten in Italien allgemein die Planungen von Haussmann in Paris, wie sich etwa in den Plänen von Poggi zur Ausdehnung von Florenz 1865 zeigt (Fanelli 1980, S. 414ff.; Mioni 1978a, S. 144; Carozzi/Mioni 1970, S. 433ff.). In diesen Planungen wurde vor allem das Straßennetz der zukünftigen Ausbauten festgelegt. Besonderes Gewicht fiel auf die Gestaltung der Ringstraßen, die auf den abgerissenen mittelalterlichen Stadtmauern angelegt wurden. Hier errichtete man repräsentative, bürgerliche Wohnbauten, die vorwiegend von der Oberschicht bewohnt wurden. Diese Form der Siedlungserweiterung findet sich in vielen Städten, wenn auch meist in weniger großzügigen Ausmaßen als in Florenz. In vielen Fällen blieb, wie in Siena, die Stadtmauer auch erhalten. In Süditalien setzt der Ausbau des 19. Jahrhunderts den Schachbrettgrundriß des 18. Jahrhunderts fort (z.B. in Catania, Bari). Hier wurden die mittelalterlichen Stadtmauern schon im 18. Jahrhundert überschritten, so daß die jungen Ausbauten des 19. Jahrhunderts sich nicht als Bruch im Straßengrundriß abzeichnen.

Als zweiter verbreiteter Typ der baulichen Veränderung der Städte in der 2. Hälfte des 19. Jahrhunderts ist der *Umbau der Innenstädte* durch große Sanierungsprojekte charakteristisch. Sie hängen meist indirekt mit dem Bevölkerungswachstum zusammen, da hier die Bevölkerungsdichte gesenkt werden sollte. Gleichzeitig strebte man jedoch auch mit diesen Umstrukturierungen eine Konzentration von Funktionen in der Stadt an, in denen sich das Bürgertum selbst darstellen konnte. Begründet wurden die Sanierungen immer mit hygienischen Unzulänglichkeiten: mit sanitär schlecht ausgestatteten Wohnungen, mit einer zu hohen Bevölkerungsdichte und mit einer schlechten „Durchlüftung" der Städte. In Florenz hatten die Sanierungen des Gebietes um den Mercato Vecchio einen besonders großen Umfang (Fei 1971; Fei 1977; Detti 1977, S. 80ff.). In einem großen Bereich wurden die Gebäude flächenhaft abgerissen und auf einem großzügigen, am römischen Grundriß angelehnten Straßennetz neu aufgebaut. In vielen Städten fanden ähnliche Sanierungen statt, in deren Rahmen entweder einzelne Straßendurchbrüche vorgenommen (Neapel, Palermo, Turin, Genua, Rom u.a.) oder die Bausubstanz größerer Flächen ersetzt wurde (Mailand u.a.). Bis in die faschistische Zeit wurden ähnliche „Zentrumssanierungen" geplant und durchgeführt (Brescia, Mailand, Siena u.a.). Sie wurden im wesentlichen immer von der öffentlichen Hand initiiert, wobei die Bauten von einzelnen Gesellschaften oder Privatpersonen errichtet wurden. Die Sanierungen waren immer mit einer starken Bodenspekulation verbunden; vor allem Banken, Versicherungen und Gesellschaften finanzierten die Umbauten. Der Grundgedanke einer prachtvollen Zentrumsgestaltung überwog immer den der eigentlichen Sanierung. Das wirkte sich darin aus, daß die ursprünglich in diesen Gebieten wohnende, ärmere Bevölkerung in andere Wohngebiete der Stadt verdrängt wurde. Statt dessen entstanden Oberschichtwohnbauten verbunden mit einem Anteil an Verwaltungs- und Bürogebäuden. Zusätzlich wurden diese Sanierungsgebiete als Flanier- und Einkaufsstraßen der Oberschicht ausgebaut. Nur sehr selten fand im 19. Jahrhundert in den italienischen Innenstädten eine allmähliche Umwandlung einzelner Gebäude durch Privatpersonen statt.

Neben diesen indirekt durch das Bevölkerungswachstum bedingten Umbauten in den Städten gab es noch eine Fülle von Planungen, die direkt nur auf die bürgerliche Erneuerung der Städte ausgerichtet waren. Hierher gehören die Ausbauten der Bahnhofstraßen als Prachtstraßen mit Bäumen und Brunnenanlagen, die großen Parkanlagen (giardini pubblci, ville comunali) die Anlage von Flanierstraßen (Viali, Lungo mari usw.) und anderes mehr.

Trotz dieser für ganz Italien gültigen Entwicklungstendenzen blieb der Unterschied zwischen den Städten Nord- und Mittelitaliens einerseits und denen Süditaliens andererseits bestehen. Die ersteren hatten mit ihrer breiten Oberschicht, der industriell ausgerichteten Handwerkerschicht und der größeren Kapitalanhäufung eine viel günstigere Ausgangsbasis für die Industrialisierung. In Süditalien fand sie dagegen nur viel langsamer und in geringerem Ausmaße statt. Das zeigte sich etwa darin, daß die Umgestaltung der Städte durch die öffentliche Hand in Nord- und Mittelitalien einen deutlich größeren Umfang aufnahm als in Süditalien (Mioni 1978a, S. 155), wobei z.T. in kleinen Städten gar keine Projekte zur Umgestaltung in Angriff genommen wurden. Die Städte Oberitaliens erlebten also eine erneute wirtschaftliche Blüte, während die in Süditalien weiterhin eine Wirtschaftsstruktur behielten, die stark auf einer extensiv betriebenen Landwirtschaft beruhte.

3.5. HISTORISCHE STADTTYPEN IN ITALIEN

Von der hier nur kurz skizzierten Stadtgeschichte in Italien waren für die einzelne Stadt immer nur bestimmte Zeitabschnitte von besonderer Bedeutung. Von diesen Phasen gingen die für ihre weitere Entwicklung entscheidenden Impulse aus, wie etwa an den freien Comunen und an den Baronalstädten direkt sichtbar wurde. Die Städte erlebten also unterschiedliche Stadtgeschichten, nach denen sie sich zu historischen Stadttypen zusammenfassen lassen. Diese beschreiben damit die Städte, die in der gleichen historischen Entwicklungsphase ihre für die weitere Struktur entscheidende Prägung erfahren haben. Ohne Schwierigkeiten lassen sich vier historische Typen durch ihre verschiedene Wirtschafts- und Sozialgeschichte unterscheiden[17].

Den ersten Stadttyp bildet eine Reihe von *Küstenstädten,* in denen sich die römische Städtetradition über die Völkerwanderungszeit hinweg ohne Bruch erhalten hat. Die Kontinuität dieser Städte zeigt sich vor allem im Fortbestehen der städtischen Händler- und Handwerkerbevölkerung und der Bischofsverwaltung. Sie blieben in ihren alten Strukturen über die Zeit des allgemeinen Verfalls der Städte und der städtischen Wirtschaft hinweg erhalten und erlebten sogar eine ungewöhnliche, durch den Fernhandel getragene Wirtschaftsblüte.

Der Zweite historische Stadttyp sind die ehemaligen *freien Comunen.* Sie finden sich vor allem im Binnenland Nord- und Mittelitaliens. Sie konnten sich aus dem Feudalsystem, dem sie zeitweilig unterworfen waren, im 10. bis 13. Jahrhundert befreien und selbständige Stadtstaaten bilden. Diese Entwicklung erfaßte sowohl Städte, die aus der Römerzeit mit mehr oder minder deutlicher Kontinuität erhalten geblieben waren, als auch solche, die erst im Mittelalter neu entstanden. Die Oberschicht bestand in diesen Städten aus einer Verschmelzung des entmachteten Feudaladels mit den städtischen Fernhändlern und Unternehmern. Die Handwerker-

17 Die hier vorgestellte Untergliederung in historische Stadttypen baut auf einem Ansatz von Dörrenhaus (1971, S. 53) auf.

und Arbeiterschicht, die die Grundlage für die frühindustrielle Handwerksproduktion bildete, rekrutierte sich zum größten Teil aus der ländlichen Bevölkerung, die in einer Phase starker Landflucht in die Städte abgewandert war.

Die *Baronalstadt* als dritter Stadttyp ist vor allem in Süditalien verbreitet. Er verdankt seine Entstehung einer relativ späten Feudalisierung durch die Normannen und Spanier. Die Macht der Barone beruhte auf dem Landbesitz, und auch die Städte erhielten dadurch eine starke ländliche Prägung. Ihre Oberschicht bestand ausschließlich aus den wenigen Landbesitzern und die Unterschicht aus der agraren Bevölkerung, die diese Ländereien bearbeitete. Lediglich in den Großstädten konnte sich eine Handwerkerschicht erhalten, die jedoch nur auf die lokalen wirtschaftlichen Bedürfnissen eingestellt war.

Ein vierter Typ sind die *Residenzstädte,* in denen ein Landes- oder Stadtherr die gesamte Struktur der Stadt baulich und funktional auf seinen Wohnsitz hin orientierte. Sie entstehen in Italien aus ganz unterschiedlichen Wurzeln. In Norditalien sind sie in Bereichen, wo das Feudalsystem nicht von freien Comunen aufgelöst wurde, der einzige Stadttyp (z.B. in Piemont, Waley 1969, S. 228ff.). In vergleichbaren Formen und Rechtsstrukturen entstanden sie in Süditalien. Auch die freien Comunen nahmen in ihrer Spätphase (etwa seit dem 15. Jahrhundert) bei der Entwicklung zur Signoria viele Merkmale der Residenzstädte an (z.B. Vigevano, Ramella 1972; Mirandola, Ferri 1974; Sabbioneta, Braunfels 1976; u.a.). Damit ist dieser Typ regional nicht deutlich zu begrenzen, und strukturell wird er z.T. von Formen der Stadtstaaten oder der Baronalstädte mit geprägt.

Mit Sicherheit lassen sich noch weitere historische Stadttypen in Italien aussondern. Für diese Arbeit wurden Beispielstädte aus der Toskana, die besonders stark durch die ehemaligen freien Comunen geprägt wurden, und aus Sizilien, wo fast ausschließlich die ehemaligen Baronalstädte dominierten, ausgewählt.

3.6. DIE HISTORISCHEN STADTENTWICKLUNGSPHASEN IN DEN TOSKANISCHEN UND SIZILIANISCHEN STÄDTEN

Die unterschiedliche Geschichte der Städte in der Toskana und in Sizilien soll zu „historischen Stadtentwicklungsphasen" zusammengefaßt werden.

Für die *Städte der Toskana* waren folgende historische Stadtentwicklungsphasen bis zum 19. Jahrhundert von besonderer Wichtigkeit: Aus der Römerzeit war für sie vor allem die Verwaltung als Municipien in der Verbindung von Stadt und Umland von großer Bedeutung. In den Bischofsstädten der Langobarden und Karolinger hielt der Bischof die Tradition dieser römisch-antiken Stadtverwaltung aufrecht; gleichzeitig wurde er zum Feudalherrn der Stadt. Er war das dominierende Element in den Städten und gleichzeitig der Träger für den Fortbestand des antiken Stadtgedankens. In der Entwicklung zu freien Comunen verdrängte die Kaufmannsschicht die feudale Verwaltung in der Stadt und im Umland, und sie setzte an deren Stelle eine oligarchische Selbstverwaltung. Der römisch-antike Stadtstaatgedanke lebte also erneut auf und führte zur Bildung von Stadtstaaten mit einer großen Wirtschaftsblüte. In der Entwicklung zur Signoria erlangte eine Familie die Alleinherrschaft über die Stadt und gab ihr Charakterzüge einer Residenzstadt. Die Wirtschaft stagnierte in dieser Zeit zwar, jedoch bewirkten die großen Kapitalmengen eine lange kulturelle Blüte. Die Geschichte der Städte läßt sich hier also in folgende Phasen untergliedern:

1. Die Zeit der römisch-antiken Municipien.
2. Die Zeit der Bischofsstädte unter den Goten, Langobarden und Karolingern.
3. Die Zeit als freie Comunen.
4. Die Zeit der Signorie und residenz-ähnlichen Städte.

Die *Städte in Sizilien* erlebten in der Antike eine ähnliche Geschichte wie die in Mittelitalien. Die Römer hatten die antiken Stadtstaaten der Griechen, Phoenizier und Karthager übernommen. Auch hier setzten die Bischöfe die antike Tradition der städtischen Wirtschaft und Verwaltung nach der Völkerwanderung fort. Die wirtschaftliche Entwicklung schwankte zwar mit den wechselnden Eroberungen durch Byzanz und durch die Langobarden, jedoch blieben die römischen Grundstrukturen erhalten. In Sizilien erfuhren die Städte durch die Eroberung der Sarazenen eine besondere Entwicklung, die zu einer verstärkten Wirtschaftsblüte vor allem der Küstenstädte durch den Fernhandel führte. Auch während der normannischen Zeit blieb diese wirtschaftliche Selbständigkeit noch weitgehend erhalten. Erst durch die Verwaltungsreformen unter Friedrich II. wurde die städtische Selbständigkeit allmählich aufgelöst. Nach dem Untergang der Staufer gerieten die Städte unter den Einfluß der Barone, und erst jetzt brach die römisch-antike Stadttradition endgültig ab. Es setzte ein wirtschaftlicher Niedergang ein, der die Städte in der Folgezeit prägte. In der Zeit des Absentismus konzentrierten sich die Barone in wenigen Großstädten, und die kleineren Städte sanken oft zu Sommerresidenzen ab. Gleichzeitig wurde eine Fülle von Städten neu gegründet. Die historischen Stadtentwicklungsphasen lassen sich somit für Sizilien folgendermaßen zusammenfassen:

1. Die Zeit der römisch-antiken Municipien.
2. Die Zeit der Bischofsstädte.
3. Die Zeit der arabischen und normannischen Städte.
4. Die Zeit der Baronalstädte.
5. Die Zeit des Absentismus mit Residenz- und Landarbeiterstädten.

Diese gegensätzlichen historischen Entwicklungen — in der Toskana eine frühe Feudalisierung der Städte und ihre Befreiung aus dem Feudalsystem schon im Mittelalter, in Sizilien eine späte und unvollständige Feudalisierung und die Dominanz dieses Systems bis in das 19. Jahrhundert — prägten die Städte mit ganz gegensätzlichen Strukturmerkmalen.

4. DIE BAUSUBSTANZ IN DEN STÄDTEN DER TOSKANA UND SIZILIENS UND IHRE ENTSTEHUNG IN VERSCHIEDENEN STADTENTWICKLUNGSPHASEN

Die überwiegende Mehrzahl der Gebäude in den historischen Zentren der italienischen Städte stammt aus der Zeit vor 1800. Damit kann sowohl die Struktur als auch die Anordnung der verschiedenen Bauten nur aus ihrer historischen Funktion in unterschiedlichen Stadtentwicklungsphasen erklärt werden. Die Stadtgeschichte bildet also die wichtigste Grundvoraussetzung für das Verständnis der heutigen Stadtstruktur. Die Untersuchungen der verschiedenen Gebäudetypen nach ihrer Entstehungszeit und ihren Entstehungsbedingungen beschränken sich entsprechend der Themenstellung auf den historischen Kern der Städte, der im Italienischen als „centro storico" bezeichnet wird.

4.1. DIE GEBÄUDESTRUKTUR IN DEN TOSKANISCHEN STÄDTEN AN DEN BEISPIELEN SIENA UND FLORENZ

Die für die Städte Siena und Florenz gefundenen Gebäudetypen, Ordnungsprinzipien und Stadtentwicklungsphasen gelten für die „centri storici" aller toskanischen Städte. Je nach dem individuellen Verlauf der Stadtgeschichte, d.h. vor allem entsprechend der wirtschaftlichen Entwicklung, dominieren Gebäudetypen verschiedener Stadtentwicklungsphasen in der heutigen Bausubstanz. Oft sind ältere Ordnungsmuster in Städten erhalten geblieben, die wie San Gimignano früh von anderen freien Comunen erobert wurden und die dadurch in ihrer Entwicklung stehenblieben. Florenz erlebte dagegen alle wirtschaftlichen Einflüsse der verschiedenen Entwicklungsphasen als wichtiges Zentrum mit; entsprechend stärker überlagern sich hier unterschiedliche Ordnungsmuster. In den toskanischen Städten ist das „centro storico" eindeutig abgrenzbar. Die äußere Grenze bildet in der Regel der letzte mittelalterliche Mauerring, der erst während und nach der Industrialisierung von der Bebauung überschritten wurde. Innerhalb dieses Ringes sind die Gebäude zum überwiegenden Teil vor 1800 entstanden. Seit der Industrialisierung wurden nur sehr selten einzelne Bauten von Privatleuten abgerissen und durch neue ersetzt. Es gibt keine Verdrängung von Gebäuden durch Neubauten. Diese entstanden bis zum Zweiten Weltkrieg im „centro storico" der Städte lediglich auf Flächen, für die die öffentliche Hand Sanierungsprojekte mit einheitlicher Planung durchführte, oder auf Freiflächen. In Florenz bestehen solche Sanierungsgebiete im Bereich der ehemaligen „Mercato Vecchio" oder im Viertel Santa Croce, in Siena im Salicotto-Viertel. Seit dem Zweiten Weltkrieg sind in den „centri storici" der toskanischen Städte nur in Ausnahmefällen Neubauten errichtet worden.

Karte 1: Die Maurringe von Florenz

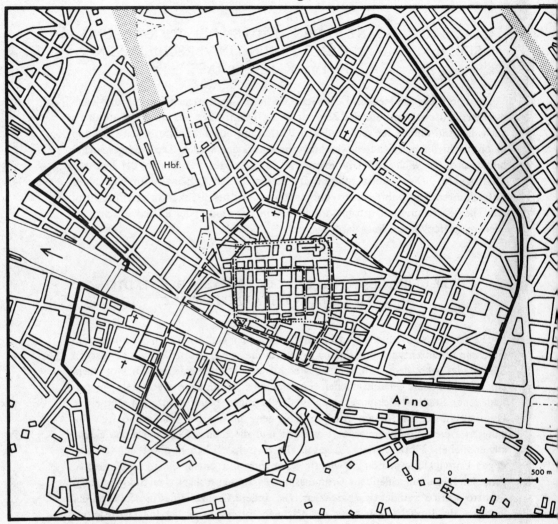

Hbf.

Arno

0   500 m

Quelle : Fanelli 1973 und 1980

.... römische Mauer (1.Jh.v.Chr.)
–·–·–·– byzantinische Mauer (wahrscheinlicher Verlauf ; 541 – 545 n.Chr.)
–·–·–·– karolingische Mauer (wahrscheinlicher Verlauf; 10.Jh.)
– – – – mathildische Mauer (1078)
– – Mauer 1173 – 1175
——— Erweiterung im Oltrarno 1258
▬▬▬ Mauer 1299 – 1333

4.1.1. DER GRUNDRISS UND SEIN VERHÄLTNIS ZU DEN BAULICHEN AUSDEHNUNGSPHASEN

Der Grundriß der toskanischen Städte spiegelt in vieler Hinsicht die Stadtgeschichte deutlich wider. Es lassen sich Phasen des Siedlungswachstums und der Schrumpfung ablesen, und gleichzeitig bieten die Mauerringe ein zeitliches Gerüst, an dem die unterschiedlichen Gebäudetypen und ihre Verteilung datiert werden können. Der *Zusammenhang zwischen Grundriß und Stadtgeschichte* soll hier vor allem am Beispiel von Florenz dargestellt werden (Karte 1).

Die rechteckige Anlage der römischen Mauer entspricht dem Idealtyp einer römischen Stadt, die aus einem Militärlager hervorgegangen ist. Innerhalb dieser Mauer hat das Straßennetz einen rechtwinkligen Verlauf, der nur im Süden verändert worden ist. Im Westen der römischen Stadt ist dieser Grundriß durch die Sanierungen des 19. Jahrhunderts mit entsprechenden Straßenverbreiterungen übertrieben hervorgehoben worden. Die ehemaligen Tore der Römerstadt sind durch das strahlenförmige Auseinanderlaufen der Straßen vor der Stadt erkennbar (besonders im Westen) oder sie zeigen sich durch Knicke im Straßenverlauf (deutlich im Norden). Dem wirtschaftlichen Verfall der Stadt in nachrömischer Zeit entspricht eine Verkleinerung der Siedlungsfläche und damit auch des Umfangs der Stadtmauer in byzantinischer Zeit. Unter den Langobarden wurde die Stadt wieder erweitert; jedoch blieb charakteristischerweise der Dombereich mit der langobardischen „Regia" außerhalb der Mauer. Dies entsprach der Auffassung vom Nebeneinander römischer Stadtverwaltung und langobardischer „Feudalverwaltung". Im Süden wurde die Stadt um das Castel Altafonte zum Hafen hin erweitert. Erst die Mathildische Mauer (1078) schließt auch den Dombereich wieder mit in die Stadt ein. Das nun folgende Bevölkerungs- und Wirtschaftswachstum der freien Comune zeigt sich in der schnellen Abfolge der Stadterweiterungen im 12. bis 14. Jahrhundert. Dabei umschließt die Mauer von 1173/75 die Stadterweiterung, die durch den Zuzug des Adels und der bäuerlichen Bevölkerung aus dem Umland entstanden war. Die letzte Erweiterung von 1299 bis 1333 wurde vor allem wegen des Zuzugs der Handwerkerbevölkerung notwendig. Die folgende lange Stagnation des Stadtwachstums bis zum 19. Jahrhundert machte weitere Stadterweiterungen überflüssig. Erst nach 1870 überschritt die Bebauung die äußerste Stadtmauer (Lopes Pegna 1974; Fanelli 1973, S. 203ff.).

Dieser direkte Zusammenhang zwischen den Mauerringen und den von der Bevölkerungs- und Wirtschaftsentwicklung abhängigen Siedlungserweiterungen ist jedoch in Wirklichkeit wesentlich komplizierter, und häufig bestehen keine eindeutigen Verbindungen. *Die Ausdehnung der Siedlungsfläche von Florenz verlief z.T. unabhängig von der Ausdehnung der Stadtmauern.*

So umfaßte der bebaute Stadtbezirk im 2. Jahrhundert n.Chr. ziemlich genau die Fläche der Stadtmauer von 1173 (Fanelli 1973, S. 2ff.). In diesem Bereich, der außerhalb der ummauerten römischen Stadt lag, befanden sich das Amphitheater, die Thermen und das Theater. Das Straßennetz war hier nicht regelmäßig angelegt worden, sondern es orientierte sich an älteren Wegen, die strahlenförmig auf die

Tore der Colonie zuführten oder die sie als Fernstraßen umgingen (z.B. die Via Cassia im Verlauf der Via delle belle Donne, des Borgho SS. Apostoli; Fanelli 1980, S. 2ff.). Das ummauerte Gebiet der römischen Stadt war zwar das funktionale Zentrum, darüber hinaus waren jedoch auch Bereiche vor den Mauern zumindest in spätrömischer Zeit besiedelt. Diese Besiedlung muß in nachrömischer Zeit trotz der Schrumpfung der Stadt noch in Resten bestanden haben, da etwa im Bereich des Amphitheaters, das mit Gebäuden zugebaut wurde, aber in seiner Innengliederung erhalten blieb, das römische Straßennetz weiterbestand.

Auch in der langobardischen Stadt waren ummauertes und bebautes Gebiet nicht identisch. Der gesamte langobardisch bestimmte politische und geistliche Bereich blieb außerhalb der befestigten Stadt. Damit lagen wichtige Funktionen — etwa der Arengo der langobardischen Herrschaft — vor den Mauern und es ist sicher anzunehmen, daß sich dort auch Siedlungsflächen befanden. Erst die Stadtmauer von 1173/75 umschloß das gesamte Siedlungsgebiet. Die letzte Mauer der Stadt bezog neben den Siedlungsausbauten vor der Stadt auch weite Freiflächen mit ein.

Die Mauerringe der toskanischen Städte spiegeln also nur grob die historischen Phasen der Stadtgeschichte wider. Die hier für Florenz dargestellten Zusammenhänge lassen sich auch auf die anderen toskanischen Städte übertragen (z.B. für Lucca: Fulvio 1968; u.a.m.)[18], selbst wenn diese als Gründungen des Mittelalters keinen römischen Kern haben (z.B. Siena[19], wo sich lediglich die letzten beiden der in Florenz nachgewiesenen Mauerringe finden lassen. Karte 5).

Der Gliederung der Städte durch Mauerringe entspricht eine sehr unterschiedliche Bebauungsdichte. Im innersten Bereich ist die Bebauung auch heute noch am konzentriertesten; es zeigt sich eine eng gegliederte und verwinkelte Straßenführung, die im Zentrum der Städte sogar einen Sackgassengrundriß bildet. Die Sackgassen erschließen dabei die Innenflächen der Baublöcke. Die äußeren Bereiche des „centro storico" weisen dagegen ein weiträumiges, regelmäßiges Straßennetz mit einer niedrigeren Bebauungsdichte auf.

4.1.2. DIE GEBÄUDETYPEN IM „CENTRO STORICO"

Innerhalb der „centri storici" der toskanischen Städte können verschiedene Gebäudetypen unterschieden werden, die alle vor der Industrialisierung entstanden sind.

18 Zusätzlich lassen sich diese „Ausbauphasen" auch auf viele Städte der Po-Ebene, der Marken und Umbriens übertragen (z.B. für Faenza Ghelardoni 1971; für Bologna Sanfilippo 1978; u.a.m.).
19 Viele Autoren versuchen eine römische Civitas für Siena im Bereich des Domes und des Castelvecchio nachzuweisen (z.B. Nardi 1972; Guidoni 1970; Cristofani 1979; u.a.m.). Bisher sind jedoch keine eindeutigen Belege gefunden worden und im Grundriß der Stadt sind keine römischen Reste nachweisbar.

4.1.2.1. Die öffentlichen Repräsentationsbauten

Alle toskanischen Städte haben zwei Typen von öffentlichen Repräsentationsbauten, die ihre heutige Gestalt in der Blütezeit der freien Comune erhielten: die
Kirchen und die öffentlichen Palazzi als Gebäude der städtischen Selbstverwaltung.
Die *Domkirche* hatte in der Frühphase der Stadtgeschichte immer auch kommunale
Funktionen als Versammlungsort des Bürgerrates, und somit war und blieb sie
immer Mittel der Selbstdarstellung der Städte und ihrer Bevölkerung. Sie wurde
nicht nur im Inneren prächtig ausgestattet, sondern im Sinne einer Zurschaustellung
wurde besonderer Wert auch auf die Pracht und Betonung der äußeren Gestalt
gelegt. Nur so ist die übermäßig große Ausbauplanung für den Dom von Siena oder
die mächtige Kuppel des Domes von Florenz zu verstehen (Braunfels 1964). Auch
auf den glanzvollen Ausbau der übrigen Kirchen der Stadt wurde Wert gelegt. Die
Kirchen der Bettelorden, die jeweils einzelne Stadtviertel betreuten, wurden durch
Stiftungen besonders gefördert. Die reichen Familien und die „Artes" der Stadt
konkurrierten in der Förderung der Kirchenbauten und deren Ausstattung miteinander. Waren diese auch oft schon allein durch die Zugehörigkeit zu einem Bettelorden auf eine einfachere Ausstattung festgelegt, so wurden zumindest die Fassaden
und die Platzanlagen vor den Kirchen besonders gestaltet (z.B. S. Maria Novella,
Florenz; S. Domenico, Siena).

Der zweite Typ öffentlicher Repräsentativbauten, die *Palazzi der städtischen
Selbstverwaltung,* traten vor allem in zwei Gebäudetypen auf: im Palazzo del Popolo
(Bild 1) und im Palazzo del Podestà. Der erste war der Sitz des großen Rates und
der zweite der Sitz des Podestà als der exekutiven und judicativen Gewalt. Beide
waren nach außen wehrhaft, fast als Festung gebaut und durch einen Turm geschützt.
Diese äußere Bauform wurde jedoch nicht nur funktional verstanden, sondern sie
war auch zugleich eine Machtdarstellung der städtischen Selbstverwaltung gegen den
Anspruch der gegeneinander kämpfenden Oberschichtfamilien und auch gegen das
Volk. Im Innern sind beide Palazzi sehr prachtvoll und großzügig ausgestattet.

Die Repräsentationsbauten der Stadt, die Kirchen, vor allem der Dom, und die
öffentlichen Palazzi, vor allem der Palazzo del Popolo, wurden darüber hinaus durch
Platzanlagen besonders hervorgehoben. In Siena wurde aller Wahrscheinlichkeit
nach der „Campo" als Platz vor dem Palazzo del Popolo auf dem Abrißgebiet
mehrerer Häuser errichtet (Guidoni 1971, S. 19ff.). Dabei wurden für die an diesen
Platz angrenzenden Gebäude eine besondere Form der Fenster, Zinnen und Fassaden vorgeschrieben, um eine prachtvolle Platzanlage zu schaffen. Der Platz vor dem
Palazzo Vecchio in Florenz wurde durch den Abriß eines ganzen Viertels, das der
in die Verbannung geschickten Familie der Uberti gehörte, geschaffen. Durch den
Bau der „tetti dei Pisani"[20] und durch eine Vielzahl von Denkmälern wurde hier
der Platz schmuckvoll ausgestaltet. Darüber hinaus wurden bereits im 14. Jahrhundert Stadtplanungsmaßnahmen in Angriff genommen, die den Dom und den Palaz-

20 Die „tetti dei Pisani" waren eine Blendmauer, die dem Platz vor dem Palazzo Vecchio einen
   einheitlichen Abschluß nach Westen geben sollten.

zo del Popolo durch Sichtachsen und durch eine einheitliche Fassadengestaltung der dazwischen liegenden Gebäude miteinander verbinden sollten. Die Planungen sind jedoch nur z.T. durchgeführt worden (Braunfels 1968; Braunfels 1979).

Die Repräsentationsbauten erhielten ihre grundlegende Gestalt im 13. Jahrhundert, also in der historischen Stadtentwicklungsphase, in der sich die freien Comunen in ihrer höchsten politischen und wirtschaftlichen Blüte befanden. Das Bürgertum hatte zu der Zeit endgültig die politische Macht und Verantwortung übernommen und stellte sich entsprechend dar. In den späteren Stadtentwicklungsphasen, etwa zur Zeit der Signorie, wurden diese Gebäude für kulturelle Zwecke und für die Verwaltung erweitert (in Florenz: die Uffizien im 16. Jahrhundert für Verwaltungsbüros, für die Antiken- und Bildersammlungen und für Theaterräume).

In den Städten wurden zusätzlich auch andere Bauten für öffentliche Belange errichtet. Sie scheinen rein zweckgebunden gewesen zu sein, dabei wurden sie jedoch immer auch zur repräsentativen Gestaltung der Stadt geschaffen. Hierzu gehören vor allem die *Stadtmauer,* die *Quellfassungen* zur Trinkwasserversorgung und die *Märkte.* Die Stadtmauer mit den entsprechenden Torbauten wurde über das zur Sicherung der Stadt notwendige Maß hinaus auch optisch besonders aufwendig und schmuckvoll gebaut. Sie sollte nach den schriftlichen Quellen immer auch die Macht der Stadt symbolisieren (für Siena Balestracci/Piccinni 1977, S. 103ff.). Die Quellen zur Wasserversorgung, deren Lage ja weitgehend durch die natürlichen Voraussetzungen festgelegt war, waren über die Trinkwasserversorgung hinaus auch für die Textilindustrie von sehr großer Bedeutung (z.B. für das Walken und Färben der Tuche). Sie wurden meist mit aufwendigen Quellhäusern überbaut (z.B. in Siena). Damit sollten einerseits die vor der Stadt gelegenen Quellen bei Kriegen gesichert werden, andererseits sollten jedoch auch diese wichtigen Einrichtungen wirkungsvoll gestaltet werden. Für die Märkte wurden häufig kleine, geschmückte Markthallen oder Loggien errichtet, unter deren Dach der Verkauf durchgeführt wurde (z.B. in Florenz: Mercato Nuovo, Or San Michele). Zu diesen öffentlichen Gebäuden muß noch eine Reihe von öffentlichen Palazzi der Zünfte und Berufsgruppen gerechnet werden, die sich vorwiegend im Zentrum der Städte konzentrierten, und die ebenfalls prächtig ausgestattet waren.

Durch diese Gebäude, die zur Selbstdarstellung der freien Comunen errichtet wurden und mit denen sich die gesamte Bewohnerschaft trotz aller sozialen und wirtschaftlichen Gegensätze identifizierte, erscheinen die toskanischen Städte in einem übergeordneten Sinne geplant, auch wenn sie im Grund- und Aufriß Merkmale eines allmählichen Wachstums aufweisen: Der gesamte Stadtkörper unterlag einem einheitlichen Gestaltwillen, und die Repräsentationsbauten wurden durch ihn aufeinander bezogen (Braunfels 1979, S. 70ff.).

4.1.2.2. Die Wehrtürme

Die Wehrtürme (Bild 2) sind ursprünglich fensterlose Türme, die meist aus regional unterschiedlichem Bruchsteinmauerwerk errichtet worden sind. Nur selten sind sie noch in ihrer ursprünglichen Bauhöhe erhalten. Meist sind sie abgetragen worden und überragen nur noch wenig die Dächer der übrigen Gebäude, oder sie heben sich sogar nur durch ihr besonderes Mauerwerk von diesen ab. Vielfach bestehen sie auch nur noch in der Innergliederung der Bauwerke. Einige dieser Türme stehen markant, gut sichtbar in den Baufluchten der Straßen oder an Ecken zu Plätzen. Die meisten sind jedoch heute völlig von anderen Gebäuden umbaut und befinden sich inmitten von Baublöcken. Die noch sichtbaren Türme sind somit nur ein kleiner Rest einer früher viel größeren Anzahl. Die Kleinstadt San Gimignano wird heute noch von 15 solcher Wehrtürme überragt; ehemals sollen es 72 gewesen sein (Nepi/Ferrara 1977, S. 199, Bd. 1). In Florenz war ihre Anzahl erheblich höher (Tab. 5). Im 12. Jahrhundert sind bereits Wehrtürme nachgewiesen und ihre Anzahl ist in der ersten Hälfte des 13. Jahrhunderts besonders stark angestiegen. In verschiedenen Quellen sind die ersten Wehrtürme bereits im 11. Jahrhundert erwähnt.

Tab. 5: Die Anzahl der in Florenz nachgewiesenen Wehrtürme

1180	ca. 110 Türme
Anfang 13. Jahrhundert	ca. 150 Türme
Mitte 13. Jahrhundert	ca. 300 Türme

Quelle: STAHL 1965

Schon allein weil die Wehrtürme oft vollständig von jüngeren Gebäuden umbaut worden sind, weisen sie sich als ein älterer Gebäudetyp aus, der in späteren Stadtentwicklungsphasen umgewandelt wurde. Ihr Mauerwerk läßt sich auf die Zeit vor dem 13. Jahrhundert datieren (für Siena Balestracci/Piccinni 1977), und ihre ursprünglichen Bauformen weisen romanische Stilelemente auf. Erst die frühere Funktion der Wehrtürme erklärt ihre Bedeutung innerhalb der Stadt.

Sie stammen aus der Entstehungsphase der freien Comunen mit ihren sozialen und wirtschaftlichen Veränderungen. Ihre Bauformen zeigen, was schriftliche Quellen belegen, daß es sich um *Befestigungsbauten* in den innerstädtischen Kämpfen handelte. Die „signorile Schicht", in der die städtischen Händler und der in die Stadt gezogene Landadel verschmolzen waren, hatte aus beiden Herkunftsschichten Verhaltensweisen und Anschauungen übernommen. So vereinigten sich in ihr das auf produktive Kapitalvermehrung ausgerichtete Gewinnstreben und Rechnen der Händler und der Wagemut, die Vorstellung vom Recht der Fehde usw. der Adligen. Die wirtschaftliche und die politische Konkurrenz der Familien dieser Schicht führte immer wieder zu bewaffneten Auseinandersetzungen. Stützpunkte und letzte Zuflucht in diesen Straßenkämpfen waren die Wehrtürme als „Burgen in der Stadt". Sie schützten und sicherten die eigentlichen Wohnhäuser der Familien und beherrschten die wichtigen Straßendurchgänge. Für Wohnzwecke wurden diese Türme

KARTE 2 : Die Wehrtürme in Florenz

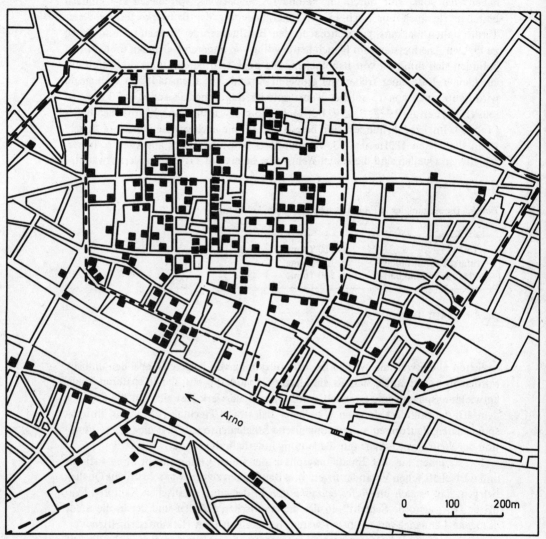

Arno

0   100   200m

■   Wehrturm (Lage in schriftlichen Quellen nachgewiesen)

— —   Stadtmauer (1078)

- - -   Stadtmauer (1173-75)

Quelle : FANELLI , 1980

kaum genutzt; lediglich seltene Sonderformen der Turmhäuser mit geräumigen Zimmern wurden auch als Dauerwohnung verwendet. Der Gebäudetyp der Wehrtürme als Schutzbauten der Oberschicht stammt also aus der frühen, unruhigen Phase der freien Comunen.

Aus dieser Funktion erklärt sich die Gebäudegestalt und ihre Weiterentwicklung. Die Türme hatten ursprünglich keine Fenster und nur sehr schmale, meist hoch gelegene Türen, die nur mit Hilfe einer Leiter erreicht werden konnten. Im Innern hatten sie in jedem Stockwerk einen Raum. Die Stockwerke waren durch Leitern miteinander verbunden. Während der Kämpfe der Familien in der Stadt wurden häufig die Türme der unterlegenen Familien abgerissen und Türme der Sieger neu errichtet. So wurde etwa die Piazza della Signoria in Florenz auf den abgerissenen Häusern und Türmen der Familie Uberti errichtet (Grote 1976, S. 268ff.). Die Anzahl der Türme in einer Stadt wechselte so selbst zu der Zeit, als sie ihre Funktion noch erfüllten. Als die Selbstverwaltung der Bürgerschaft im 13. Jahrhundert ihre Macht durchgesetzt hatte, verloren die Wehrtürme immer mehr ihre Funktion. Zwar wurden die Türme der Palazzi del Popolo oder Palazzi del Podestà immer als höchste Türme in den Städten gebaut und alle anderen Wehrtürme mußten per Decret niedriger sein, jedoch ist diese Maßnahme nur noch als eine Machtdemonstration aufzufassen. Auch die Wehrtürme erhielten zu dieser Zeit immer mehr die Aufgabe „Macht" darzustellen. Viele Türme wurden jetzt mit schmuckvollen Fenstern versehen, und sie wurden in die Wohngebäude integriert. Mit dem zunehmenden Verlust der Funktion wurden die vorhandenen Türme immer mehr abgetragen und von Gebäuden umbaut.

Die *Verteilung der Wehrtürme* in Florenz bestätigt ihre zeitliche Einordnung in die frühe Phase der freien Comune bis zum 13. Jahrhundert (Karte 2). Die nach schriftlichen Quellen und nach Resten in der Bausubstanz in ihrer Lage rekonstruierbaren 176 Wehrtürme liegen alle innerhalb der Mauer von 1173–75. Außerhalb dieses Mauerringes sind keine Türme mehr nachgewiesen. Das zeigt, daß seit dem 13. Jahrhundert, als dieser Bereich bebaut wurde, die Wehrtürme keine Bedeutung mehr hatten. Die meisten Wehrtürme finden sich im Zentrum der Stadt in dem Bereich, der 1078 von der Mathildischen Mauer umgeben wurde. Auch dies entspricht der Datierung des Gebäudetyps in das 11. bis 13. Jahrhundert. Eine entsprechende Parallelität zwischen der Verteilung der Wehrtürme und den Ausbauphasen der Stadt läßt sich auch in Siena nachweisen.

4.1.2.3. Die privaten Palazzi

Die privaten Palazzi (Bild 3) sind Großbauten der Oberschicht, die im „centro storico" der toskanischen Städte das Bild beherrschen[21]. Sie sind große, befestigte,

21 Im Italienischen bezeichnet das Wort „Palazzo" allgemein alle herrschaftlichen, in den Proportionen und der Architektur hervorgehobenen, vornehm ausgestatteten Wohngebäude und alle prächtig ausgestatteten Gebäude öffentlicher Einrichtungen, Verwaltungen und der Regierung. Es leitet sich vom lateinischen „palatium" = Palast des Kaiser Augustus ab, der

mehrstöckige Bauten mit einer einheitlichen inneren und äußeren Baugliederung. Das Untergeschoß wirkt mit seinen wenigen, vergitterten Fenstern und mit den stark gesicherten Portalen geschlossen und befestigt. Die Obergeschosse sind dagegen offener gestaltet mit schmuckvollen großen Fenstern, mit Loggien und mit vielen anderen Schmuckelementen. In der Innenaufteilung gruppieren sich die Räume häufig um einen zenrtalen Innenhof, den „cortile". Zu ihm öffnen sich die Wohnräume oft mit prächtigen Loggien. Die aufwendige Gestaltung dieses Gebäudetyps weist ihn als Bau der früheren Oberschicht aus. Die Palazzi sind in den toskanischen Städten in dem weiten Zeitraum zwischen dem Ende der Romanik und dem Barock gebaut worden, wie sich an den baulichen Stilmerkmalen erkennen läßt. Die Mehrzahl der Gebäude stammt dabei aus der Gotik und der Renaissance. Trotz dieses Entstehungszeitraumes sind sie immer wieder in einer ähnlichen Grundstruktur errichtet worden. Das deutet daruf hin, daß die wirtschaftlichen und sozialen Grundlagen der Erbauerschicht und damit ihre Anforderungen an die Gebäude ähnlich geblieben sind.

Die Palazzi sind in ihrem Aussehen, in ihrer Größe und Struktur nur aus den *sozialen und wirtschaftlichen Bedingungen ihrer Entstehungszeit* zu verstehen. Sie waren die Wohn- und Wirtschaftsgebäude der städtischen Oberschicht von Fernhändlern, Unternehmern und Bankiers in den freien Comunen, und ihre Gliederung entsprach den Bedürfnissen dieses Berufsstandes. In den Kellern der Palazzi befanden sich Lagerräume für die Versorgung des Haushaltes mit Nahrungsmitteln, wie Öl und Wein, die meist von den Villen und Fattorien der Eigentümer im Contado stammten (Dörrenhaus 1976). Das Erdgeschoß mit großen Gewölben und Hallen barg Warenlager, Ladenlokale, Verkaufsräume, Kontore, Werkstätten und Produktionsräume für die frühindustrielle Handwerksproduktion sowie Räume für Bedienstete und für die Wachmannschaft. Im ersten Stockwerk, dem „piano nobile", lagen die mit ungewöhnlichem Luxus in der Dekoration mit Gemälden, Fresken und Möbeln und in der sanitären Ausstattung versehenen weiträumigen Wohnräume der Eigentümerfamilie. Die Ausstattung und Größe der Räume nahm in den darüberliegenden Stockwerken ab. Hier wohnten die Kinder der Eigentümerfamilie und die Bediensteten (Cuppini 1975; Ginori Lisci 1972; Schiaparelli 1908; u.a.). Die Palazzi gehörten meist mehreren Zweigen einer Großfamilie, die ihn gemeinsam bewohnten (Pampaloni 1963; Cuppini 1975; u.a.). Vielfach blieb der „Stammpalazzo" einer solchen Großfamilie im Gemeinschaftseigentum. Er wurde möglichst nicht verkauft und war Identifikationsobjekt der Familie (Berengo 1974, S. 33f.). So wurde z.B. beim Palazzo Tolomei in Siena der „Fondaco" im Erdgeschoß von allen Familienzweigen gemeinschaftlich genutzt. Das übrige Gebäude wurde im zehnjährigen Turnus an den ärmsten Familienzweig zur Wohnnutzung gegeben, um ihm ein standesgemäßes Wohnen zu ermöglichen (Prunai/Pampaloni/Bemporad 1971, S. 77ff.).

---

auf dem „Palatin" im antiken Rom lag. In dieser Arbeit werden die privaten und öffentlichen Prachtbauten, die vor der Industrialisierung entstanden sind, als Palazzo bezeichnet.

Durch die beiden Funktionen der Palazzi in den toskanischen Städten sind in ihnen die Zweckmäßigkeit eines Wirtschaftsgebäudes und der Aufwand eines luxuriösen Wohnhauses vereint. Viele einzelne Bauelemente zeigen diese Verbindung sehr deutlich. So dienten die Loggien einerseits zur Repräsentation, indem hier etwa vor den Augen der Öffentlichkeit Festbankette abgehalten wurden; andererseits hatten sie eine wirtschaftliche Nutzung, z.B. als Spann- und Trockenböden für die gewerblich hergestellten und gefärbten Tücher (Ginori Lisci 1972, S. 43ff.). Diese Verbindung von Wirtschafts- und Wohnfunktion bestand unabhängig von der

Abb. 1 : Wehrtürme und Palazzi östlich vom Palazzo Pitti

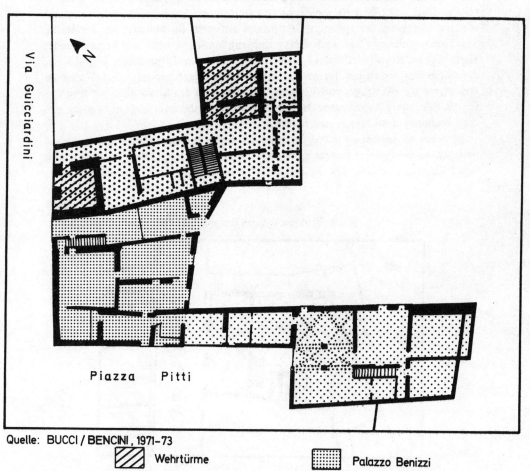

Quelle: BUCCI / BENCINI, 1971–73

Wehrtürme		Palazzo Benizzi	
Palazzo Guicciardini		Palazzo Barbadori	

Größe des einzelnen Palazzo. Zusätzlich hatten die Palazzi ebenso wie ihr Inventar die Funktion, Kapitalsicherheit für die Handels- und Bankgeschäfte zu bieten. Bei wirtschaftlichen Verlusten einer Familienfirma wurden sie häufig als Ersatz für verlorengegangenes Kapital übernommen.

Obwohl die baulichen Struktur- und Stilmerkmale der Palazzi anzeigen, daß sie immer wieder von einer Eigentümerschicht mit einer ähnlichen wirtschaftlichen und sozialen Stellung in vergleichbarer Grundkonzeption gebaut wurden, haben sie sich doch in einzelnen Elementen im Laufe ihrer Geschichte verändert. Die *Vorformen* der Palazzi sind kleinere Häuser, die an Wehrtürme angelehnt waren und die in dieser Form in San Gimignano noch gut zu erkennen sind (für Florenz: Abb. 1). Diese frühe Palazzoform wird häufig zur Unterscheidung „casa signorile" genannt (Ginori Lisci 1972, S. 14ff.), obwohl sie schon alle baulichen, wirtschaftlichen und sozialen Merkmale der späteren Großpalazzi aufweist. So besitzen sie die gleiche Stockwerksgliederung und auch die Verbindung von Wirtschafts- und Wohngebäude. Diese Gebäudeform wird im 13. Jahrhundert z.T. von Turmhäusern abgelöst, in denen die Bauformen der Türme und der späteren Palazzi vereinigt sind. Waren die Wehrtürme die Rückzugs- und Verteidigungspunkte in den Straßenkämpfen, so war für die Palazzi als Wohnhäuser das befestigte Erdgeschoß unbedingt notwendig, um die Familien und die Waren zu schützen.

Mit dem wachsenden Kapital der Händlerschicht und dem steigenden Bedürfnis nach Luxus wurden die Palazzi immer größer und prächtiger. Der Wehrturm wurde allmählich funktionslos. Die Palazzi selbst behielten aber ihre befestigten Unter-

Abb. 2 : Grundriß des Palazzo Davanzati, Florenz

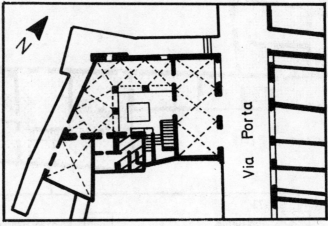

Quelle : BUCCI / BENCINI, 1971–73

 Wehrturm

geschosse, die auch noch lange bei Kämpfen in den Städten oder bei sozialen Unruhen als Schutzmauer notwendig waren. Die Größe der Palazzi sollte den Reichtum und die Macht der Eigentümerfamilie repräsentieren, und sie wurde deshalb häufig bis an die finanziellen Grenzen der Familienfirma getrieben (Beispiele in Florenz: Palazzo Strozzi, Palazzo Medici, Palazzo Pitti). In dieser Blütezeit entwickelte sich die Idealform der Palazzi in der Innen- und Außengliederung. Ihr Aufbau wurde z.T. entsprechend dem Gedanken der Renaissance vom römischen Atriumhaus abgeleitet. Das früheste Beispiel hierfür ist der Palazzo Davanzati in Florenz aus dem 15. Jahrhundert, wo zum ersten Male die Räume um einen offenen Innenhof angelegt wurden (Abb. 2). Der ältere Teil des Palazzo Medici-Riccardi weist auch heute noch deutlich die Formen eines mehrstöckigen römischen Atriumhauses mit einem „cortile" und einem anschließenden kleinen Garten auf. Der Aufriß des Palazzo Tolomei in Siena (Abb. 3) zeigt dagegen die große Bedeutung der Lagerhallen und die Gestaltung der Stockwerke. Das aufwendige Treppenhaus ist wohl erst in späterer Zeit an dieser Stelle eingebaut worden. Der Wehrturm hatte bei diesem Palazzo schon seine Funktion verloren, so daß er bis auf die Fundamente abgetragen wurde.

In der *Spätphase* der freien Comunen wandelte sich die Gebäudestruktur der Palazzi erneut. Seit dem 16. Jahrhundert und verstärkt im 17. Jahrhundert ging unter dem Einfluß der Signorie, – in Florenz unter dem Prinzipat der Medici, – die Oberschicht zu einer Art „Hofhaltung" über. Zur gleichen Zeit änderte sich ihre wirtschaftliche Grundlage. Seit der Stagnation des Fernhandels und der frühindustriellen Produktion widmeten sich die Familien verstärkt der Verbesserung der Agrarwirtschaft und dem Verkauf agrarischer Erzeugnisse. Die erste Entwicklung führte zur Vergrößerung der vorhandenen Palazzi und bei Neubauten zu besonders weitläufigen, geräumigen Gebäuden, wobei die Untergeschosse ihren Befestigungscharakter verloren (Ginori Lisci 1972, S. 69ff.). Zu wesentlichen inneren Bauelementen wurden das große Treppenhaus und der Salon im „piano nobile" für Bälle, Musikabende und ähnliche Veranstaltungen (z.B. in Florenz im Palazzo Corsini; Perogalli 1975, S. 182ff.). Die Änderung der Wirtschaftsgrundlage führte dazu, daß die Palazzi verstärkt Lagerräume für landwirtschaftliche Produkte erhielten und daß die eigentliche Handwerksproduktion ganz aus ihnen verschwand. Gleichzeitig waren die Eigentümer bestrebt, die Gebäude mit Gärten und Parkanlagen zu verbinden (Perogalli 1975, S. 187).

Im gesamten Zeitraum, der hier geschildert wurde, blieben die Palazzi die Wohn- und Wirtschaftsbauten der Oberschicht. Die zeitweise befestigte und zeitweise schmuckvolle Bauform schloß nie aus, daß in die Gebäude Ladenlokale eingebaut oder Läden angelehnt waren. Diese wurden von den Eigentümern vermietet. Wenn man heute die z.T. geschlossenen, abweisenden Fassaden vieler Palazzi sieht, ist es oft kaum vorstellbar, daß hier Geschäfte eingefügt waren. Sie sind jedoch an vielen Beispielen eindeutig belegt (Bucci/Bencini 1971–73; Ginori Lisci 1972; u.a.m.)[22],

---

22 In einzelnen Fällen sind sogar schon früher Läden am Fuße der Wehrtürme belegt (Chierici 1921, S. 352).

Abb. 3: Rekonstruktion des Palazzo Tolomei, Siena

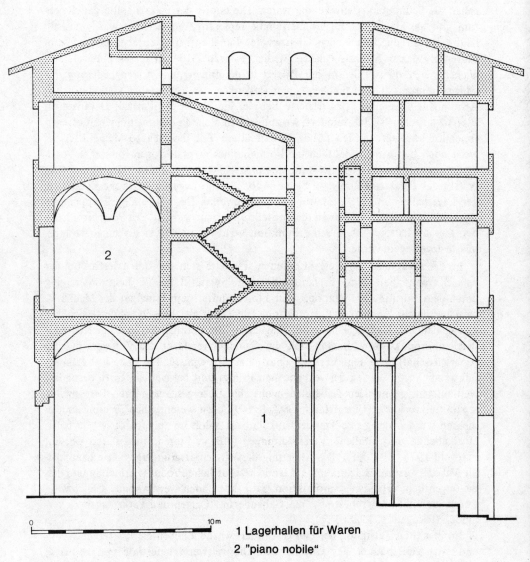

0   10 m

1 Lagerhallen für Waren

2 ”piano nobile“

Verändert nach PRUNAI / PAMPALONI / BEMPORAD, 1971

KARTE 3 : Die privaten und öffentlichen Palazzi in Florenz

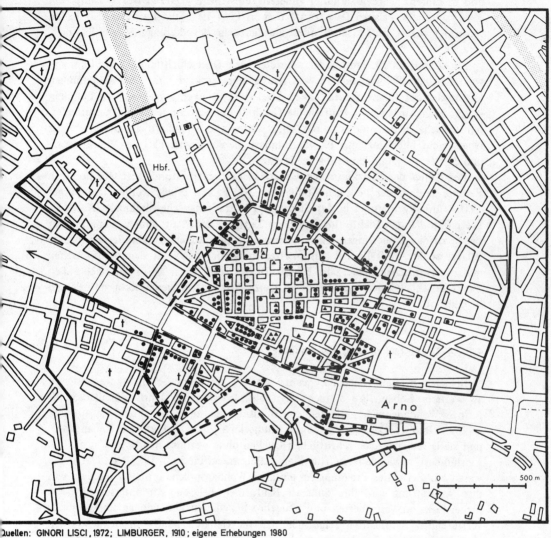

Hbf.

Arno

0   500 m

Quellen: GINORI LISCI, 1972; LIMBURGER, 1910; eigene Erhebungen 1980

- • private Palazzi
- ▲ öffentliche Palazzi
- – – Mauer 1173 – 75
- —— Mauer 1299 – 1333

und in Florenz wurden sie unter anderem selbst beim Palazzo Strozzi (Pampaloni 1963) und beim Palazzo Davanzati[23] (Ginori Lisci 1972) nachgewiesen. Die Läden versorgten bereits im 13. Jahrhundert die städtische Bevölkerung mit Einzelhandelsgütern.

Zu Beginn des 19. Jahrhunderts gerieten viele Oberschichtfamilien in Florenz in wirtschaftliche Schwierigkeiten, was häufig zum Verkauf ihrer Kunstsammlungen und sogar ihrer Palazzi führte (Ginori Lisci 1972). Neu emporgekommene Familien – z.T. auch Ausländer – kauften die Gebäude und verwalteten sie mit unveränderten wirtschaftlichen und sozialen Zielen weiter. Die wirtschaftliche Grundlage der Oberschicht blieb auch im 19. Jahrhundert die Agrarwirtschaft der Villa-Fattoria und der Mezzadria im Umland von Florenz.

Der *Anteil* der Palazzi an den Gebäuden im „centro storico" ist sehr hoch. In Florenz sind in der heutigen Stadt über 300 Palazzi erfaßt worden (Limburger 1910). Ihre Verbreitung in der Stadt zeigt charakteristische Merkmale (Karte 3). Die größte Palazzo-Dichte findet sich im Zentrum der Stadt, ohne daß ein direkter Bezug zu den Mauerringen erkennbar wäre. In den Außenbezirken liegen einzelne Palazzi isoliert. Auffällig ist, daß im ältesten Bereich der Stadt, dem der römischen und byzantinischen Mauer, die Palazzo-Dichte geringer ist als in den nach außen direkt anschließenden Gebieten, wo ganze Straßenzüge geschlossen mit Palazzi bebaut sind.

4.1.2.4. Die einfachen Massenwohnhäuser

In den zentralen Teilen der „centri storici" der toskanischen Städte bestehen als weiterer Gebäudetyp einfache vier- bis sechsstöckige Mehrfamilienhäuser für geringe Wohnansprüche, die jedoch offensichtlich auch zur alten Bausubstanz gehören (Bild 4). Die Gebäude zeigen Stilmerkmale der Gotik und der Renaissance, und sie lassen sich nach schriftlichen Quellen ohne weiteres mindestens in das 13. Jahrhundert zurückdatieren (für Siena: Balestracci/Piccinni 1977, S. 77ff.). Sie waren zur Zeit ihrer Erbauung für einfache Wohnansprüche errichtet worden, was ihre Ausstattung und ihre äußeren Bauformen belegen. An unterschiedlichem Mauerwerk, an vermauerten und neugebrochenen Fenstern und an unregelmäßig verlaufenden Baufluchten zeigt sich, daß die Gebäude häufig umgebaut worden sind. In der Regel sind sie von vornherein in ihrer einfachen Art errichtet worden; nur selten sind ehemalige Palazzi zu solchen Massenwohnhäusern abgesunken. In vielen Fällen bildet dieser Gebäudetyp eine „Rückseitenstraße" zu den Palazzi, oder er tritt mit diesen gemischt auf.

Die einfachen Massenwohnhäuser bildeten das notwendige Gegenstück zu den Palazzi. Hier wohnten die Handwerker und Arbeiter, die in der „frühindustriellen" Produktion tätig waren, und hier waren häufig auch die Produktionsstätten. Die

---

23 Für 1493 sind z.B. drei Wolltuchgeschäfte im Palazzo Davanzati nachgewiesen (Bucci/ Bencini 1971–73, Bd. III, S. 7).

Häuser bildeten mit den Palazzi eine funktionale Einheit. Die Verbreitung dieses Gebäudetyps ist auf die inneren Stadtbezirke beschränkt, und sie entspricht in dem Bereich mit der höchsten Palazzo-Dichte.

4.1.2.5. Die einfachen Kleinhäuser der Borgoausbauten

Am Rande der ältesten Kerne der toskanischen Städte, in Florenz außerhalb der Mathildischen Mauer, sind ganze Gebiete einheitlich mit schmalen, kleinen Häusern bebaut (Bild 5). Diese Gebiete werden Borghi genannt. Die Häuser weisen Stilmerkmale der Gotik, der Renaissance und des Barocks auf. Sie unterscheiden sich von den Massenwohnhäusern vor allem durch ihre geringe Breite, die sich in der regelmäßigen Parzellengliederung widerspiegelt (Karte 4). Sie weist zusammen mit der geregelten Straßenführung auf eine planmäßige Anlage hin. Die Höhe der Gebäude ist dagegen uneinheitlich mit zwei bis vier Stockwerken, so daß hierin, im Gegensatz zur geregelten Grundrißanlage, ein individueller Ausbau deutlich wird. Auch diese Gebäude waren in ihrer Ausstattung einfach und für geringere Wohnansprüche gedacht. In der Grundrißanlage treten zwei Typen von Borghi auf. Einmal sind die Gebäude mit den Rückfronten direkt aneinander gebaut (Karte 5), zum anderen werden sie durch schmale, rückwärtige „Versorgungsgassen" getrennt (Karte 9). Beide Grundrißtypen sind für die Borghi der gesamten Toskana typisch und bestehen in den Städten noch heute nebeneinander (Guidoni 1970, S. 116ff.).

Die Häuser der Borghi wurden im 12. bis 14. Jahrhundert gebaut, um die wachsende Handwerker- und Arbeiterbevölkerung aufzunehmen. Nach Stadtstatuten aus dieser Zeit mußte jeder neue Stadtbürger ein Haus errichten (für Siena: Balestracci/ Piccinni 1977, S. 31), für dessen Bau er meist einen Platz in den Borghi zugewiesen bekam, die schon vorher mit einem regelmäßigen Straßennetz und einer gleichmäßigen Parzellierung ausgemessen worden waren. Auf den entsprechenden Parzellen errichteten die neu in die Stadt zugewanderten Bürger individuell ihre Häuser. Zum Teil wurden die Häuser auch von kirchlichen Einrichtungen und Klöstern gebaut und an die Handwerkerbevölkerung vermietet.

Die Borghi stammen aus der Entwicklungsphase der freien Comune, in der das extremste Bevölkerungswachstum stattfand. Bei der Streitfrage, ob dieses Wachstum auf einer natürlichen Bevölkerungsvermehrung oder auf einer Zuwanderung beruht, scheinen die Anlage der Borgohäuser und die entsprechenden schriftlichen Quellen (Balestracci/Piccinni 1977, S. 31ff.) eher auf eine Zuwanderung von Handwerker- und Arbeiterbevölkerung hinzuweisen. Die Gebiete der Borghi nahmen auf alle Fälle die Bevölkerungsschichten auf, die in der frühindustriellen Produktion beschäftigt wurden. Hieraus erklärt sich auch die Grundstruktur der Anlage mit den enggeschnittenen Parzellen und der dichten Bebauung in den beiden unterschiedlichen Grundrißtypen. Einerseits war man gezwungen, in kurzer Zeit eine große Bevölkerungszahl mit Wohnraum zu versorgen, andererseits entsprach es auch der kapitalistischen Grundauffassung der frühindustriellen Zeit, möglichst viele Handwerker und Arbeiter auf engem Raum kostensparend unterzubringen. Darüber hinaus haben

Karte 4 : Parzellengrundriß eines Borgo in Florenz

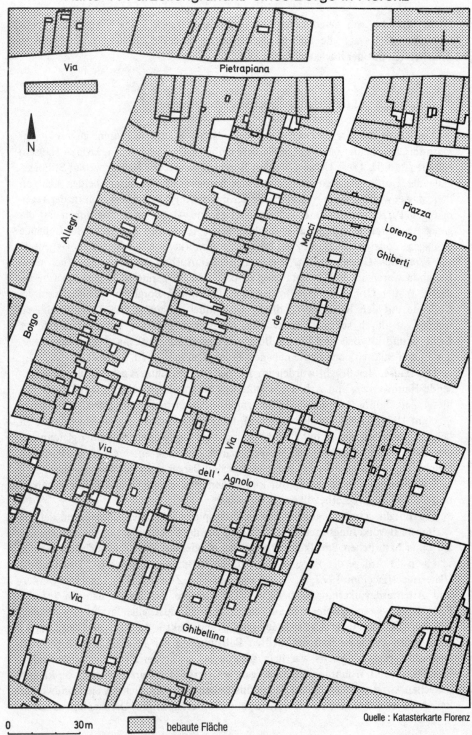

Via Pietrapiana

N

Allegri

Borgo

Macci

de

Piazza
Lorenzo
Ghiberti

Via

Via

dell' Agnolo

Via

Ghibellina

0   30m   bebaute Fläche

Quelle : Katasterkarte Florenz

KARTE 5 : Die Borghi von Florenz und ihre Lage zu den Mauerringen

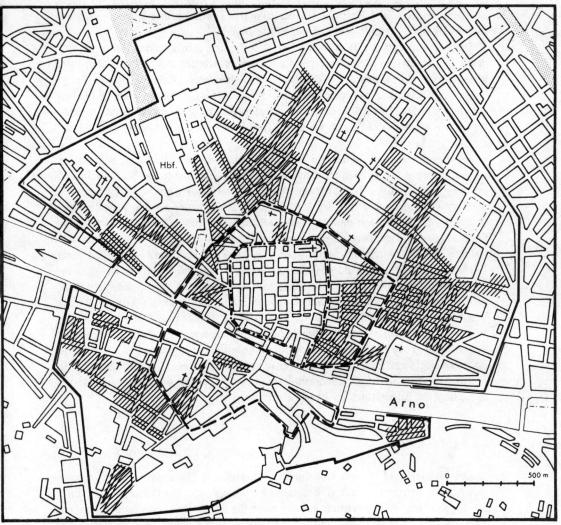

Quelle: SZNURA ,1975; FANELLI , 1973 ; Katasterpläne

 Borghi

—————— Mauerring nach 1299

— — — Mauerring nach 1173 - 75

—·—·— Mathildische Mauer 1078

diese Gebäude z.T. noch den Charakter von „Industriebauten" behalten; so prägen z.B. die Trocken- und Spannböden der früheren Textilindustrie einzelne Gebäude auch heute noch (etwa in Siena an der Fonte Branda).

Der Gebäudetyp der Borgohäuser veränderte sich selbst kaum. Einige Häuser, deren Eigentümer zu Wohlstand gekommen waren, wurden mit Schmuckelementen versehen, die dem Gebäudetyp der Palazzi entliehen waren. So sind einzelne Borgohäuser mit Rustika, mit geschmückten Portalen und Fenstern oder ähnlichem versehen worden. In einigen Bereichen wurden Borgohäuser von anderen Gebäudetypen − vor allem von Palazzi verdrängt (z.B. in Florenz im „Borgho degli Albizi" u.a.; Ginori Lisci 1972).

Die Borghi wurden immer am Rand der bebauten Stadtfläche an den Ausfallstraßen angelegt. So entstanden entsprechend einzelner Phasen des Stadtwachstums mehrere Schichten von Borghi jeweils vor den Stadtmauern. In Florenz finden sich die ersten Borghi außerhalb der Mathildischen Stadtmauer an den Ausfallstraßen (Karte 5). Sie hatten nur eine geringe Flächenausdehnung, da der Anteil der in die Stadt zugewanderten Bevölkerung zu dieser Zeit noch gering war. Die neu bebauten Gebiete wurden durch die Stadtmauer von 1173−75 mit umschlossen, in deren Vorfeld sich wieder neue Borgoausbauten bildeten. Entsprechend der viel größeren Anzahl von zuwandernden Handwerkern und Arbeitern mußten ausgedehntere Borgobereiche angelegt werden. Gleichzeitig fand innerhalb der Mauer stellenweise eine Verdrängung der Borgohäuser durch Palazzi statt. Die Stadtmauer von 1286 umschloß auch die neu angelegten Borghi. Diese Mauer war so weitläufig gebaut worden, daß sie große Freiflächen einschloß. So konnten die bestehenden Borghi in der Folgezeit noch wachsen, ohne diese Grenze zu überschreiten. Mit der Stagnation der städtischen Wirtschaft im 15. Jahrhundert fand jedoch die Bevölkerungszuwanderung und damit die Ausweitung der Borghi ein Ende.

4.1.2.6. Die Klöster

Die Klöster sind in den toskanischen Städten ein Gebäudetyp mit besonders großzügigen Bauten und mit großzügigem Parzellengefüge. Sie fallen weniger durch die zugehörigen Kirchenbauten auf als vielmehr durch die Gebäudekomplexe von Wohnhäusern, Kreuzgängen und Speicherhäusern mit einem hohen Anteil von Freiflächen und Gärten.

Die Klöster hatten über ihre seelsorgerische, religiöse Funktion hinaus auch eine soziale Aufgabe innerhalb der Städte. Sie übernahmen die Versorgung der Kranken, boten armen Reisenden Übernachtungsmöglichkeiten, versorgten Waisen und uneheliche Kinder und sorgten für die Schulbildung. In diesen Aufgaben wurden sie von der städtischen Regierung und von den reichen Familien finanziell unterstützt (Balestracci/Piccinni 1977, S. 152f.). Zum Teil übernahmen die Klöster auch den Geldverleih für die verarmte Handwerker- und Bauernbevölkerung, um diese vor dem Zinswucher des freien Kapitalmarktes zu schützen[24]. Auch hier half die freie Comune oft, indem sie das Kapital für den Geldverleih zur Verfügung stellte. Für die Klöster entstand immer ein Widerspruch zwischen dem Einsatz für die arme Bevölkerung und der finanziellen Abhängigkeit von den Familien der Oberschicht und dem eigenen Grundbesitz. Die bauliche Ausdehnung der Klöster hat ihre Ursache jedoch in der großen Anzahl von Ordensmitgliedern, die zur Versorgung eines Klosters notwendig waren. Die notwendige Grundfläche bekamen die Klöster im wesentlichen durch Schenkungen.

Die Klöster gehen in ihrer Gründung zum großen Teil auf sehr frühe Zeiten zurück (z.T. vor 1000), jedoch fand ihre große bauliche Ausdehnung meist wesentlich später statt. Vor allem seit dem 15. Jahrhundert und verstärkt im 17. bis 18. Jahrhundert dehnten sich die Eigentumsflächen der Klöster durch Schenkungen stark aus, und es wurden große einheitliche Gebäudekomplexe errichtet. Gleichzeitig wurde in dieser Zeit eine Vielzahl neuer Klöster der „bürgerlichen" Orden gegründet. Diese fanden in den unbebauten Gartenflächen, die in Florenz durch die Mauer von 1299 umschlossen wurden, ihren Platz. So liegt die Mehrzahl der Klöster randlich zur alten Bebauungsfläche oder von ihrer Funktion her in den Borgogebieten (Karte 6). Die ausgedehnten Klosterbereiche sind somit eine relativ späte Erscheinung in der Bausubstanz der Städte.

Tab. 6: Die endgültige Aufhebung von 91 Klöstern in Florenz

1734–1750	4	4 %
1765–1800	18	20 %
1808	47	52 %
1866	20	22 %
1870–1880	2	2 %

Quelle: FANTOZZI MICALI/ROSELLI 1980

Als das Haus Lothringen im 18. Jahrhundert die Regierung im Großherzogtum Toskana übernahm, begann eine Reformpolitik, die den Einfluß der „Toten Hand" zurückdrängen sollte. In diesem Zusammenhang wurden erste Säkularisierungen von Klöstern vorgenommen. Die Anzahl der endgültig aufgelösten Klöster war jedoch anfangs noch sehr gering (Tab. 6). Durch die Reformen Peter Leopolds wurden in einer zweiten Phase eine große Zahl von Klöstern aufgehoben. Unter der napoleonischen Herrschaft wurde diese Auflösung radikal und konsequent vorangetrieben, und eine letzte Aufhebungswelle fand nach dem Risorgimento statt. Die Säkularisation der Klöster mußte natürlich immer gegen den Widerstand der katholischen Kirche durchgesetzt werden, und sie wurde häufig – vor allem nach der napoleonischen Zeit – wieder rückgängig gemacht. So sind viele Klöster mehrfach säkularisiert worden. Die Aufhebung der Klöster führte nur selten zur Beseitigung der Gebäude

---

24 In Siena schuf der heilige Bernhard von Siena um 1400 durch seine Lehre vom „mäßigen Zins" die Voraussetzung für den von der Kirche betriebenen Geldverleih. In Pistoia z.B. ist die Gründung einer solchen Bank detaillierter beschrieben (Capecchi/Gai 1976).

KARTE 6 : Die Klöster, Spitäler und Herbergen in Florenz

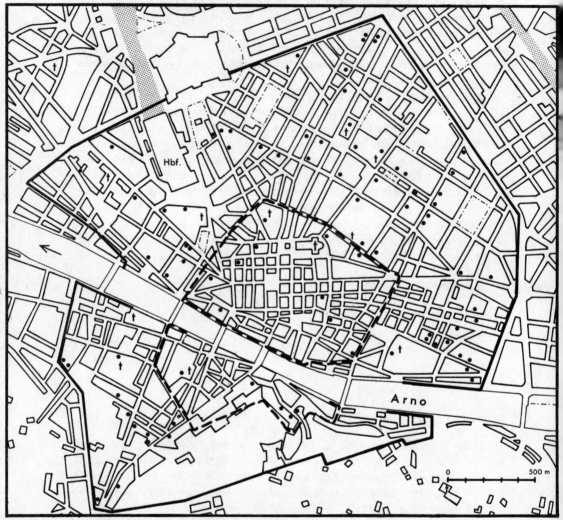

Quellen: LIMBURGER, 1910; FANTOZZI MICALI / ROSELLI, 1980; Eigene Erhebungen, 1980

- – – Mauer 1173 – 75
- —— Mauer 1299 – 1333
- • Kloster, Spital, Herberge

KARTE 7 : Die „Neubaugebiete" im „centro storico" von Florenz seit dem 19. Jahrhundert

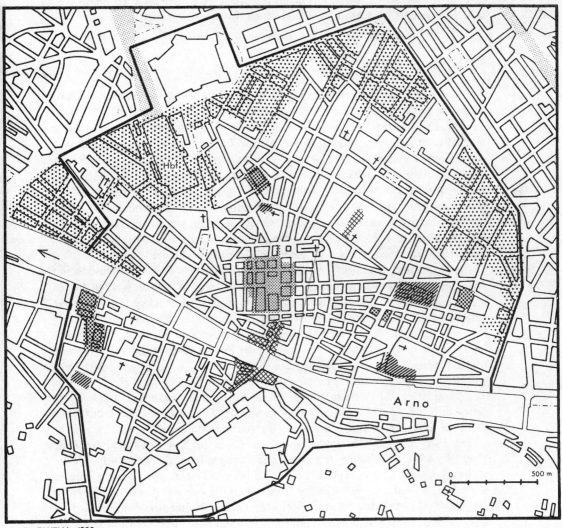

Quelle: FANELLI, 1980

Neubauten nach 1955 (zum größten Teil auf im 2.Weltkrieg zerstörten Gebieten)

bebaute Freiflächen (1800–1900)

Sanierungsgebiet „Mercato Vecchio"

Abriß- und Neubaugebiete des 19. Jahrhunderts

Abriß- und Neubaugebiete nach 1911 bis 1937

Grenze des „centro storico"

und zur Aufteilung der Parzellen; vielmehr wurden die Bauten meist als Einheit von anderen Eigentümern übernommen und neuen Nutzungen zugeführt.

4.1.2.7. Die Neubauten

Unter Neubauten werden hier die in den „centri storici" der toskanischen Städte gelegenen Gebäude verstanden, die nach dem Risorgimento, also nach 1866 gebaut wurden. Es sind dies vor allem Gebäude, die in der „Gründerzeit" Italiens und in faschistischer Zeit entstanden sind. In späterer Zeit wurden in den „centri storici" der toskanischen Städte keine Neubauten mehr angelegt. Die einzigen, unbedeutenden Sonderfälle sind Gebäude, die auf im Zweiten Weltkrieg zerstörten Flächen neu gebaut wurden. Die Neubauten sind immer auf großen Flächen nach einer einheitlichen Ausbau- oder Sanierungsplanung errichtet worden. Es fehlt in den toskanischen Stadtzentren die Heterogenität der Bausubstanz von einem Nebeneinander verschiedener, spekulativ hochgezogener Neubauten aus unterschiedlichen Zeiten und alter Bausubstanz, wie wir sie aus mitteleuropäischen Städten kennen.

Die Neubauten, gleichgültig ob sie auf den verbliebenen Gartenflächen oder auf den Abrißflächen der Sanierungsgebiete im „centro storico" gebaut wurden, hatten immer eine ähnliche Grundstruktur. Es wurden große, mehrstöckige Hauskomplexe auf großen Grundrißparzellen hochgezogen, in denen eine Vielzahl von Wohneinheiten bestand. In der äußeren architektonischen Gestaltung wurden die Gebäude im 19. Jahrhundert meist mit Stilelementen der Frührenaissancepalazzi versehen, so daß oft Wohnhäuser, die große Wohnblocks umfaßten, in der Fassadengestaltung wie eine Vielzahl von Einzelpalazzi wirkten (Beispiele für Florenz in Fei 1971, Tab. 32). In späterer Zeit wurden stärker lokale Stileigentümlichkeiten aufgenommen (etwa in Siena, Salicotto-Viertel) oder es wurden Stilelemente der faschistischen Bauweise benutzt (Florenz, Sanierungen im Viertel Santa Croce).

Die Funktion als Mehrfamilienwohnhaus führte bei den Neubauten trotz der Übernahme älterer Stilelemente zu einer andersartigen Innengliederung und zu einer größeren Anzahl niedrigerer Stockwerke als bei den Palazzi. Die Gebäude wurden überwiegend für die Oberschicht des Großbürgertums angelegt (Cresti 1977b; Nepi/ Ferrara 1977). Auf den Sanierungsgebieten in den Stadtzentren wurden darüber hinaus auch Bauten mit einem hohen Anteil von Büro- und Verwaltungsflächen errichtet; auch hier war dabei ein großer Anteil von Wohnraum für die Oberschicht vorgesehen (etwa in Florenz im Sanierungsgebiet des Mercato Vecchio, Fei 1977, S. 34ff.).

Die Verbreitung der Neubauten in Florenz zeigt charakteristische Merkmale (Karte 7). Die Gebäude treten nur auf zusammenhängenden, großen Flächen auf; entweder liegen sie in den Randbereichen des „centro storico" auf bis 1800 noch nicht bebauten Flächen oder sie bilden geschlossene Bereiche im Stadtzentrum in Sanierungsgebieten. Einzelne, isolierte Neubauten existieren nicht. In den Außenbezirken wurden meist keine älteren Gebäudetypen durch Neubauten verdrängt. Es wurden neue Straßen angelegt und durch die Bebauung lediglich die Freiflächen aufgezehrt. Im Sanierungsgebiet um den Mercato Vecchio wurde dagegen die ältere Bebauung und das gesamte Straßennetz grundlegend verändert. Der alte Baubestand wurde mit nur wenigen Ausnahmen abgerissen, die Straßen wurden verbreitert und eine ganz neue Parzellierung wurde angelegt. Bei dieser Sanierung wurden 1778 Familien mit 5822 Personen, die vorwiegend aus unteren und mittleren Sozialschichten stammten, aus dem Gebiet verdrängt. Der Abriß konnte nur nach Enteignungen durchgeführt werden. Statt 991 Eigentümern vor der Sanierung gab es nur noch 63 nach ihrer Durchführung, von denen lediglich drei auch aus der alten Eigentümerschicht stammten (Cresti 1977b; Fei 1977). Zusätzlich zu dieser radikalen Umwandlung der Gebäude- und Bevölkerungsstruktur wurden auch wichtige städtische Funktionen verlagert (z.B. der Mercato Vecchio zum Mercato Centrale, Sabelberg 1980a).

4.1.3. DIE GENETISCHEN STADTENTWICKLUNGSPHASEN UND IHRE AUSWIRKUNGEN AUF DIE ANORDNUNG DER GEBÄUDETYPEN

Die Gebäudetypen der toskanischen Städte, die sich in gleicher Form in vielen nord- und mittelitalienischen Städten finden lassen (für Bologna: Cervellati/Scannavini/De Angelis 1977), lassen sich relativ leicht datieren. Ihre Anordnung innerhalb der Stadt und damit ihre sozial- und wirtschaftstopographische Interpretation führt jedoch zu einigen Problemen. Die Wehrtürme sind so stark durch spätere Umbauten verändert worden und ihre sicher lokalisierbare Anzahl ist so gering, daß in ihrer Verteilung zunächst kaum ein Ordnungsprinzip gefunden werden kann. Die Klöster liegen dagegen ohne eine erkennbare spätere Umformung in den Randbezirken der Städte, so daß ihre Anordnung eindeutig als eine späte Auffüllung von bis dahin unbebauten Restflächen erkennbar ist. Die Verteilung der Palazzi, Massenwohnhäuser und Kleinhäuser der Borghi kann jedoch nur durch die Überlagerungen verschiedener Stadtentwicklungsphasen erklärt werden. Obwohl diese Gebäudetypen nach Stilmerkmalen und nach ihrer funktionsbedingten Baugliederung alle in den gleichen Zeitraum eingeordnet werden müssen, zeigen sich ganz unterschiedliche Ordnungsmuster. So sind die privaten Palazzi im innersten Bereich des „centro storico" z.T. eingebettet in die Gebäudetypen der Massenwohnhäuser. Andererseits treten sie als geschlossene Palazzostraßen auf, in denen sie von den übrigen Gebäudetypen getrennt sind. In den Randbereichen des „centro storico" sind sie in Einzellage und meist mit einer Parkanlage verbunden. Hinter dieser Verteilung müssen unterschiedliche Ordnungsprinzipien stehen. Ähnliches gilt für die Massenwohnhäuser und die Kleinhäuser der Borghi, die als unterschiedliche Gebäudetypen für die gleiche soziale Schicht gebaut wurden und die sich in ihrer baulichen Entstehungszeit zu überschneiden scheinen. Dies zeigt, daß trotz der gleichbleibenden sozialen und wirtschaftlichen Bedeutung und der eindeutigen zeitlichen Datierung der Gebäudetypen sich ihre sozial- und wirtschaftstopographische Anordnung verändert hat.

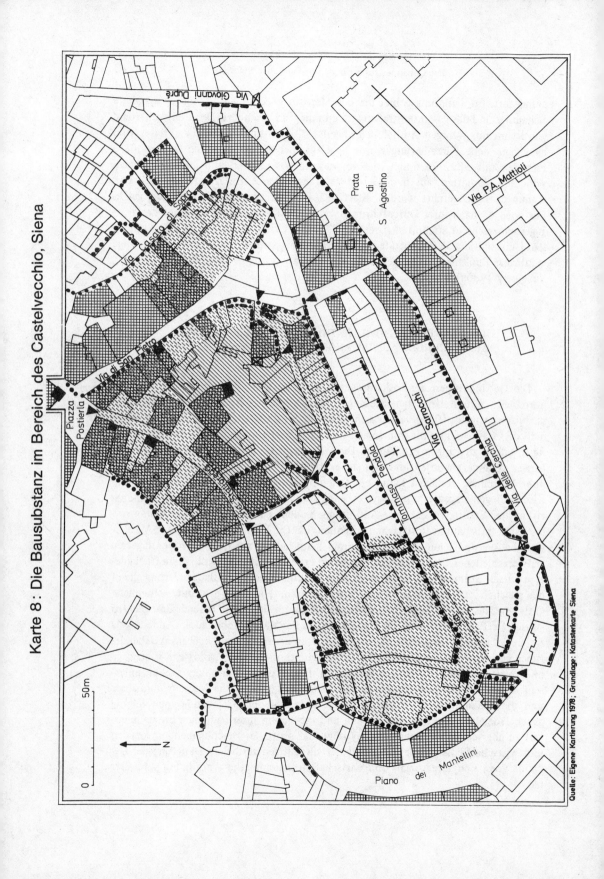

Karte 8: Die Bausubstanz im Bereich des Castelvecchio, Siena

Via Giovanni Duprè

Prata di S Agostino

Via P.A. Mattioli

Via Casato di Sopra

Via di San Pietro

Piazza Postierla

Via Stalloreggi

Tommaso Pendola

Via Sarocchi

Via delle Cerchia

Piano dei Mantellini

50m

N

0

Quelle: Eigene Kartierung 1978; Grundlage: Katasterkarte Siena

Hinweise auf Befestigungen in der
Bausubstanz :

●●●● auffällige Baufluchten (Grenze
zwischen versch. Gebäudetypen)

▪▪▪ Befestigtes Mauerwerk
(mit Ziegelmauern abgestützt)

▬▬▬ Travertin-Mauerwerk

▲ Torsituation (im Straßennetz
und in der Bausubstanz sichtbar)

Palazzi

Ausdehnung des
Castelvecchio

vermutete Castellare

Wehrtürme

Tore

Lage der Kartenausschnitte in Siena

0   300m

A) Karte 8,9

B) Karte 13

C) Karte 10

Ein Ansatz für die Analyse der *Ordnungsprinzipien* wurde für Siena entwickelt (Sabelberg 1980b). Aufgrund einer detaillierten Analyse der Bausubstanz wurden hier als frühes Ordnungsprinzip der Gebäudetypen in den toskanischen Städten die „*Castellare*" gefunden. Die Castellare sind Bereiche, in denen nach wirtschaftlicher Zusammengehörigkeit der Bewohner und nach dem aus dem Feudalrecht abgeleiteten Prinzip des Gefolgschaftsverbandes Gebäudetypen für unterschiedliche Sozialgruppen in enger Durchmischung errichtet worden sind. In ihnen wohnten mehrere Händler- und Unternehmerfamilien zusammen mit ihren in der frühindustriellen Produktion tätigen Handwerkern und Arbeitern. Die Gebäudetypen der verschiedenen Sozialgruppen, die Palazzi und die einfachen Massenwohnhäuser bildeten eine bauliche, nach außen abgeschlossene Einheit. Ihr Mittelpunkt war der prächtigste Palazzo der mächtigsten, führenden Familie. Zu jedem Castellare gehörte eine eigene Kirche und im zentralen Teil häufig ein Wehrturm. Nach außen waren die Gebäude durch verstärktes Mauerwerk und wenige mit Toren und Wehrtürmen versehene Straßenzugänge gesichert (beschrieben für das Castellare der Tolomei z.B. Braunfels 1979, S. 68). Die Befestigungen waren bei den Kämpfen zwischen den Familien mit ihren Gefolgschaften in der Frühzeit der freien Comunen notwendig. Die Zugänge zeichnen sich noch heute durch eine charakteristische Straßenführung, durch die versetzten Baufluchten und durch ein besonders befestigtes Mauerwerk an den Gebäuden ab. Die Straßen führen mit einem abgeknickten Verlauf und charateristischen trichterförmigen Straßenverengungen, die häufig mit einem steilen Geländeanstieg verbunden sind, in die ehemaligen Castellare hinein. Sie sind oft flankiert von Wehrtürmen und weisen in manchen Fällen auch noch alte Torbögen auf. Diese „Torsituationen" treten häufig im Grundriß auf (Karte 8, 9, 11). Durch die Castellare können so in Siena das Nebeneinander von Palazzi, Wehrtürmen und Massenwohnhäusern, die Verteilung der Palazzi und Wehrtürme im inneren Bereich des „centro storico" und viele charakteristische Formen der Straßenführung gedeutet werden (Sabelberg 1980b).

In Siena sind viele Castellare aus schriftlichen Quellen eindeutig nachgewiesen, und z.T. lassen sie sich danach auch lokalisieren (Balestracci/Piccinni 1977; Morandini 1969; Cairola/Morandini 1975; Lusini 1927; u.v.a.m.). Umgekehrt kann auch aus baulichen Relikten der Castellare in der heutigen Bausubstanz die Lokalisation rekonstruiert werden. So läßt sich eine Fülle von Castellaren nachweisen, für die es keine schriftlichen Quellenbelege gibt.

Die Castellare liegen in Siena als „Zellen" in dem durch Fernhandelsstraßen geprägten Grundriß der Stadt. In Florenz zeichnet sich dagegen der römische Rechteckgrundriß durch, in den sich die Castellare als Ordnungsprinzip der frühen freien Comunen einpassen mußten. Dabei umfaßten ein oder zwei Insulae des römischen Grundrisses ein Castellare. Die baulichen Auswirkungen der „Società delle torri" (Santini 1887) waren die Castellare. Die Familien waren zu „consorterie" zusammengeschlossen, in denen je eine Familie die Vorherrschaft und Leitung innehatte (Bargellini/Guarnieri 1973, S. 11ff.; Waley 1969, S. 175). Eine „consorteria" lebte zusammen in einem solchen mit befestigtem Mauerwerk nach außen abgeschlossenen Castellare. Diese befestigten Bereiche werden häufig als „Stadtburgen"

Karte 9 : Ordnungsmuster der Gebäudetypen im Bereich des Castelvecchio, Siena

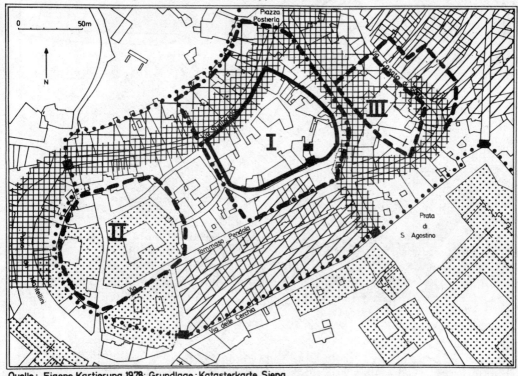

Quelle : Eigene Kartierung 1978; Grundlage : Katasterkarte Siena

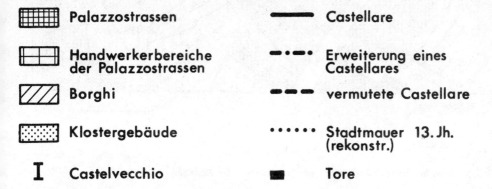

Palazzostrassen		Castellare	
Handwerkerbereiche der Palazzostrassen		Erweiterung eines Castellares	
Borghi		vermutete Castellare	
Klostergebäude		Stadtmauer 13. Jh. (rekonstr.)	
I Castelvecchio		Tore	
II ; III vermutete Castellare			

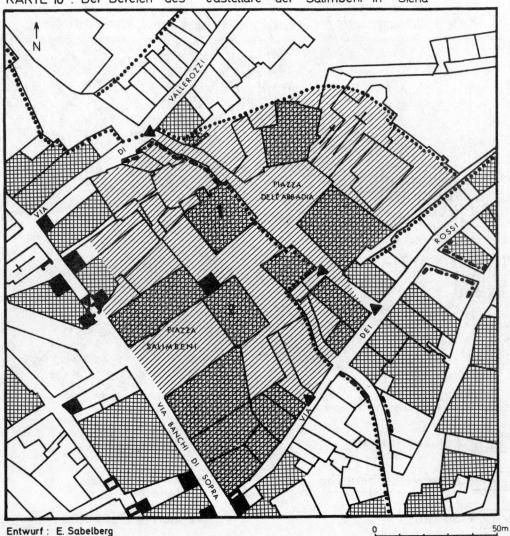

KARTE 10 : Der Bereich des "castellare" der Salimbeni in Siena

N

VALLEROZZI

DI

VIA

PIAZZA DELL'ABBADIA

ROSSI

PIAZZA SALIMBENI

DEI

VIA

VIA BANCHI DI SOPRA

Entwurf : E. Sabelberg

0   50m

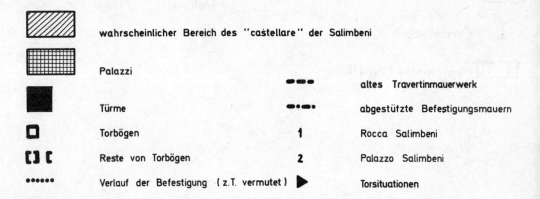

wahrscheinlicher Bereich des "castellare" der Salimbeni	
Palazzi	
Türme	•—• altes Travertinmauerwerk
Torbögen	•—•• abgestützte Befestigungsmauern
Reste von Torbögen	1 Rocca Salimbeni
Verlauf der Befestigung (z.T. vermutet)	2 Palazzo Salimbeni
	▶ Torsituationen

Karte 11: Die Bausubstanz südlich des Domes in Florenz

Via del Corso

Via de' Calzaiuoli

Via del Proconsolo

0   10   50   100m

Quelle: Eigene Erhebungen, 1979 ; FANELLI, 1980

Palazzi

Einfache Massenwohnhäuser
für Handwerker

Kirchen und Klosterbereiche

seit dem 19. Jh. entstandene Bauten

Wehrtürme

Torbögen

Karte 12 : Die Bausubstanz im Bereich des ehemaligen römischen Amphitheaters in Florenz

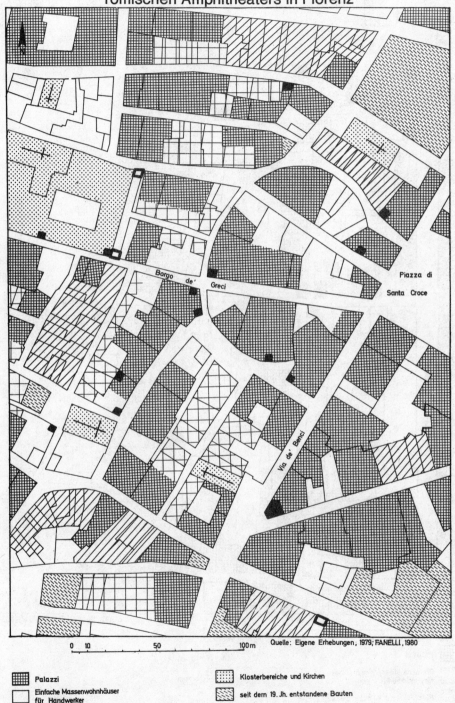

Borgo de' Greci

Piazza di Santa Croce

Via de' Benci

0   10   50   100 m   Quelle: Eigene Erhebungen, 1979; FANELLI, 1980

Palazzi

Einfache Massenwohnhäuser für Handwerker

Handwerkerbereiche auf den Rückseiten der Palazzi

Borghi

Klosterbereiche und Kirchen

seit dem 19. Jh. entstandene Bauten

Wehrtürme

Torbögen

(Schneider 1899) bezeichnet, und es finden sich in der Bausubstanz viele Hinweise auf sie (z.B. Grote 1976, S. 51). Innerhalb der Insulae waren die Gebäudetypen der verschiedenen Sozialgruppen gemischt (Karte 11, bes. der Bereich nördlich der Via del Corso und östlich der Via de'Calzaiuoli), und dadurch erklärt sich auch die geringere Dichte von Palazzi im innersten Stadtbereich von Florenz. Die Innenhöfe waren mit Holzbalkonen offener gestaltet, und sie wurden gemeinschaftlich als Warenlager und Arbeitsstätten genutzt. Die Zugänge zu diesen Höfen waren mit Wehrtürmen gesichert, und häufig konnten sie vollständig abgesperrt werden (Rekonstruktion eines solchen Hofes bei Benevolo 1976, S. 438).

Die Castellare wirken sich auf die gegenwärtige Bausubstanz dadurch aus, daß eine Trennung der Gebäudetypen nach sozialer Wertigkeit auch heute fehlt und der Anteil von Wehrtürmen sehr hoch ist. Die Gebäude weisen in ihrer Anordnung eine „Zellenstruktur" auf. Außerhalb der römischen Stadtmauer paßten sich die Castellare ebenfalls in das römerzeitliche Grundmuster ein. So zeichnet sich z.B. im Bereich des römischen Amphitheaters die Struktur des Castellare der Peruzzi besonders deutlich ab (Karte 12). Das Ordnungsprinzip der Castellare prägt damit die Anordnung der Gebäudetypen in den ältesten Stadtbereichen auch von Florenz. In der Literatur finden sich viele Hinweise auf einzelne Strukturmerkmale der Castellare in dieser Stadt, ohne daß sie als Ordnungsprinzip für die Gebäudetypen in den inneren Bereichen des „centro storico" erkannt worden wären (Stahl 1965, S. 82ff.; Sanfilippo 1978, S. 72ff.; Brezzi 1959, S. 116ff.; u.a.).

Als ein zweites Ordnungsmuster in der Verteilung der Palazzi und Massenwohnhäuser wurden in Siena die *Palazzostraßen* ausgegliedert. Auch in Florenz ist dieses Muster bei der Betrachtung der Palazzoverteilung offensichtlich. Hier sind entgegen dem vorherigen Ordnungsprinzip der Castellare die Gebäude für die verschiedenen Sozialschichten getrennt errichtet worden, so daß geschlossene Palazzostraßen und „Rückseitenstraßen", die fast ausschließlich durch einfache Massenwohnhäuser gebildet werden, zusammen auftreten (Karte 8, Via Stalloreggi; Karte 12, Via de' Benci). Die Anordnung ist dabei im wesentlichen kleinräumig; in einzelnen Straßenzügen dominiert jeweils der Gebäudetyp einer Sozialschicht. Dabei entstehen jedoch keine zusammenhängenden, von einer Schicht geprägten Viertel. Die Zusammengehörigkeit zwischen Palazzo und Massenwohnhaus als wirtschaftlich-funktionale Einheit bleibt bestehen. — Die Kartenbeispiele (Karte 8; Karte 12) belegen, daß die Castellare von den Palazzostraßen überlagert werden. Hier ist also eine zeitliche Abfolge der verschiedenen Ordnungsprinzipien feststellbar.

Als ein drittes Ordnungsmuster tritt neben diese kleinräumige Trennung der Gebäudetypen verschiedener Sozialgruppen eine *großräumige Viertelsbildung* von Handwerker- und Arbeiterwohnungen in den Kleinhäusern der Borghi auf. Größere Gebiete sind einheitlich von einem Gebäudetyp geprägt. In Siena (Karte 8, 9) stößt ein Borgobereich an ein Castellare und ist von diesem z.T. verändert worden. Die Castellare müssen also noch ihre Funktion erfüllt haben, als die Borghi schon entstanden sind. In Florenz (Karte 12) zeigt sich andererseits, daß Borgobereiche im starken Umfange auch zu Palazzostraßen umgewandelt wurden. Hier bestehen also Überschneidungen, die erst durch die zeitliche Aufeinanderfolge der unterschiedlichen Ordnungsprinzipien der Gebäudetypen in den genetischen Stadtentwicklungsphasen erklärt werden können.

Die Anordnung von Palazzi in vereinzelter Lage in den Randbereichen des „centro storico" ist leicht durch den Flächenanspruch der mit den Palazzi verbundenen Parkanlagen zu deuten. Diese Verbindung mit einer Parkanlage wurde anscheinend im 16. Jahrhundert wichtiger als die zentrale Lage an den Haupthandelswegen. Dies entspricht der im historischen Teil nachgewiesenen Veränderung im Wirtschaftsverhalten der Oberschicht. Ähnlich unproblematisch ist die Deutung der Anlage der Klöster und kirchlichen Einrichtungen in den Randbezirken des „centro storico". Auch hier sind der Flächenanspruch der Gebäude und der große Anteil von Freiflächen für ihre Anlage entscheidend. Nur selten konnten sich kirchliche Einrichtungen in den älter bebauten Gebieten der Städte ausdehnen.

Die zeitlich aufeinanderfolgenden Ordnungsmuster sollen im folgenden *genetischen Stadtentwicklungsphasen* zugeordnet werden. Das älteste Ordnungsprinzip sind die Castellare gewesen, da in ihnen auch der älteste Gebäudetyp der Wehrtürme integriert ist. In Siena ist am Beispiel des Palazzo Tolomei die Umwandlung dieser Castellare zu Palazzostraßen besonders gut belegbar (Sabelberg 1980b; Prunai/Pampaloni/Bemporad 1971). Der prächtige Palazzo Tolomei, der Hauptpalazzo des ehemaligen Castellare Tolomei (Braunfels 1979, S. 68), liegt an der heutigen Via dei Banchi di Sopra, der Trasse der ehemaligen fränkischen Königsstraße (Karte 13). Sie ist eine der wichtigsten Palazzostraßen in Siena, und zu ihr ist auch die Schaufassade ausgerichtet. Zur Zeit des Castellare Tolomei umging die Fernhandelsstraße diesen befestigten Bereich auf der Trasse der Via dei Termini, und der Palazzo hatte – genau entgegengesetzt zur heutigen Anlage – seine Fassade zu dieser Straße hin. Der in früherer Zeit viel kleinere Platz an der Via dei Banchi di Sopra gehörte mit der Kirche San Cristoforo und mit mehreren Palazzi und Massenwohnhäusern zum Innenbereich des Castellare. Der Hauptpalazzo wurde mit dem Castellare der Tolomei 1267 nach dem senesischen Sieg bei Montaperti zerstört und die Familie, als Parteigänger der Guelfen, in die Verbannung geschickt. Die Via dei Banchi di Sopra war schon 1246 als neue, festgelegte Trasse der fränkischen Königsstraße gepflastert worden. Um 1270 durfte die Familie der Tolomei ihren Palazzo in Siena wieder aufbauen, und sie legte ihn im Sinne der Palazzostraße an. Der inzwischen funktionslos gewordene Wehrturm wurde nicht wieder errichtet; er ist nur noch in seinen Fundamenten unter dem Palazzo erhalten.

An diesem Beispiel ist die Umorientierung der Bausubstanz von den Castellaren zu den Palazzostraßen auf die erste Hälfte des 13. Jahrhunderts festlegbar, und viele andere Beispiele bestätigen diese Datierung für Siena. So verzichten z.B. Anfang des 13. Jahrhunderts die Familien der Forteguerri und die der Ponzi auf ihre Castellare, um den Domausbau zu ermöglichen. Sicher sind diese Castellare damals schon funktionslos gewesen, denn die Familien bauten sich, entsprechend der neuen Idee der Palazzostraße, ihre Palazzi an der seit 1190 ausgebauten Via di Citta, die sich seitdem zur Palazzostraße entwickelt hatte (Lusini 1927, S. 15ff.). In derselben Straße ist die Fassade des Palazzo Chigi-Saracini in ihrer Pracht und Einheitlichkeit ganz im Sinne der Palazzostraßen errichtet worden. In der Innengliederung (Abb. 4)

KARTE 13: Die Bausubstanz im Bereich des Castellare Tolomei, Siena

Quelle: Eigene Kartierung 1978; Grundlage: Katasterkarte Siena

0   10   50 m

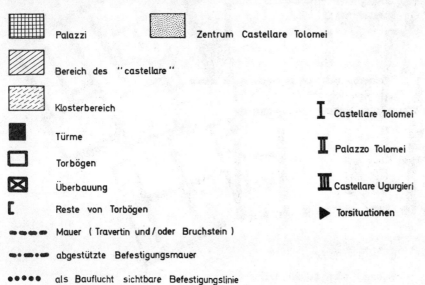

| | Palazzi | | Zentrum Castellare Tolomei |

Bereich des "castellare"

Klosterbereich

Türme

Torbögen

Überbauung

Reste von Torbögen

I Castellare Tolomei

II Palazzo Tolomei

III Castellare Ugurgieri

▶ Torsituationen

●━●━● Mauer (Travertin und / oder Bruchstein)

●━●━● abgestützte Befestigungsmauer

●●●●● als Bauflucht sichtbare Befestigungslinie

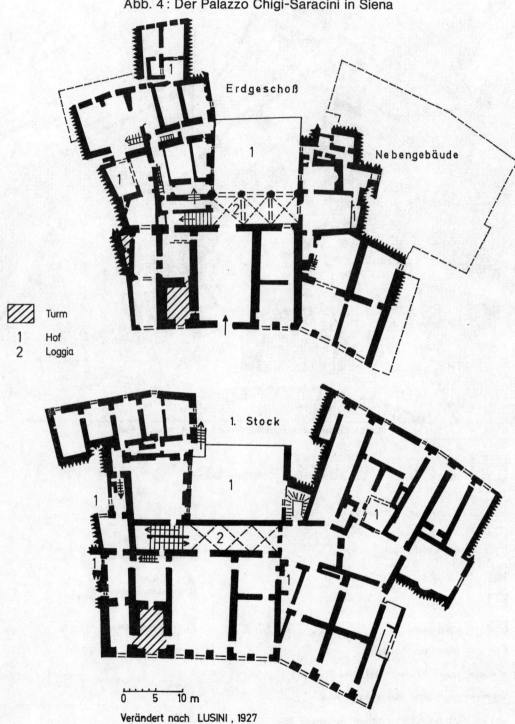

Abb. 4: Der Palazzo Chigi-Saracini in Siena

Erdgeschoß

Nebengebäude

◪ Turm
1 Hof
2 Loggia

1. Stock

0   5   10 m

Verändert nach LUSINI, 1927

hat dieser Palazzo jedoch auch heute noch, von der Fassade unabhängig, in jedem Stockwerk eine unterschiedlich weite Ausdehnung in die Nachbar- und Hintergebäude (Lusini 1927). Diese verschachtelte Bauweise geht darauf zurück, daß erst mit dem Ausbau der Palazzostraße eine einheitliche Fassade vor mehrere Gebäude des ehemaligen Castellare der Marescotti gesetzt wurde, zu denen auch der Vorgängerbau des heutigen Palazzo gehörte. So sind auch hier Strukturen eines ehemaligen Castellare erhalten geblieben.

Die *Neuorientierung der Bausubstanz* läßt sich damit in das 13. Jahrhundert zurückführen, und sie geht einher mit einer Neubewertung der Straßen. Zur Zeit der Castellare waren die Straßen in Siena noch nicht festgelegt, Haupt- und Nebenwege noch nicht unterschieden. Sie führten in Bögen um die befestigten Bereiche herum, und es entstand hierdurch ein Netz sich verzweigender und wieder zusammenführender Wege. Die Festlegung der Straßen, wie sie in der Pflasterung zu Beginn des 13. Jahrhunderts faßbar wird, ist ein Ausdruck davon, daß sich die bürgerlichen Fernhändler innerhalb der Stadt endgültig durchgesetzt haben. Dieser soziale Wandel wirkt sich in einer Neuordnung der Stadt aus. Die in den Castellare liegenden Palazzi werden z.T. an die neuen Durchgangsstraßen verlegt, z.T. bleiben sie auch in ihrer alten, nun isoliert erscheinenden Lage erhalten. Die übrigen Gebäude der Castellare bestanden als einfache Massenwohnhäuser fort; einige wenige ehemalige Palazzi sanken zu einfachen Wohnhäusern ab.

Siena war im Mittelalter an den Fernhandelsstraßen entstanden und durch diese Straßen geprägt worden. So ist die Wandlung der Ordnungsprinzipien der Gebäudetypen an diesen Straßen und ihren Veränderungen am deutlichsten faßbar. Florenz hatte durch die römische Stadtanlage ein Grundmuster der Straßenführung erhalten, das sich in den folgenden Zeiten immer wieder wirksam abzeichnete. So läßt sich hier die Datierung der verschiedenen Ordnungsprinzipien der Gebäudetypen nur durch die Ausbauphase der Mauern bestätigen. Die Mischgebiete verschiedener Gebäudetypen der Castellare treten nur innerhalb der Mauern von 1173/75 auf. Da die später außerhalb dieses Mauerringes bebauten Gebiete ausschließlich eine Trennung der Gebäudetypen nach Palazzostraßen, Borgobereichen usw. aufweisen, ist hier der Wandel der Ordnungsprinzipien auf die Wende zum 13. Jahrhundert zu datieren. Auch hier fällt er mit der Pflasterung der Straßen zusammen (Pampaloni 1973).

Nach der Auflösung des Ordnungsprinzips der Castellare bestehen in den Städten „Zellen" fort, in denen Bevölkerung unterschiedlicher Sozialschichten im Sinne einer Gefolgschaft zusammenlebt. So betont Sanfilippo (1978, S. 82) für Florenz das Fortbestehen der „polyzentrischen Gliederung" der Stadt im 14. Jahrhundert. Die Auswertung der Kataster des 15. Jahrhunderts für den im 19. Jahrhundert sanierten Bereich des „centro storico" in Florenz zeigt, daß der Besitz an Palazzi und Massenwohnhäusern einzelner Familien immer einen größeren geschlossenen Bereich umfaßt. Einzelne Familien hatten auch später einen regional in der Stadt abgrenzbaren Einflußbereich (z.B. die Medici den Bereich um S. Lorenzo und S. Marco; die Rucellai das Viertel um Santa Maria Novella), und darüber hinaus spielte im Bewußtsein der Bevölkerung das Zugehörigkeitsgefühl zu einer „consorteria" noch lange eine große Rolle (Kent 1977) So lebte das „Prinzip" der Castellare, die Gefolgschaft von Personen aus verschiedenen Sozialschichten auch nach dem Wandel der Ordnungsprinzipien der Gebäudetypen als Idee fort (ähnlich für Piacenza: Nasalli Rocca 1968).

Die *Entstehung der Borghi* läßt sich nach schriftlichen Quellen etwa auf den gleichen Zeitraum datieren, in dem sich die Ordnungsprinzipien für die Palazzi veränderten. Die ersten Borghi entstanden zwar schon 1175 (Guidoni 1970, S. 116), aber der Ausbau erlebte mit dem starken Bevölkerungswachstum im 13. Jahrhundert seinen Höhepunkt. Die Anordnung der Gebäudetypen bestätigt diese zeitliche Einordnung. In Siena stoßen die Borghi z.T. direkt an die Castellare (Karte 8,9). In Florenz wurden die ersten kleinen Borghi außen an die Mathildische Mauer angelehnt und erst nachträglich in das Stadtgebiet mit dem Bau der Mauer von 1173/75 eingegliedert (z.B. etwa der Borgo S. Lorenzo; Sznura 1975, S. 66ff). Diese Borghi wurden häufig zu Palazzostraßen umgewandelt wie z.B. der Borgo degli Ablizzi (Karte 11). Der großzügige, flächenhafte Ausbau von Borgogebieten wurde jedoch erst vor der Mauer von 1173/75 im 13. Jahrhundert vorgenommen.

Die *Auffüllung der Randbereiche* des „centro storico" durch Klöster und durch Palazzi mit Parkanlagen im 16. bis 18. Jahrhundert ist durch Quellen eindeutig zu erfassen. Hier wurden kaum vorher bebaute Gebiete verändert. Für den Palazzo wurde eine Verschmelzung mit der Villa angestrebt. Der Palazzo Pitti in Florenz entspricht ursprünglich dem Bild eines Palazzo an einer Palazzostraße, wie es für die Blütezeit der freien Comunen typisch ist. Er wird seit dem 15. Jahrhundert zu einem Palazzo mit Park umgestaltet, und die Boboligärten erhalten als die dem Palazzo zugeordnete Parkanlage große Bedeutung. In Siena ist diese späte Form der Palazzoanlage kaum zu finden, da die Stadt im 16. Jahrhundert bereits von Florenz annektiert war und in ihrer Entwicklung stagnierte. Das einzige Beispiel ist hier der Palazzo Bianchi im Südosten der Stadt.

Die Neubauten, die nach 1860 entstanden sind, haben das Ordnungsmuster der Städte in der Toskana nicht durch Überlagerung und Umwandlung von älteren Strukturen verändert, da sie auf unbebauten oder flächenhaft abgerissenen Gebieten errichtet worden sind. Wenn hier ältere Ordnungsmuster von Gebäudetypen bestanden haben, sind sie vollständig zerstört worden.

Die Gebäudetypen in Florenz und Siena und ihre Anordnung lassen sich somit auf genetische Stadtentwicklungsphasen zurückführen, in denen z.T. gegensätzliche Ordnungsprinzipien herrschten (Tab. 7). Diese überlagerten sich und führten so zu dem komplizierten Verteilungsmuster der Gebäudetypen, wie es heute in den Städten vorherrscht (Karte 14, 15). Eine sehr große Bedeutung hat dabei die radikale Umorientierung der Stadtinnengliederung am Anfang des 13. Jahrhunderts. Gleichzeitig wurden mit der Auflösung der Castellare und der Anlage und Pflasterung der Palazzostraßen auch die großen Projekte zum Ausbau des Zentrums mit dem Dom und dem Palazzo del Popolo in Angriff genommen. All dies ist eine Auswirkung historischer Veränderungen: Das städtische Bürgertum hatte den Einfluß des Adels endgültig zurückgedrängt. Dies zeigte sich in der Einrichtung des Palazzo del Popolo als Gebäude der städtischen Selbstverwaltung, in der Dominanz der Handelsstraßen

Karte 14: Herkunft der Bausubstanz aus den verschiedenen Stadtentwicklungsphasen, Siena

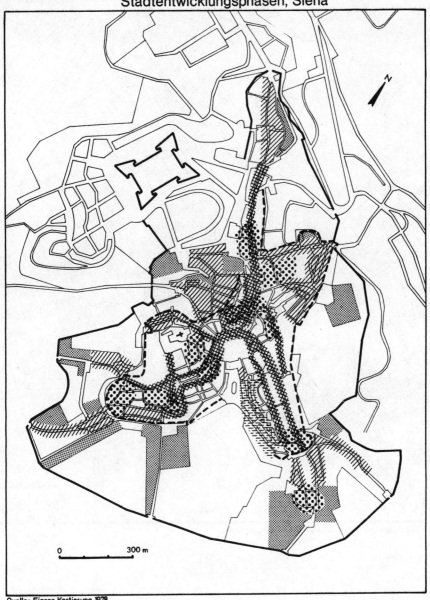

0   300 m

Quelle: Eigene Kartierung 1978

 Castellare — — — — Stadtmauer 13. Jh.

Palazzostrassen ———— Stadtmauer 14.- 15. Jh.

Borghi

Klosterbereiche ▦ Sanierungsgebiet des ehemaligen Ghettos und Borgo Salicotto

Karte 15 : Die Herkunft der Bausubstanz aus verschiedenen Stadtentwicklungsphasen in Florenz

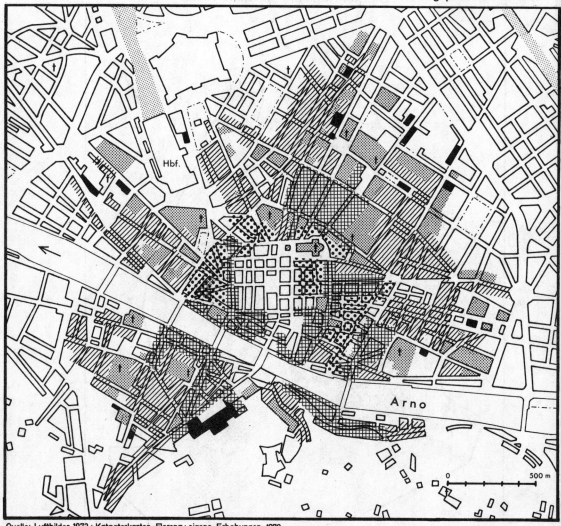

Quelle: Luftbilder 1972 ; Katasterkarten Florenz ; eigene Erhebungen, 1979

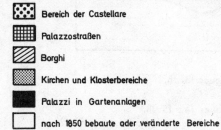

Bereich der Castellare

Palazzostraßen

Borghi

Kirchen und Klosterbereiche

Palazzi in Gartenanlagen

nach 1850 bebaute oder veränderte Bereiche

in den Städten und in der Auflösung der Gebäudeordnung der Castellare, die aus dem Gefolgschaftsprinzip des Lehnswesens entstanden war. Dieser soziale Wandel kam auch darin zum Ausdruck, daß die Bevölkerungsgliederung in „comune maius" (= Adel) und „comune militum" (= Volk) mit letzten Resten von ständischen Vorstellungen im 13. Jahrhundert endgültig durch die Gliederung in „artes" (= Berufe) ersetzt wurde (Stahl 1965, S. 180ff.). Die Herrschaft des „primo popolo" wurde abgelöst durch die des „secondo popolo" (Fanelli 1980, S. 29ff.).

Tab. 7: Die Gebäudetypen und ihre Entstehung in verschiedenen Stadtentwicklungsphasen in Florenz und Siena

Zeit	Gebäudetyp	Anordnung der Bauten	Ordnungsprinzip
bis ca. 1200	Wehrtürme, Palazzi, Massenwohn häuser	Castellare	Gefolgschaftsverbände und Wirtschaftsgemeinschaft
1175– ca. 1300 (15. Jh.)	einfache Kleinhäuser in Borgo- gebieten	Borgo-Ausbauten: regelmäßiger Grundriß, individuelle Gebäude- höhe	soziale Segregation, Handwerkerviertel
12.– 15. Jh.	Palazzi, öffentliche Prachtbauten	Palazzostraßen, Planungsachsen Dom-Palazzo del Popolo	sozialbestimmte Viertel, repräsentativer Ausbau des Zentrums
15.– 18. Jh.	Klöster, Hospitäler, kirchl. Ein- richtungen	einzeln liegende Gebäude	Anlage auf randlichen Freiflächen
16.– 18. Jh.	Palazzi mit Parkanlagen	einzeln liegende Gebäude	Anlage auf randlichen Freiflächen
1850– 1930	Großmiet- häuser	auf Flächensanie- rungen im Zentrum, Auffüllen der Restflächen	soziale Segregation

Entwurf: E. SABELBERG

4.2. DIE GEBÄUDESTRUKTUREN IN DEN SIZILIANISCHEN STÄDTEN AN DEN BEISPIELEN VON CATANIA UND AGRIGENT

In den „centri storici" der sizilianischen Städte ist eine andere zeitliche Einordnung der Gebäudetypen notwendig. Neben den mehr oder minder gut datierbaren

Gebäuden, die bis 1800 erbaut wurden, stehen hier auch viele von privater Hand errichtete Neubauten. Dabei handelt es sich sowohl um Bauten aus der zweiten Hälfte des 19. Jahrhunderts als auch um Neubauten der letzten zwanzig Jahre. Damit spielt die individuelle, spekulative Erneuerung der Gebäude in den historischen Stadtzentren eine größere Rolle als in den toskanischen Städten. Andere Gebäudetypen wiederum sind mindestens seit dem Barock bis zur Gegenwart in so gleichbleibender Form errichtet worden, daß an ihnen kaum genetische Entwicklungsphasen in der Stadt unterschieden werden können. Deshalb bleibt auch die Abgrenzung der „centri storici" als der vor 1870 bebauten Flächen häufig sehr willkürlich. Sie läßt sich kaum anhand der Unterschiede von Gebäudetypen vornehmen.

4.2.1. DER GRUNDRISS UND DIE BAULICHE ENTWICKLUNG

Im Grundrißbild der sizilianischen Städte hat sich die Stadtgeschichte nicht so eindeutig und vielgestaltig niedergeschlagen wie in den toskanischen Städten; es erscheint sehr unregelmäßig, mit vielen Sackgassen nach einem einheitlichen Muster gestaltet zu sein. Der überragenden Bedeutung der Städte in der Antike entsprechen keine Relikte im heutigen Stadtgrundriß. Weder im heutigen Agrigent noch in Catania finden sich Hinweise auf die antike Stadtanlage, obwohl zumindest in Teilbereichen mit einer Siedlungskontinuität gerechnet werden muß. Auf eine bauliche Kontinuität weist zumindest der Fortbestand von einzelnen griechischen Tempeln als christliche Kirchen hin (z.B. in Agrigent Santa Maria dei Greci, in Syrakus der Dom). Besonders deutlich wird das Fehlen eines Zusammenhangs zwischen antikem und heutigem Stadtgrundriß in Catania, wo die ausgegrabenen Reste, wie etwa das römische Amphitheater und die beiden griechischen Theater, keinerlei Beziehungen zu heutigen Stadtstrukturen aufweisen. Hier wurde zwar die gesamte Stadt nach den starken Zerstörungen durch Erdbeben im 17. und 18. Jahrhundert völlig neu angelegt, jedoch zeigte auch der Grundriß vor diesen Zerstörungen keinen Zusammenhang mit der antiken Stadtanlage. Dies belegen Stadtpläne des 16. Jahrhunderts (Fasoli 1954), in denen nicht einmal der Verlauf der Mauerringe eindeutig nachweisbar ist. Auch in dem nicht durch Naturkatastrophen zerstörten Agrigent finden sich keine in der heutigen Stadtanlage sichtbaren Relikte der Antike. So wirken von den griechischen und römischen Städten weder Mauerlinien noch Tore, Gebäudeumrisse oder Reste des Straßennetzes im heutigen Stadtgrundriß nach.

Der Verfall des Römerreiches wirkte sich auch in den sizilianischen Städten in einer starken Schrumpfung der Siedlungsfläche aus; Agrigent verkleinerte sich z.B. auf den Bereich der Akropolis der antiken Stadt[25]. Die Städte blieben in

25 Es ist zwar sehr zweifelhaft, ob die von Mauern umschlossenen, sehr ausgedehnten antiken Stadtflächen wirklich vollständig besiedelt und bebaut waren; dennoch ist mit Sicherheit eine sehr starke Schrumpfung der Städte in Fläche und Bevölkerungszahl mit dem Übergang zum Mittelalter anzunehmen.

dieser reduzierten Größe ohne das starke wirtschaftliche und demographische Wachstum im Mittelalter, wie es für die toskanischen Städte festgestellt wurde, bestehen. Entsprechend finden sich keine Ausbauzonen und keine durch Mauern belegte Wachstumsringe im Grundriß. Nur für wenige Städte ist ein Bevölkerungswachstum mit einer entsprechenden Siedlungsausdehnung unter der sarazenischen Herrschaft nachgewiesen. Hieraus resultieren nur geringe Unterschiede im Städtewachstum in verschiedenen Bereichen Siziliens. Während der Antike befanden sich die bedeutenderen, großen Städte an der Süd- und Ostküste der Insel. Sie verfielen am Ende der Römerzeit und erreichten auch unter den Sarazenen kein besonderes Wachstum mehr. Das wirtschaftliche, politische und kulturelle Zentrum war damals nach Palermo verlegt worden. Diese in der Antike wenig bedeutende Stadt erlebte nun ein Bevölkerungswachstum und eine Siedlungsausdehnung (De Seta/Di Mauro 1980, S. 1ff). Die regionalen Unterschiede im Wachstum der Städte haben jedoch keine Auswirkungen auf deren Grundriß.

Erst das Bevölkerungswachstum des 16. bis 18. Jahrhunderts, das sich in der Neugründung von Landarbeiterstädten und in einem Wachstum der schon bestehenden Städte auswirkte (Pecora 1968, S. 132ff), läßt sich auch im Grundriß wiederfinden. Von den älteren Stadtbereichen mit einer unregelmäßigen Straßenführung heben sich die neuen Ausweitungsbereiche meist durch einen regelmäßigen Rechteckgrundriß ab. Die Grenzen zwischen diesen beiden Wachstumsbereichen sind im allgemeinen wenig prägnant voneinander abgesetzt, da weder die ältere Stadt, noch die jüngeren Stadterweiterungen durch Mauerringe abgegrenzt wurden. In einigen Städten setzte sich diese Art des Stadtwachstums bis in das 19. und 20. Jahrhundert fort.

Eine charakteristische Besonderheit der sizilianischen Städte ist ein stark ausgeprägter Sackgassengrundriß in den ältesten Bereichen des „centro storico". Er wird im allgemeinen auf sarazenischen Einfluß zurückgeführt, und damit wäre er Ausdruck einer entsprechenden Stadtentwicklungsphase des 9. bis 11. Jahrhunderts (Sanfilippo 1978, S. 71ff.; Pecora 1968, S. 198ff.; u.a.). Dies ist jedoch in dieser verallgemeinernden Form nicht aufrecht zu erhalten. So sind z.B. in den neugegründeten Städten des 16. und 17. Jahrhunderts geplante Sackgassengrundrisse angelegt worden. Die Häuser sind hier um einen gemeinschaftlich genutzten Innenhof mit einem Zugang zur Straße hin errichtet worden (Pecora 1968, S. 205ff). Durch diese Anlage sollte gleichzeitig eine dichtere Bebauung und ein Hofraum für die vorwiegend in der Landwirtschaft tätige Bevölkerung geschaffen werden. Darüber hinaus bestehen Sackgassengrundrisse auch in den Teilen der Städte, die während der sarazenischen Zeit noch nicht bebaut waren, und sie entstehen neu sogar in den Bereichen die erst 1950 bebaut wurden. Damit kann der Sackgassengrundriß nicht ohne Einschränkung auf sarazenischen Einfluß zurückgeführt werden.

Genauere Untersuchungen der Sackgassen und des Gebäudebestandes in Agrigent und dem Nachbarort Favara machen eine andersartige Entstehung der Sackgassen wahrscheinlich (Karten 16, 17). In beiden Städten wird der Grundriß auf sarazenischen Einfluß zurückgeführt. Die Sackgassen zeigen im Verhältnis zur Straßen-

Karte 16 : Parzellengliederung und Baufluchten beim Dom von Agrigent

Via Duomo

bebaute Flächen

Durchgang

Grenze der Eigentumsparzellen

Baufluchten

Quelle: Luftbilder 1966 ,1976 ; Eigene Erhebungen 1978 , Katasterkarte

0   25 m

Karte 17 : Parzellengliederung und Baufluchten in der Umgebung der Piazza Garibaldi in Favara (Sizilien)

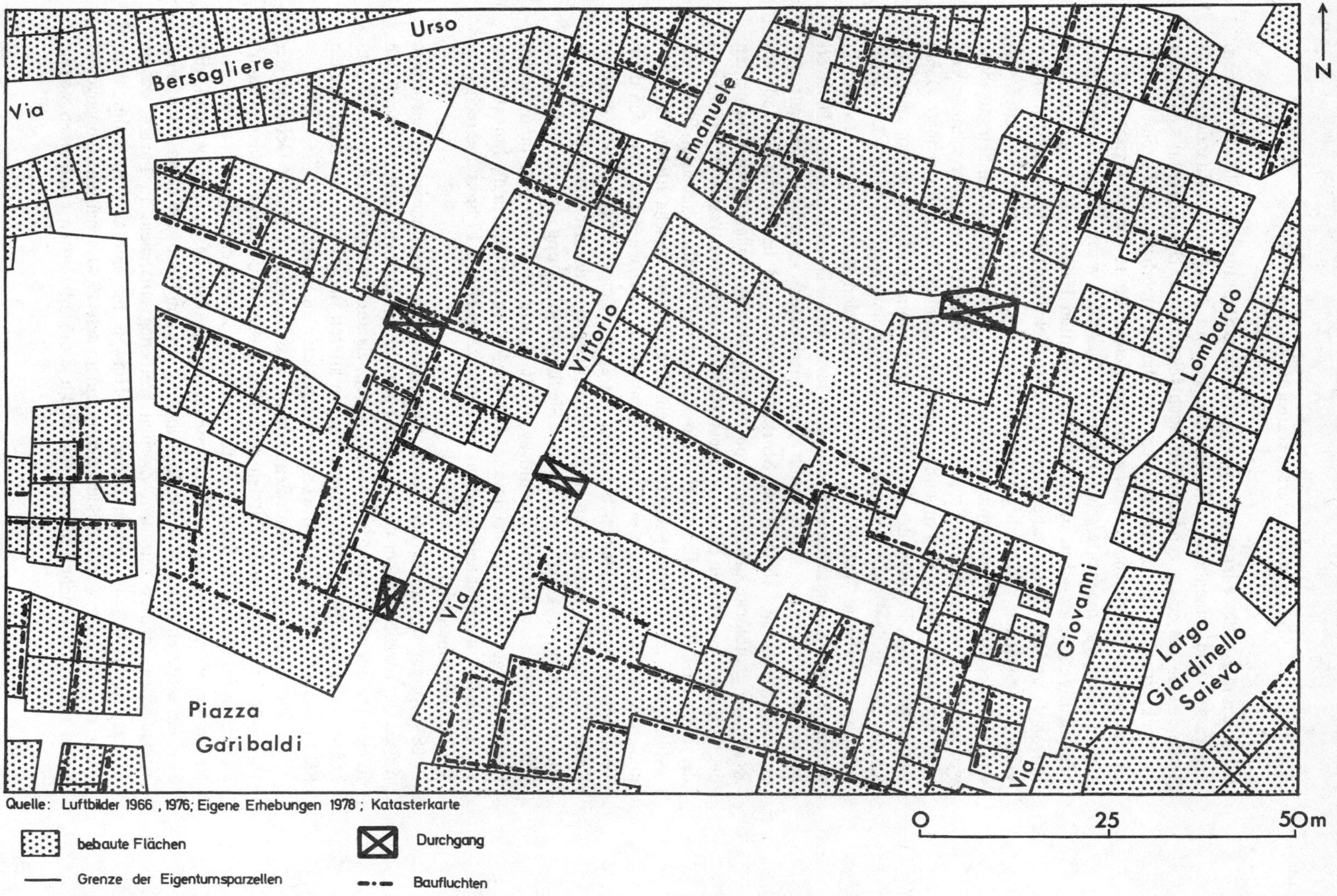

Piazza Garibaldi

Largo Giardinello Salava

Via Giovanni

Lombardo

Vittorio

Emanuele

Via

Urso

Bersagliere

Via

Z

50m

25

0

Quelle: Luftbilder 1966 , 1976; Eigene Erhebungen 1978 : Katasterkarte

bebaute Flächen

Grenze der Eigentumsparzellen

Durchgang

Baufluchten

führung und zur Parzellengliederung eigentümliche Strukturmerkmale. Die Straßen, Sackgassen und Innenhöfe verlaufen überwiegend senkrecht zueinander, so als bestünden sie aus einem zerstückelten Rechteckgrundriß. Dabei setzten sich häufig die Sackgassen in den langgestreckten Innenhöfen innerhalb der Baublöcke fort; sie haben etwa die gleiche Richtung und die gleiche Breite wie die Gassen, und sie wirken selbst wie zugebaute schmale Gassen. Zusätzlich verbinden oft Hausgrenzen oder Baufluchten zwischen unterschiedlich gebauten Häusern die langgestreckten Innenhöfe und die Gassen außerhalb in gleicher Richtung. Die Häuser sind in diesen Verbindungsstücken oft niedriger und erscheinen durch mehrerer Anbauten verwinkelt. Hier ist wohl in mehreren Schritten ein Durchgang allmählich zugebaut worden. Diese Annahme wird zusätzlich durch Tordurchgänge oder schmale Verbindungswege zwischen den Innenhöfen und öffentlichen Gassen unterstützt. Dabei treten vielfältige Formen der Überbauung auf: vom einfachen Bogen über der Straße, der nur den Raum für eine Terrasse bietet, über einzelne mehr oder minder provisorisch gebaute Wohnräume, bis hin zu schmalen Häusern über den Durchgängen. Ebenso zeigen sich mehrere Stadien, in denen die Durchgänge durch Hausvorbauten allmählich eingeengt, durch Tore geschlossen, schließlich zugebaut und eingezogen wurden. Als weiteres Strukturmerkmal sind häufig die Gebäude am Rande der Baublöcke unabhängig von den Eigentumsparzellen durch Baufluchten deutlich von den übrigen Häusern abgesetzt (Karte 16 an der Westseite; Karte 17 an der Piazza Garibaldi). Hier scheint ein anfangs nur randlich bebauter Block allmählich auch innen bebaut worden zu sein. Die kleinen, verschachtelten Parzellen und die Baufluchten gerade in diesen Innenbereichen weisen darauf hin, daß diese Verdichtung in vielen kleinen Schritten vor sich gegangen ist (besonders deutlich Karte 17). So läßt sich in den vorgestellten Beispielen der Sackgassengrundriß als eine Folge einer „wilden", ungeregelten Siedlungsverdichtung interpretieren. Dabei wurden Gassen zu Innenhöfen umgewandelt (Karte 16), Straßen in mehreren Phasen verengt (Karte 17 Via Giovanni Lombardo), und es wurden die Innenflächen von Baublöcken allmählich zugebaut und aufgezehrt (Karte 17 links und rechts der Via Vittorio Emanuele).

Der Ausgangsgrundriß der Stadt wäre dabei eine regelmäßige, gitterförmige Anlage der Straßen, wobei die Baublöcke sowohl mit kleinen Häusern, die mit den Rückseiten aneinander lehnten, bebaut waren, als auch aus größeren, freien Innenhöfen bestanden. Beide Anlagetypen sind in älteren Baugebieten der sizilianischen Städte genauso wie in den heutigen Neubaugebieten zu finden.

Da die geschilderte Grundrißentstehung ausschließlich einfache Gebäude der Unterschicht betrifft, ist die Entstehung des Sackgassengrundrisses aus einer „wilden" Siedlungsverdichtung für frühere Zeiten kaum mit schriftlichen Quellen zu belegen. Neben den Hinweisen aus der Bausubstanz, wie sie oben beschrieben wurden, gibt es einen weiteren Beleg für diese Entwicklung aus den Neubaugebieten, die in allen sizilianischen Städten seit dem Zweiten Weltkrieg entstehen. In Favara, dessen Sackgassengrundriß im Innern immer als Hinweis für eine Gründung durch die Sarazenen gewertet wurde, bilden sich in einem seit 1950 bebauten Neubaugebiet heute nach dem gleichen Muster, wie es für die Stadtzentren erschlossen wurde, neue Sackgassen. Somit ist auch hier der Straßengrundriß von älteren und jüngeren Bebauungsgebieten gleichartig. Er besteht vorwiegend aus einem regelmäßigen, engmaschigen Gitter rechteckiger Straßen, die mehr oder minder stark durch einen Verdichtungsprozeß zu einem Sackgassengrundriß verändert worden sind. Der Sackgassengrundriß darf also nicht ohne weitere genaue Belege auf sarazenische Einflüsse zurückgeführt werden[26].

Somit spiegeln sich weder im Grundriß der sizilianischen Städte noch in früheren Mauerringen die Ausdehnungsphasen der Siedlungen wider. Die Grenze des ,,centro storico", definiert als Grenze der Bebauung vor 1870, durchschneidet daher häufig gleichartige, der Struktur nach nicht weiter unterscheidbare Gebiete.

4.2.2. DIE GEBÄUDETYPEN IM ,,CENTRO STORICO"

Die für die Beispielstädte Agrigent und Catania aufgestellten Gebäudetypen gelten im wesentlichen für alle sizilianischen Städte. Es treten dabei deutlich weniger voneinander abgesetzte, ältere Gebäudetypen auf als in den toskanischen Städten. Ihre Verteilung innerhalb des ,,centro storico" erscheint weniger kompliziert und weist keine direkten erkennbaren Überschichtungen auf. Ein zweiter auffälliger Gegensatz zur Toskana ist, daß in den sizilianischen Städten im ,,centro storico" isolierte Neubauten bis in die heutige Zeit auch von privater Hand errichtet werden. So müssen hier die Gebäudetypen der Gegenwart z.T. mitbehandelt werden.

4.2.2.1. Die öffentlichen Repräsentativbauten

Da die sizilianischen Städte in einer der Feudalordnung ähnlichen Organisation eingeordnet und bis in das 19. Jahrhundert in ihr verblieben waren, ist es schwierig, zwischen öffentlichen und privaten Repräsentativbauten zu unterscheiden. Für das Feudalsystem ist es charakteristisch, daß private und öffentliche Machtbefugnisse nicht zu trennen sind. Somit wären alle Bauten der Oberschicht auch gleichzeitig öffentliche Gebäude. Es sollen hier jedoch nur die als öffentliche Gebäudetypen behandelt werden, die keine direkte Verbindung zur Privatsphäre der Oberschicht gehabt haben.

Die Kirchen der Städte, – vor allem die Hauptkirchen –, sind zu diesen öffentlichen Repräsentativbauten zu rechnen. Sie sind meist im Barock neu errichtet oder umgebaut worden, und große Platzanlagen betonen ihre besondere Stellung innerhalb der Stadt. Jedoch beteiligte sich die städtische Bürgerschaft oder die Stadt kaum an ihrem Ausbau. Vielmehr wurden sie als Sinnbild einer fernliegenden außerstädtischen Macht angesehen, die selbst als einer der ,,Feudalherren" in der Stadt auftrat. So blieben die Kirchenbauten, obwohl sie mit ihren umgebenden

---

26 Stewig (1966) weist eine ganz ähnliche Entstehung der Sackgassen in Istanbul nach. In den Innenstadtbereichen sind sie hier auch unabhängig vom Islam entstanden.

Plätzen einheitlich gestaltet und oft auch in einen Plangrundriß eingeordnet waren, innerhalb der Städte baulich isoliert. Der Dom bildete mit den Gebäuden der kirchlichen Verwaltung oft einen eigenen Bereich, der zur übrigen Stadt wenig Verbindung hatte. Diese Bereiche waren sogar in einigen Großstädten eigenständige, im Sinne des Feudalrechtes gegeneinander rechtlich abgegrenzte Bezirke (für Catania: Fasoli 1959, S. 136).

Entsprechend der Geschichte der sizilianischen Städte gab es keine öffentlichen Repräsentativbauten der städtischen Selbstverwaltung oder der Berufsorganisationen. In den meisten Städten bestehen weder ein altes Rathaus noch Zunftsverwaltungshäuser. Die Rathäuser wurden in der Regel erst im 19. Jahrhundert errichtet oder in anderen älteren Gebäudetypen eingerichtet (z.B. in Agrigent in einem säkularisierten Kloster). Das barocke Rathaus von Catania (1741 von Vaccarini gebaut) war ursprünglich der Sitz verschiedener „feudaler Parlamente".

Man sollte erwarten, daß die wichtigsten repräsentativen Bauten der Feudalverwaltung, die Castelle, die Städte entscheidend geprägt haben. Dies ist jedoch nicht der Fall. Zwar sind meistens solche Castelle noch erhalten, aber ihr Einfluß auf das Stadtbild und die Stadtentwicklung ist nur sehr gering. Sie lagen aufgrund ihrer Funktion meist isoliert am Rande der Städte. Sie verfielen im Laufe der Geschichte und wurden in einfache Wohngebäude umgewandelt. Vielfach sind sie in ihrer Baustruktur so verändert worden, daß sie nur noch mit Mühe an einzelnen Merkmalen erkennbar sind (z.B. in Favara). Oft sind sie nicht mehr im Grundriß der Städte aufzufinden.

All diese öffentlichen Repräsentativbauten sind in der heutigen Stadt nicht dominierend. Weder prägen sie das Stadtbild noch geben sie der einzelnen Stadt eine so charakteristische Individualität, wie sie den toskanischen Städten eigen ist. Im Sinne von Braunfels (1979, S. 70ff.) läßt sich die Gesamtlage dieser Gebäude, obwohl sie mit Plätzen und Straßen geplant worden sind, nicht als eine Stadtplanung interpretieren. Die repräsentative Gestaltung bezieht sich höchstens auf das einzelne Gebäude und nicht auf die gesamte Stadt.

4.2.2.2. Die Palazzi

Die Palazzi der sizilianischen Städte sind ebenfalls Großbauten der Oberschicht (Bild 6). In den äußeren Bauformen gleichen sie sehr stark denen der toskanischen Städte, obwohl die soziale und wirtschaftliche Stellung der sizilianischen Oberschicht grundsätzlich von der toskanischen Oberschicht verschieden war. Sie bestand in Sizilien immer aus Großgrundbesitzern normannisch-spanischer Herkunft, die ihr Land in „halbfeudalem" Besitz hatten und die von den Erträgen dieses Landes lebten, indem sie mit möglichst geringen produktiven Kapitalinvestitionen eine maximale Rente aus der Landwirtschaft zu ziehen versuchten. Die äußeren Bauformen der Palazzi entsprachen also von ihrer Funktion her nicht unbedingt den Bedürfnissen dieser Oberschicht. Sie wurden z.T. als besonders repräsentative Bauformen von den toskanischen Städten hierher übertragen. Diese Übertragung vollzog sich im wesentlichen über die Baumeister der Palazzi und Kirchen, die z.T. schon seit dem 14. Jahrhundert aus der Toskana geholt wurden (Accascina 1964, S. 14; Boscarino 1980, S. 240). Die Barockarchitektur lehnte sich dagegen vor allem an Vorbilder aus Rom an. Die Palazzi waren dort allerdings ebenfalls aus dem toskanischen Palazzo weiterentwickelt worden. Viele einzelne Stilmerkmale wurden auch von den Sarazenen und Normannen, sowie unter spanischer Herrschaft von den Aragonesen übernommen und auf die äußere Bauform übertragen.

Aufgrund der sozialen und wirtschaftlichen Bedeutung der Oberschicht in den sizilianischen Städten hatten die Palazzi trotz ihrer äußeren Ähnlichkeit zu den toskanischen Bauten eine andersartige Grundstruktur, die sich vor allem in der inneren Aufteilung auswirkte. Sie werden deshalb auch „baronale Palazzi" genannt (Perogalli 1975, S. 180). Für die Oberschicht waren sie ausschließlich repräsentative Wohngebäude, in denen kein Raum für wirtschaftliche Belange vorgesehen war. Allenfalls gab es wenige Räume für die Lagerung und Verarbeitung landwirtschaftlicher Produkte, die für den eigenen Verbrauch bestimmt waren. Dagegen bildeten die herrschaftlichen Wohnräume im „piano nobile" und die aufwendigen Treppenhäuser im Innern die wichtigsten Gestaltelemente. Die Funktion als repräsentatives Wohnhaus bedingte auch nach außen hin eine aufwendige Gestaltung und eine Einordnung in eine prächtige Gesamtanlage.

Da in den sizilianischen Städten der Anteil der Oberschicht an der Bevölkerung nur sehr niedrig war, gab es entsprechend wenige Palazzi. Ihre Zahl schwankte mit der Größe und der Bedeutung der Städte. In der Zeit des Absentismus konzentrierten sie sich in den großen und politisch wichtigen Städten. So hatte Catania immer eine starke Residenz- und Handelsfunktion für Sizilien (Fasoli 1954, S. 130). Entsprechend hatte es einen höheren Anteil an der feudalen Oberschicht und damit relativ viele Palazzi. Agrigent war eine der staatlichen Feudalverwaltung des spanischen Vizekönigs direkt unterstellte Stadt, die aus diesem Grunde ebenfalls einen recht hohen Anteil an baronaler Oberschicht und an Palazzi hatte (Garufi 1946, S. 81ff). Die meisten „baronalen" Städte, d.h. die Städte, die der Feudalverwaltung der einzelnen Barone unterstellt waren, hatten nur wenige Palazzi, die zudem seit dem 17. Jahrhundert oft nur periodisch von den Eigentümern bewohnt wurden.

Trotz der niedrigen Anzahl der Palazzi und der geringen überregionalen Wirtschaftskraft der Oberschicht hatten die Palazzi innerhalb der sizilianischen Städte eine hervorragende Stellung. Sie waren dort die einzigen größeren weltlichen Gebäude, die vor 1800 entstanden sind, und ihre besondere Bauform hob sie aus der Masse der kleinen Häuser der unteren Bevölkerungsschichten hervor. Sie waren immer kleine Hofhaltungen innerhalb des Feudalsystems. Gleichzeitig waren sie die „Entscheidungszentren" für die Wirtschaft der Latifundien und für die Klientel der Barone. Auch auf kulturellem Gebiet bildeten sie mit Festen und Theaterdarbietungen einen Mittelpunkt (Cuppinni 1975, S. 112ff.). Jede Stadt besaß solche eigenständige „Entscheidungs- und Kulturzentren". Die Palazzi hatten damit funktional eine sehr wichtige und hervorragende Stellung innerhalb der Städte. Jedoch waren sie, anders als die toskanischen Palazzi, nie Wirtschaftsgebäude, und sie wurden auch nie als Kapitalsicherheit für Handels- oder Geldgeschäfte angesehen.

Als repräsentativ gedachtes Wohnhaus verloren sie vielmehr ihre Bedeutung und Funktion, wenn die Eigentümerfamilie erlosch oder an politischem Gewicht verlor. Eine neu zur Macht aufgestiegene Familie hatte keine Veranlassung, vorhandene Palazzi als Kapitalmasse zu übernehmen, sondern sie hatte eher den Wunsch, ihre neu erworbene Stellung durch den Bau eines eigenen prächtigen Palazzo, der wieder nur ein repräsentatives Wohnhaus sein sollte, zu dokumentieren.

In den sizilianischen Städten dominieren die barocken Palazzi, obwohl dieser Gebäudetyp seit dem 13. Jahrhundert gebaut wurde. Die älteren Palazzi sind jedoch nur vereinzelt zu finden oder nur noch an wenigen übriggebliebenen Schmuck-formen nachweisbar. Ihre Bausubstanz ist im allgemeinen verfallen. Dies wird häufig – vor allem für Ostsizilien – mit den überaus starken Zerstörungen durch Erdbeben in der zweiten Hälfte des 17. und im 18. Jahrhundert (vor allem 1693 und 1783) erklärt (Mancuso 1978, S. 103ff.; Agnello/Agnello 1961, S. 5; u.a.). Jedoch findet man die gleiche Vorherrschaft der Barockpalazzi in den westsizi-lianischen Städten, und auch in der übrigen baulichen Entwicklung der Städte sind keine durch die Naturkatastrophen bedingten Besonderheiten belegbar. Mehrere andere Gründe sind für diese Dominanz der barocken Palazzi verantwortlich: Zum einen führte die räumliche Umschichtung während des Absentismus zum Neubau vieler Palazzi in den Residenzstädten und zum Verfall der funktionslos gewordenen Palazzi in den übrigen Städten. Die Neubauten wurden der Zeit entsprechend im barocken Stil errichtet. Darüber hinaus lagen die baulichen Ausdrucksformen des Barocks den Bedürfnissen der Oberschicht nach repräsentativem Wohnen sehr nahe. So wurden die älteren städtischen Wohnsitze der sizilianischen „Feudalität" häufig im Barock um- oder neugebaut (Blunt 1972). Ein weiterer Grund für das Fehlen älterer Palazzi oder von Hinweisen auf sie liegt aber auch in der einseitigen Funk-tion des Gebäudetyps, repräsentatives Wohnhaus zu sein. Bei einem Verlust dieser Funktion verfiel in aller Regel der Palazzo, und er wurde zu einem einfacheren Wohngebäude umgewandelt.

Die Palazzi haben in den sizilianischen Städten keine direkte bauliche Vorform. Ursprünglich lebten die Barone in Castellen. Fast jede Stadt in Sizilien besitzt noch heute Reste eines solchen Castells, wie Catania im Castello Ursino. Nachdem die Barone ihre Machtstellung gesichert hatten, konnten sie zunehmend unbefestigte Palazzi an den Hauptplätzen und Hauptstraßen der Städte errichten. Im 19. Jahr-hundert wurde durch die Abschaffung der Feudalrechte die politische Stellung der Barone stark geschwächt; wirtschaftlich blieb jedoch die alte Vorstellung, der Lebensunterhalt sei aus einer Rente der Landwirtschaft möglichst ohne eigene produktive Kapitalinvestitionen zu decken, erhalten. In vielen Fällen gewannen auch bürgerliche Familien an Einfluß und übernahmen ebenfalls Latifundien, die sie dann mit der gleichen Wirtschaftsgesinnung betrieben wie die Barone (Villani 1974, S. 203ff.; Demarco 1964, S. 26ff.; Rossi-Doria 1958, S. 48ff.). Sie übernahmen die Palazzi jedoch in der Regel nicht[27].

27 Für Palermo weisen Carta (1971, S. 430ff.) und Lanza Tomasi (1966, S. 396ff.) auf diesen
   Verfall der Palazzi mit dem wirtschaftlichen Niedergang oder dem Aussterben der Eigentü-

Entsprechend ihrer früheren Funktion sind die Palazzi in den sizilianischen Städten locker an den früheren Hauptstraßen der Stadt aufgereiht (Karten 18, 19). Mit den Palazzi haben auch diese Straßen ihre Funktion heute verloren und sind in ihrem Wert abgesunken.

4.2.2.3. Die „Rücken-an-Rücken-Häuser"

Die große Masse der Gebäude in den „centri storici" der sizilianischen Städte sind einfache Wohngebäude für eine Familie, die auf einem kleinen rechteckigen Grundriß von 5 bis 10 m Länge mit den Rückseiten aneinandergebaut worden sind (Karten 18, 19). Die regelmäßigen Parzellen sind dabei vollständig von den Häusern überbaut, so daß kein Platz für Gärten oder Hofräume besteht. Die Häuser besitzen eine unterschiedliche Stockwerkszahl, wobei sich in der Regel in jedem Stockwerk nur ein Raum befindet (Bild 7).

Das Alter dieser Gebäude ist nur sehr schwer feststellbar. Als einfache Häuser für arme Bevölkerungsschichten weisen sie kaum Schmuckformen auf. Sie weisen bei gleichartiger Grundstruktur vorwiegend Stilmerkmale des Barocks, des 19. Jahrhunderts und der heutigen Zeit auf, ohne daß sich die zeitgleichen Bauten Wachstumsphasen der Siedlungsfläche zuordnen ließen. Die Häuser wurden ursprünglich aus rohem Bruchstein errichtet, der jedoch verputzt ist, so daß das Mauerwerk meist nicht erkennbar ist. Heute werden diese Häuser aus Hohlziegeln oder Bruchstein — vorwiegend Tuffen — gebaut. Anhand der Bausteine lassen sich jedoch ebenso wenig Gebiete mit einheitlichem Baualter ausgliedern, wie anhand der Stilmerkmale. Die Häuser sind nicht in einem Zug errichtet, sondern über mehrere Zeitphasen hinweg allmählich aufgestockt worden. So können die Stockwerke sowohl unterschiedliche Stilmerkmale als auch unterschiedliche Bausteine aufweisen. Damit kann auch das Einzelhaus nicht in eine Entstehungsphase datiert werden.

Ursprünglich waren diese Häuser einstöckig, und sie hatten nur einen einzigen Raum für Mensch und Kleinvieh. Vereinzelt findet man sie heute in dieser Form noch unverändert vor (Bild 8), sie werden aber meist nur noch als Stall oder Werkstatt genutzt. Diese ursprünglichen Häuser waren mit einem flachen Satteldach abgeschlossen. Zu allen Zeiten, in denen die Bewohner zu Geld gekommen waren, wurden die Gebäude vergrößert. Die einzige Möglichkeit zur Ausdehnung war eine Aufstockung. Die uneinheitliche Gebäudehöhe zeigt an, daß dieser Ausbau noch weitergeht. Die Häuser haben heute selten ein endgültiges Dach, sondern meist sind die Konstruktionselemente für das nächste Stockwerk, wie Betonpfeiler, Balkonansätze u.ä. schon angelegt. Sie deuten auf weitere vorgesehene Aufstockungen hin, die nach Finanzlage der Familie in mehr oder weniger naher Zukunft vorgenommen werden sollen. Die Häuser werden nur noch in Ausnahmefällen als Einraum-

merschicht hin. Die neue „bürgerliche" Oberschicht baute sich an anderer Stelle in der Stadt ihre eigenen „palazzi borghesi" neu.

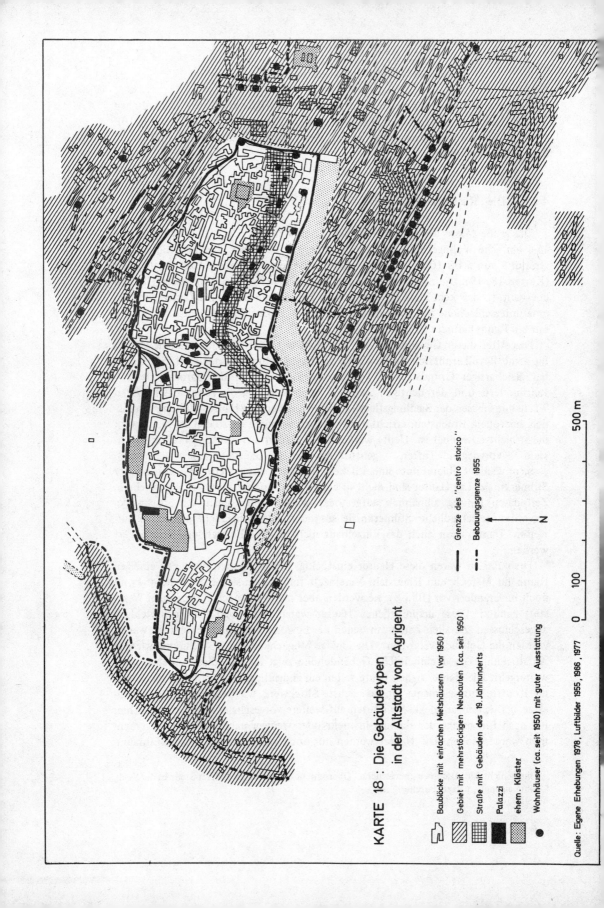

KARTE 18 : Die Gebäudetypen
in der Altstadt von Agrigent

Baublöcke mit einfachen Mietshäusern (vor 1950)

Gebiet mit mehrstöckigen Neubauten (ca. seit 1950)

Straße mit Gebäuden des 19. Jahrhunderts

Palazzi

ehem. Klöster

Grenze des "centro storico"

Bebauungsgrenze 1955

Wohnhäuser (ca. seit 1950) mit guter Ausstattung

N

0   100   500 m

Quelle: Eigene Erhebungen 1978, Luftbilder 1955, 1966, 1977

Karte 19 : Die Gebäudetypen in Catania

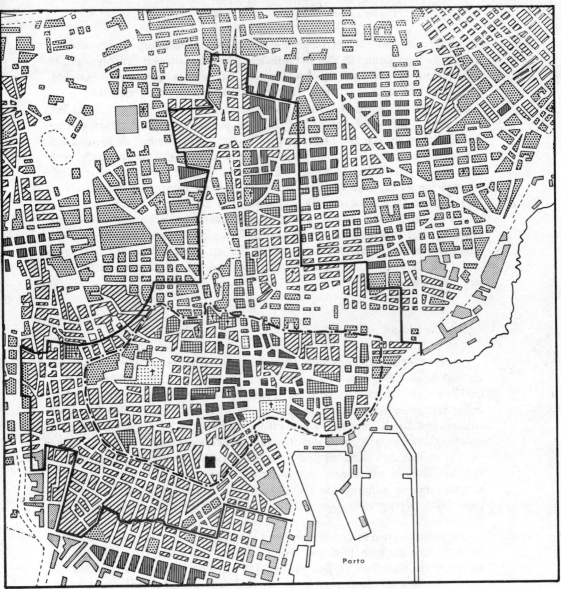

Porto

Quelle : Eigene Erhebungen , 1978 ; Luftbilder 1966 / 1976

Castello Ursino

Palazzi

Rücken - an - Rücken - Häuser

Rücken - an - Rücken - Häuser mit Hochbauten durchsetzt

ehemalige Klöster

Mehrfamilienhäuser des 19. Jahrhunderts

neue aufwendige Hochbauten

Industrieflächen

Grenze des "centro storico"

ehemalige Mauer

häuser geplant, und nur übergangsweise als solche genutzt. Statt dessen wird auf ähnlich kleinem Grundriß das Betonskelett schon mehrstöckig errichtet, und in ihm werden die einzelnen Stockwerke nach und nach ausgebaut und bewohnt. Das Erdgeschoß dient dabei meist als Garage, Unterstellraum oder Werkstatt.

Diese „Rücken-an-Rücken-Häuser" sind als Einraumhäuser im 16. Jahrhundert nachweisbar. Mit ziemlicher Sicherheit kann jedoch mit einem höheren Alter gerechnet werden, wie alte Stadtansichten belegen. Heute werden sie immer noch in ähnlicher Form neu errichtet. Die Häuser sind in ihrer Struktur gleichartig, auch wenn sie zu ganz unterschiedlichen Zeiten gebaut und aufgestockt worden sind. Sie sind immer einfache Wohnhäuser, vorwiegend im Eigenbesitz der Bewohner. Eine zeitliche Differenzierung ergibt sich allenfalls dadurch, daß die jungen „Rücken-an-Rücken-Häuser" etwas größere Grundflächen einnehmen und daß sie mit einem weniger verwinkelten Straßennetz im Zusammenhang stehen. Die Ausweitung der Siedlungsfläche der sizilianischen Städte, die seit Mitte der 50er Jahre häufig die Stadtfläche verdoppelt hat, ist mit solchen „Rücken-an-Rücken-Häusern" vorgenommen worden.

4.2.2.4. Die Klöster

Auf die Klöster weisen auch in den sizilianischen Städten große Grundrißparzellen und ausgedehnte Gebäudekomplexe hin. Die meisten Klostergebäude wurden im 17. bis 18. Jahrhundert errichtet, auch wenn die Gründung der Klöster schon früher stattgefunden hatte. Daher sind sie in ihrer Baugestalt in den Barockstil einzuordnen. Die Klöster liegen gestreut im „centro storico" der Städte zwischen anderen Gebäudetypen; meist inmitten von „Rücken-an-Rücken-Häusern" (Karten 18, 19). In manchen Gebieten sind diese beiden Gebäudetypen so stark ineinander verzahnt, daß sie von außen nicht eindeutig voneinander unterschieden werden können (etwa in Agrigent, das ehemalige Kloster Santo Spirito). Es scheint, daß andere Gebäudetypen bei einer späteren Ausdehnung der Klöster von diesen überbaut wurden.

Die Klöster hatten in den sizilianischen Städten, abgesehen von ihrer geistlichen Aufgabe, eine ähnliche Funktion wie die Barone: Sie waren Grundbesitzer und steuerten die Wirtschaft in den Städten (für Catania: Fasoli 1954, S. 136). Sie wurden mit den napoleonischen Reformen und nach der Einigung Italiens säkularisiert, verloren ihre „feudalen" Rechte und gingen in städtischen oder staatlichen Besitz über. Die Klostergebäude, die bei der Säkularisation erhalten geblieben waren, sind heute in ihrer Bausubstanz wenig gepflegt.

4.2.2.5. Die repräsentativen Neubauten des 19. Jahrhunderts

In der zweiten Hälfte des 19. Jahrhunderts fand in vielen sizilianischen Städten ein starkes Bevölkerungswachstum und entsprechend eine Siedlungsausweitung statt. Letztere wurde vorwiegend mit dem Gebäudetyp der „Rücken-an-Rücken-Häuser" vorgenommen, so daß diese Ausbauzonen nicht mit Hilfe der Gebäudetypen abgrenzbar sind. Innerhalb der „centri storici" entstand in dieser Zeit jedoch ein eigenständiger Gebäudetyp. Es wurden große, repräsentative Mehrfamilienhäuser errichtet, die vor allem von der neuen „bürgerlichen" Oberschicht bewohnt wurden (Bild 9). Sie wurden entlang der wichtigsten Hauptstraßen angelegt, und in ihren baulichen Stilmerkmalen empfinden sie meist die toskanischen Architektur nach. Diese Repräsentativbauten wurden ihrem gesamten Bauhabitus nach für die Oberschicht gebaut. Sie beherbergten also die luxuriösen Wohnungen für Ärzte, Rechtsanwälte, Geschäftsleute und hohe Angestellte, die Praxen, die Büroräume und die Geschäfte für die höherrangige Bedarfsdeckung. Vereinzelt entstanden auch reine Bürobauten wie Banken, Industrie- und Handelskammern oder auch Gebäude der staatlichen Verwaltung. Die durch diese Gebäude geprägten Straßen wurden gleichzeitig die Corsostraßen der Städte. In Agrigent hat die Via Atenea und in Catania die Via Etnea diesen Charakter (Karten 18, 19).

Die Straßen mit den Repräsentationsbauten des 19. Jahrhunderts waren also die Wohngebiete der neu entstandenen Oberschicht. Sie wurden meist in Gebieten der Städte angelegt, die schon vor 1800 bebaut waren. Hier liegt jedoch keine einheitliche Stadtplanung mit einem festgelegten Sanierungsgebiet wie etwa in Florenz zugrunde, sondern diese Bautätigkeit wurde von privater Hand individuell durchgeführt. Die Gebäude verdrängten hier die ältere Bausubstanz. Diese repräsentativen Straßen setzen sich meist mit dem gleichen Charakter in die Siedlungsausdehnungsgebiete des 19. Jahrhunderts fort, und so liegen sie z.T. schon außerhalb der eigentlichen Altstadt. Sie fallen heute lediglich deshalb vollständig in das „centro storico" der Städte, weil dessen Grenze durch den Bebauungszeitschnitt 1870 erfaßt wird. Außerhalb der älteren Bebauungsgebiete der Städte wurden die Repräsentativbauten häufig noch großzügiger und aufwendiger gebaut und oft großzügige Plätze mit Prachtbauten der Staatsverwaltung angelegt (Beispiel in Agrigent: der Piazzale Roma). In den heutigen Städten sind diese Straßen noch immer wichtige Geschäfts- und Corsostraßen, obwohl die Gebäude häufig nur wenig gepflegt sind.

4.2.2.6. Die aufwendigen Hochbauten des 20. Jahrhunderts

Das starke Stadtwachstum des 20. Jahrhunderts führte zu einer größeren Anzahl unterschiedlicher Gebäudetypen. In den „centri storici" der sizilianischen Städte tritt jedoch in dieser Zeit nur ein einziger Gebäudetyp auf, der daher auch allein behandelt werden soll. Es sind dies aufwendig gebaute Hochhäuser, die nach dem Zweiten Weltkrieg errichtet worden sind (Bild 10). Die Gebäude haben alle mehr als fünf, z.T. über 12 Stockwerke, und sie sind, schon an der äußeren Ausstattung erkennbar, sehr aufwendig gebaut. Sie beherbergen Eigentumswohnungen der für sizilianische Verhältnisse sehr teuren Luxusklasse. Sie werden entsprechend von der Oberschicht der Städte bewohnt. Darüber hinaus befinden sich in ihnen viele Büros, Praxen sowie private und öffentliche Verwaltungsstellen mit einem repräsentativen Anspruch. Zusätzlich beherbergen sie Geschäfte mit einem sehr luxuriösen und stark spezialisierten Warenangebot. In wenigen Fällen sind auch reine Bürobauten als Prachtbauten der öffentlichen Verwaltung unter diesen Neubauten.

Der Bau dieses aufwendigen Gebäudetypes hat in den sizilianischen Städten solche Ausmaße angenommen, daß heute schon ein starkes Überangebot besteht. Gründe für diesen unangemessenen Ausbau sind sowohl in der Mobilisierung von Kapital durch die Bodenreform zu sehen, das in den Neubauten angelegt wurde, als auch in der Tatsache, daß für den Vorgang des Bauens sehr wenig eigenes Kapital notwendig ist (Ginatempo 1976, S. 76ff., 134ff.). Selbst relativ geringe Mengen von Gastarbeitergeldern können in diesen Neubauten angelegt werden. Für den Grunderwerb ist kein Kapital notwendig, da der Landeigentümer einige Wohnungen in dem zu bauenden Haus erhält. Die Lohnkosten für den Bau sind dadurch, daß Maurer als unqualifizierte Arbeitskräfte gelten und ein Überangebot an solchen Arbeitskräften besteht, sehr gering. Das Baumaterial wird meist auf Vorschuß durch Banken finanziert. Durch diese Möglichkeit auch kleine Geldmengen in aufwendigen Neubauten anzulegen, entstand ein starkes Überangebot an Luxuseigentumswohnungen, das schon mehrfach zu Absatzkrisen führte.

Die aufwendigen Hochbauten liegen im „centro storico" der sizilianischen Städte vorwiegend gestreut und isoliert zwischen dem Gebäudetyp der „Rücken-an-Rücken-Häuser" (Karte 18). Leitlinien für ihre Anordnung gibt es meist nicht. Der gleiche Gebäudetyp tritt jedoch auch außerhalb der „centri storici" auf, und er prägt dann meist einzelne Straßen vollständig, wie etwa in Agrigent am Viale della Vittoria. In Catania (Karte 19) läßt sich dabei eine ähnliche Entwicklung beobachten wie sie für die Straßen, die im 19. Jahrhundert mit Repräsentationsbauten bebaut worden sind, schon beschrieben wurde. Hier setzen mit dem Corso Sicilia und der Via XX Settembre Straßen an der Via Etnea an, also noch im „centro storico", die ganz von solchen aufwendigen Neubauten geprägt sind; ihre größte Ausdehnung haben sie aber außerhalb des „centro storico". So sind hier in der gleichen Weise wie im 19. Jahrhundert neue Oberschichtwohnstraßen entstanden.

4.2.3. DIE STADTENTWICKLUNGSPHASEN UND IHRE AUSWIRKUNGEN AUF DIE ANORDNUNG DER GEBÄUDETYPEN

In der Bausubstanz lassen sich die Stadtentwicklungsphasen nur sehr undeutlich erkennen. Der sehr weit verbreitete Typ der „Rücken-an-Rücken-Häuser" kann nicht eindeutig datiert werden, und die Grundrißentwicklung der Städte gibt keine Anhaltspunkte für eine zeitliche Untergliederung. Jedoch können allein aus der Verteilung der Gebäudetypen innerhalb des „Centro storico" Ordnungsprinzipien und damit Stadtentwicklungsphasen erschlossen werden (Karten 18, 19). Die Anordnungsprinzipien der Gebäudetypen sind zu allen Zeiten recht einfach, und es treten keine komplizierten Überschichtungen auf wie in den toskanischen Städten. Der größte Teil der Gebäude in den „centri storici" der sizilianischen Städte besteht aus dem einheitlichen Typ der „Rücken-an-Rücken-Häuser". In diesen sind die

Klöster gleichmäßig ohne eine erkennbare Leitlinie eingestreut; wahrscheinlich bildeten sie einen Teil der Pfarreien. Die Gebäude der Oberschicht sind in diese Bausubstanz immer wieder entlang einzelner Straßen in mehr oder minder dichter Folge hineingebaut worden. Dabei ergeben sich Stadtentwicklungsphasen, weil die einander ablösenden Oberschichten verschiedener Zeiten jeweils ihre eigene, neue Straße angelegt haben. Die Palazzi als ältester Gebäudetyp der Oberschicht sind z.B. in Agrigent in sehr lockerer Reihung entlang einzelner Serpentinenstraßen, die zum Dom führen, angelegt worden; in Catania laufen mehrere durch Palazzi geprägte Straßen im Dombereich zusammen. In Agrigent können durchaus unterschiedliche Palazzostraßen aus verschiedenen Zeiten stammen, die damit verschiedene Stadtentwicklungsphasen repräsentieren. Dies ist aus der Bausubstanz jedoch nicht mehr zu erschließen, da die Palazzi zum größten Teil verfallen sind. In Catania stammen die Palazzi alle aus der Zeit nach dem Erdbeben von 1683.

Die Repräsentativbauten des 19. Jahrhunderts sind an einer anderen Straße angelegt worden, die damit zum bevorzugten Oberschichtwohngebiet wurde. So ist aus den Gebäudetypen also eine Verlegung der Oberschichtwohngebiete abzuleiten[28]. Die aufwendigen Hochbauten des 20. Jahrhunderts liegen innerhalb der „centri storici" der Städte meist punktuell zwischen den anderen Gebäudetypen. Außerhalb dieser historischen Stadtkerne treten jedoch Straßenzüge auf, die einheitlich von diesem Gebäudetyp geprägt werden.

Die in der heutigen Bausubstanz der sizilianischen Städte faßbaren Ordnungsprinzipien sind also gleich geblieben: Es bestand eine räumliche Trennung der Sozialschichten, die jedoch immer kleinräumig war; sie bezog sich zu unterschiedlichen Zeiten mal auf einzelne Häuser mal auf einzelne Straßenzüge. Dabei lassen sich drei Stadtentwicklungsphasen deutlich unterscheiden, in denen die Oberschichtwohngebiete jeweils in anderen Bereichen der Städte neu angelegt wurden. Die Zeit bis zum 19. Jahrhundert kann dabei nicht weiter differenziert werden. Bis dahin bestanden die Städte aus wenigen Palazzostraßen und aus „Rücken-an-Rücken-Häusern". Im 19. Jahrhundert verfielen die Palazzostraßen, und für die Oberschicht wurde eine neue Straße mit neuen repräsentativen Gebäuden errichtet. Die alte Struktur der „Rücken-an-Rücken-Häuser" für die Unterschicht blieb dabei bestehen. Der Gebäudetyp der aufwendigen Hochbauten des 20. Jahrhunderts verändert heute in einer dritten Phase, die jetzt noch vor unseren Augen abläuft, wiederum die alten Strukturen. Damit entsteht wieder an anderer Stelle ein neues Oberschichtwohngebiet. Die Verteilungsprinzipien der Gebäudetypen haben sich dabei offensichtlich in den verschiedenen Stadtentwicklungsphasen nicht verändert.

---

28 Dieser Vorgang der Verlegung der Oberschichtwohngebiete im 19. Jahrhundert ist in vielen süditalienischen Städten nachzuweisen (Neapel: Döpp 1968; Catanzaro: Teti 1978; Cosenza: Wallbaum 1980; Palermo: De Seta/Di Mauro 1980; Tarent: Leers 1981; u.v.a.m.).

Tab. 8: Die Entwicklungsphasen und die Gebäudetypen in den „centri storici" der toskanischen und sizilianischen Städte

Jahr	TOSKANA			SIZILIEN		
	Geschichtl. Entwicklung der Städte	Gebäudetypen	Anordnung der Gebäudetypen	Geschichtl. Entwicklung der Städte	Gebäudetypen	Anordnung der Gebäudetypen
11.–13. Jh.	Auflösung des Feudalsystems durch die Städte; Feudaladel wird in die Städte eingegliedert, Frühindustrie	Wehrtürme, Palazzi, Massenwohnhäuser	Castellare	Feudaladel beherrscht die Städte, baronale Städte, neue Machtentfaltung der Barone nach der Stauferzeit, Lebensunterhalt aus den Renten der Latifundienwirtschaft	Feudalburgen, Palazzi, „Rücken-an-Rücken-Häuser"	Palazzi an der Hauptpiazza und einer Straße
13.–15. Jh.	Städtische Oberschicht: Händler und Bankiers; starke Handwerkerschicht	Palazzi, Massenwohnhäuser, Kleinhäuser der Borghi	Palazzostraßen, „Rückseitenstraßen; Borgoausbauten"	Erstarken der Barone gegen die Zentralgewalt	–	–
15.–19. Jh.	Territorienbildung, wenig Änderung in der Sozialschichtung	Palazzi, Kleinhäuser der Borghi, Klöster	alte Ordnung bleibt bestehen, randlich: Ausweitung der Borghi, Anlage und Ausweitung der Klöster, vor allem auf randlichen Freiflächen	Absentismus, Barone konzentrieren sich in den Residenzstädten	–	alte Ordnungsprinzipien bleiben erhalten; Differenzierungen nach Größe der Städte; Residenzen: Konzentration von Palazzi; kleinere Städte: Verfall der Palazzi; Absinken zur Sommerresidenz; Kolonisation mit Landarbeiterstädten
19. Jh.	Industrialisierung, Wachstum der Städte, Sozialschichtung bleibt erhalten	Palazzi, Kleinhäuser der Borghi, Klöster, Massenwohnhäuser des 19. Jhs.	randliche Auffüllung der „centri storici", von öffentlicher Hand geplante Sanierungen nach Abriß	Entfeudalisierung, Ersetzen der baronalen durch bürgerliche Landbesitzer, keine Änderung der Wirtschaftsstruktur z.T. langsame Industrialisierung	Palazzi verfallen, „Rücken-an-Rücken-Häuser", Prachtbauten des 19. Jhs.	randliches Wachstum mit „Rücken-an-Rücken-Häusern", Ausbau einer Straße im „centro storico" mit Prachtbauten des 19. Jhs.
20. Jh.	–	randliches Wachstum der Städte	„centro storico" wird wenig verändert		„Rücken-an-Rücken-Häuser", aufwendige Hochbauten	starkes randliches Wachstum, z.T. mit „Rücken-an-Rücken-Häusern", im „centro storico" Anlage aufwendiger Neubauten für die Oberschicht

Entwurf: E. Sabelberg

4.3. VERGLEICH DER STADTENTWICKLUNGSPHASEN DER TOSKANISCHEN UND DER SIZILIANISCHEN STÄDTE

Die heute in den „centri storici" der sizilianischen und toskanischen Städte vorhandenen Gebäudetypen unterscheiden sich in ihrer Struktur und in ihrer Anordnung grundlegend (Tab. 8). Bis zum 19. Jahrhundert sind in den sizilianischen Städten wesentlich weniger Gebäudetypen entstanden. Dies ist einerseits Ausdruck einer Sozialschichtung mit wenigen Zwischenstufen zwischen der Oberschicht und der Unterschicht in Mittelalter und Neuzeit und andererseits die Folge einer großen Starrheit dieser Sozialgliederung. Diese einfache Gliederung und ihre Erhaltung ist durch die geringe Wirtschaftsentwicklung bedingt. In den toskanischen Städten führten dagegen wirtschaftliche Entwicklung und Veränderung der Herrschaftsverhältnisse schon im Mittelalter zu einer sehr differenzierten Sozialschichtung, auf die die größere Anzahl verschiedener Gebäudetypen zurückgeht. Die sozialen und wirtschaftlichen Veränderungen hatten einen Wandel in den Anordnungsprinzipien der Gebäudetypen im 13. Jahrhundert zur Folge. Durch die Überlagerung dieser beiden Anordnungsprinzipien ist die heutige Verteilung vieler Gebäudetypen sehr kompliziert. So sind in einigen Fällen die gleichen Gebäudetypen nach unterschiedlichen Prinzipien in der Stadt angeordnet. In der folgenden Zeit blieben die Sozialgliederung und das Wirtschaftsdenken der Bevölkerung der toskanischen Städte bis ins 19. Jahrhundert und bis heute konstant.

Die *öffentlichen Repräsentativbauten* bestimmen das Zentrum der toskanischen Städte. Die Bauten wurden im hohen Mittelalter errichtet und zur Selbstdarstellung der Eigenständigkeit der Stadt gezielt ausgebaut. Auch heute bilden diese Bauten physiognomisch, funktional und vom Bewußtsein der Bevölkerung her das Zentrum der Stadt. In den sizilianischen Städten sind die öffentlichen Repräsentativbauten nicht auf die Selbstdarstellung einer Stadt bezogen, sondern sie dokumentieren immer den Machtanspruch von außen kommender Kräfte. Entsprechend wechseln mit dem Machtträger auch die Gebäude der öffentlichen Repräsentation ihre Lage innerhalb der Stadt. So existiert in den Städten auch kein über lange Zeit konstant gebliebenes Zentrum.

Die *privaten Palazzi* als Bauten der Oberschicht treten in den sizilianischen und in den toskanischen Städten auf. Sie haben in den beiden Beispielgebieten ganz unterschiedliche Qualitäten. In der Toskana prägen sie in sehr großer Zahl weite Bereiche der „centri storici". Dies entspricht der umfangreichen Oberschicht während der Entstehungszeit dieser Palazzi. Ihre damalige Funktion als Wohn- und Wirtschaftsgebäude der Oberschichtfamilien bestimmt die innere Gliederung, die äußere Struktur und die Entwicklung dieses Gebäudetyps. Da die Oberschicht in ihrer Funktion bestehen geblieben ist und da der Palazzo nicht nur ein prächtiges Wohnhaus, sondern auch als Produktionsstätte und als Kapitalsicherheit mit in den Wirtschaftsprozeß integriert war, ist er bis heute in ähnlicher Funktion erhalten geblieben. In den sizilianischen Städten waren die Palazzi ausschließlich repräsentative Wohnsitze der Oberschichtfamilien; sie hatten keine weitergehende Funktion innerhalb der Wirtschaft. Ihre Anzahl war entsprechend der nur geringen Oberschicht niedrig. Sie waren durch die historischen Entwicklungen in Sizilien auf die Städte unterschiedlicher Größe und unterschiedlicher politischer Bedeutung ungleich verteilt. Beim Niedergang der Eigentümerfamilien oder beim bloßen Wohnortwechsel verloren die Palazzi ihre Funktion, sie verfielen und sanken zu einfachen Massenwohnhäusern ab.

Die *einfachen Wohnquartiere* der inneren Städte unterscheiden sich in der Toskana und in Sizilien sehr stark voneinander, obwohl z.T. ein strukturell ähnlicher Gebäudetyp auftritt. So ähneln die Kleinhäuser der Borghi der toskanischen Städte den „Rücken-an-Rücken-Häusern" der sizilianischen Städte; jedoch sind diese Gebäudetypen in eine ganz andersartige Stadtgeschichte eingebunden, und sie hatten eine ganz andere Funktion und Verteilung innerhalb der Städte. In den sizilianischen Städten nehmen die „Rücken-an-Rücken-Häuser" als Wohnbauten der Unterschicht entsprechend der historischen Sozialschichtung den größten Raum unter den Gebäudetypen ein. Bis zum 19. Jahrhundert gab es nur selten andere Bautypen für diese Schicht. Sie werden bis in die heutige Zeit weiter in der gleichen Struktur gebaut. In den toskanischen Städten sind die Kleinhäuser der „Borghi" sowohl von der Bauzeit als auch von der räumlichen Anordnung her innerhalb der „centri storici" auf einen engen Zeitraum datierbar. Ihrem sozialen Charakter nach waren sie Handwerkerviertel. Daneben treten aus anderen Stadtentwicklungsphasen weitere Gebäudetypen für die Unterschicht auf. Die Massenwohnhäuser stehen in einer engen funktionalen und baulichen Verbindung zu den Palazzi.

Seit dem *19. Jahrhundert* findet eine bauliche Ausdehnung der Siedlungsfläche statt, die in den sizilianischen Städten zum großen Teil durch den Gebäudetyp der „Rücken-an-Rücken-Häuser" geprägt ist[29]. In den toskanischen Städten sind diese Ausbaugebiete durch neue Gebäudetypen bestimmt und durch die zuletzt gebaute Stadtmauer eindeutig vom „centro storico" abgesetzt. Innerhalb der „centri storici" zeigt die Entwicklung der Gebäudetypen zwischen den sizilianischen und den toskanischen Städten ebenfalls grundlegende Unterschiede. In den sizilianischen Städten wurden im 19. Jahrhundert als neue Gebäudetypen Prachtbauten für die Oberschicht an einer Straße aufgereiht und individuell, ohne übergreifende Planung, gebaut. Der gleiche Vorgang wiederholt sich mit aufwendigen Neubauten nach 1950 in anderen Straßen des „centro storico". In den toskanischen Städten wurden dagegen Teilbereiche der „centri storici" durch Flächenabriß saniert und mit neuen Oberschichtbauten des 19. Jahrhunderts oder der faschistischen Zeit unter einer einheitlichen Planung bebaut. Nach dem Zweiten Weltkrieg hört diese Umwandlung der „centri storici" der toskanischen Städte auf.

Die *Unterschiede in der Anordnung der Gebäudetypen* sind auf verschiedenartige Stadtentwicklungsphasen in der Toskana und in Sizilien zurückzuführen. In den toskanischen Städten findet ein bedeutender Umbruch in den Anordnungsprinzi-

---

29 Hier treten starke Unterschiede zwischen den Städten auf. Einige (z.B. Favara) fördern den Individualausbau, und es entstehen „Rücken-an-Rücken-Häuser"; andere (z.B. Agrigent) fördern den Ausbau mit „case popolare" der öffentlichen Hand, d.h. durch große Baukomplexe des sozialen Wohnungsbaus.

pien der Gebäudetypen zu Beginn des 13. Jahrhunderts statt, der die Erklärung ihrer Verteilung kompliziert macht. Auf die anfängliche Ordnung der Gebäudetypen und Sozialgruppen nach Gefolgschaften in den Castellaren folgt eine Neuordnung nach sozialbestimmten Wohngebieten. Danach befinden sich im Zentrum der Städte die Palazzostraßen der Oberschicht und in den Randbereichen die „Borghi" der Unterschicht. Diese Anordnung der Gebäudetypen ist im Grundprinzip bis heute erhalten geblieben. In den sizilianischen Städten blieben die Ordnungsprinzipien der Gebäudetypen gleich. Hier ist die Anordnung der Oberschichtbauten entlang einzelner Straßen zu allen Zeiten gültig geblieben, wobei mehrfach im Laufe der Stadtentwicklung alte Oberschichtstraßen verfielen und neue angelegt wurden.

Die sozial- und wirtschaftsgeschichtliche Stagnation in Sizilien ist also mit einer häufigen Veränderung des Aufbaues der innerstädtischen Strukturen verbunden, während die Wirtschaftsblüte in der Toskana nach einer anfangs viel radikaleren Neuorientierung der Bauten im 13. Jahrhundert zu einer viel größeren Konstanz der Gebäude und ihrer Funktionen führte.

5. DER EINFLUSS DER GEBÄUDETYPEN AUF DIE BEVÖLKERUNGSVERTEILUNG IN DEN „CENTRI STORICI" DER TOSKANISCHEN UND SIZILIANISCHEN STÄDTE

Die Anordnung der Bevölkerung in den Städten läßt sich im allgemeinen in unterschiedlichen Ordnungsmustern erfassen, je nachdem ob man die Dichte, den Sozialstatus oder die Familienzusammensetzung zugrunde legt. Nach der Modellvorstellung von Shevky/Bell (1955) wird zwischen einer konzentrischen Anordnung der Bevölkerung nach Familienstatus und einer sektoralen Anordnung nach Sozialstatus unterschieden. Die ringförmige Anordnung wird dabei aus einem unterschiedlichen Wohnumfeldanspruch der Familien im Laufe ihrer Lebenszyklusphasen erklärt. Gesteuert wird diese Verteilung zusätzlich durch die Höhe der Mietkosten. Dabei wird es als „zwingend" erachtet, daß etwa die kleinen, teureren Wohnungen der Innenstädte den Wohnumfeldansprüchen und den finanziellen Möglichkeiten der ledigen oder jungverheirateten Erwerbstätigen entsprechen. Die dazu im Gegensatz stehende sektorale Anordnung der Bevölkerung nach ihrem Sozialstatus wird vor allem auf die unterschiedliche Wohnqualität der Stadtgebiete zurückgeführt. Diese Qualitätsunterschiede der Wohngebiete hängen dabei im wesentlichen von ihrer Lage zu den Industriegebieten, den Verkehrswegen und zu besonders reizvollen landschaftlichen Bereichen ab.

Die *steuernden Faktoren* für diese Anordnung sind die Bedürfnisse, die dem Familienstatus und dem Sozialstatus entsprechen und die Bodenpreise. Die gleichen Faktoren bestimmen auch die entsprechenden Gebäudetypen und deren Verteilung. Demnach müssen sich die Bauten verändern, wenn sich mit dem Familien- und Sozialstatus auch die Wohnansprüche gewandelt haben; die Häuser werden abgerissen und durch neue ersetzt. In den toskanischen und sizilianischen Beispielstädten sind die Gebäude jedoch zum größten Teil über sehr lange Zeit bestehen geblieben. So muß entgegen der beschriebenen Vorstellung damit gerechnet werden, daß die alten, erhaltenen Bauten ihrerseits die Verteilung und Zusammensetzung der Bevölkerung beeinflussen.

Die Verteilung der Bevölkerung nach Familienstatus läßt sich in den italienischen Städten bisher nicht eindeutig erfassen. Aus grundsätzlichen Überlegungen ergibt sich, daß in Italien die üblichen Indikatoren — die Fruchtbarkeitsrate, die Berufstätigkeit der Frau, die Abhängigenquote, die Verteilung von Einfamilienhäusern — nicht sinnvoll anwendbar sind. Die Strukturen des italienischen Gesellschaftssystems sind so verschieden von denen der USA, daß sich hier eine Übertragung verbietet. In Italien werden z.B. ganz andere Wohnformen bevorzugt; es fehlen weitgehend die Einfamilienhäuser am Stadtrand. So steigt entgegen den gängigen Vorstellungen in Syrakus mit den Familieneinkommen gleichzeitig der Anteil der Bevölkerung, der in Mietwohnungen lebt (Morello 1962, S. 92). Je ärmer also die Bewohner sind, desto eher wohnen sie in Häusern oder Wohnungen, die ihr Eigentum sind. Zusätzlich besteht in Italien die traditionelle Großfamilie noch weitgehend, und deren Auflösung kann in jüngster Zeit nur bei großzügiger Interpretation festgestellt werden. Der Anteil der erwerbstätigen Frauen ist in Italien eher vom Sozialstatus abhängig als vom Familienstatus, da gerade bei ärmeren Bevölkerungsschichten die Frauen in Heimarbeit beschäftigt sind und so zu den Erwerbstätigen gezählt werden. In einer Arbeit über Rom weist Mc Elrath (1962) darauf hin, daß sehr hohe Korrelationswerte zwischen Familienstatus- und Sozialstatusindikatoren bestehen, so daß letztlich beide Parameter die Sozialgliederung der Bevölkerung beschreiben[30]. Es ergibt sich somit für diese Arbeit keine sinnvolle Möglichkeit, den Familienstatus in die Untersuchung miteinzubeziehen. Im folgenden beschränkt sich deshalb die Untersuchung des Zusammenhangs zwischen Bevölkerungsstruktur und Gebäudetypen in den „centri storici" der Beispielstädte auf die Dichte und die Sozialstruktur der Bevölkerung.

Für die Analyse von Bevölkerungsdichte und Bevölkerungsstruktur der Beispielstädte wurden die *statistischen Daten* der letzten greifbaren offiziellen Volkszählung von 1971 verwendet. Die Daten wurden auf der Basis kleiner statistischer Einheiten (im Ital.: „sezioni del censimento")[31] berechnet, die für die Zählung von den Städten abgegrenzt werden müssen. Diese Daten werden nicht veröffentlicht, sondern sie sind nur in der Rechenanlage des „Istituto centrale di statistica" in Rom gespeichert und können bei Bedarf von den einzelnen Städten als Computerausdruck abgerufen werden. Damit sind sie in der Regel nicht allgemein zugänglich. Die „sezioni" stimmen in der Regel nicht mit den von einem Gebäudetyp geprägten Stadtgebieten überein. Dennoch sind sie in den Innenstädten kleinräumig genug, um einen Zusammenhang zwischen den Bevölkerungsstrukturmerkmalen und den Gebäudetypen aufzudecken.

5.1 DIE VERTEILUNG DER BEVÖLKERUNGSDICHTE UND IHR ZUSAMMENHANG MIT DEN GEBÄUDETYPEN

Nach der gängigen Modellvorstellung ordnen sich die Gebiete unterschiedlicher Dichte der Bevölkerung in den Städten in konzentrischen Ringen an. Dabei ist sie im Geschäfts- und Verwaltungszentrum der Städte niedrig, da hier die Geschäfte und Büros mit ihrem hohen Raumbedarf und mit ihrer höheren Wirtschaftskraft die Wohnungen verdrängt haben. Um diesen zentralen „Bevölkerungskrater" schließen sich die Gebiete höchster Bevölkerungsdichte an. Nach außen nehmen

---

30 Mc Elrath zieht für seine Untersuchungen jedoch keine Konsequenzen aus dieser hohen Korrelation.

31 Die „sezioni" werden für die Erhebungszwecke bei jeder Volkszählung neu abgegrenzt. Sie sollen sowohl topographische Einheiten als auch Gebiete etwa gleicher Bevölkerungszahl umgrenzen. Damit sind sie von uneinheitlicher Größe. In den Innenstädten können die kleinsten ca. zwei Baublöcke umfassen, während sie in den äußeren Stadtzonen große Bereiche mit einem hohen Anteil landwirtschaftlicher Flächen einschließen.

die Werte immer mehr ab. Diese Verteilung wird allgemein auf die Nutzungskonkurrenz zwischen Wohnen einerseits und Verwaltung und Handel andererseits zurückgeführt, in der die wirtschaftlich stärkere Funktion, d.h. diejenige, die höhere Mieten oder höhere Bodenpreise bezahlen kann, die schwächere verdrängt. So muß die Wohnbevölkerung in den zentralen Bereichen der Städte der Büro- und Geschäftsnutzung weichen (Carter/Vetter 1980, S. 277ff.; u.v.a.).

Die Analyse der Bevölkerungsdichte in den vier Beispielstädten zeigt generell deutliche Abweichungen von dieser Modellvorstellung (Karten 20, 21, 22, 23)[32]. Es ist in den Städten zwar z.T. eine geringe Bevölkerungsdichte in den Bereichen des wirtschaftlichen und administrativen Stadtzentrums zu finden, und sie ist auch hier durch einen höheren Anteil von Geschäften und Büros zu erklären. Jedoch ist in diesen Bereichen die Bevölkerungsdichte nicht einheitlich niedrig, und es läßt sich kein Ringmuster in ihrer Verteilung erkennen. Die Anordnung der Gebiete unterschiedlicher Bevölkerungsdichte erscheinen vielmehr fleckenhaft; einen „Bevölkerungskrater" gibt es nicht[33]. Sowohl in den Innenstädten als auch in den Außenbezirken treten engräumig sehr dicht und sehr dünn bewohnte Gebiete nebeneinander auf. In den „centri storici" hat die Bevölkerungsdichte sowohl die niedrigsten als auch die höchsten Werte, und es lassen sich kaum Unterschiede zu den äußeren Stadtbereichen feststellen. Abgesehen von dieser gleichartigen Tendenz treten charakteristische Unterschiede zwischen den toskanischen und sizilianischen Städten auf.

In den *toskanischen Beispielstädten* zeigt sich innerhalb der „centri storici" ein deutlicher Zusammenhang zwischen den Gebieten unterschiedlicher Bevölkerungsdichte und den Gebäudetypen. In Florenz (Karte 20) sind die Gebiete der höchsten Bevölkerungsdichte die Borghi. Ihre hohe Bevölkerungsrate, die durch die gedrängte Anlage der Häuser schon im 13. Jahrhundert veranlaßt wurde, hat sich bis heute erhalten. Sie bilden die am dichtesten besiedelten Gebiete innerhalb der gesamten Stadt. Dieser Zusammenhang besteht unabhängig von der Größe der Städte, wie die Bevölkerungsverteilung in Siena zeigt (Karte 21). Hier treten selbst in dem um 1930 sanierten Gebiet des Salicottoviertels noch die hohen Dichtewerte der Borghi auf.

In Florenz sinkt die Zahl der Bevölkerung, abgesehen von den vier sehr dicht besiedelten Borgo-Bereichen innerhalb des „centro storico", deutlich von höheren Werten im Zentrum auf niedrigere Werte am Rande des „centro storico" ab. Hier zeichnet sich ebenfalls die Anordnung der Gebäudetypen ab: Die Randbereiche sind ja durch Klosteranlagen, durch Parks der jüngsten Palazzoschicht und durch Gärten geprägt. Sie blieben trotz der Säkularisation der Klöster und trotz der Bebauung der Freiflächen relativ dünn besiedelt; die einzige Ausnahme sind die dichter bewohnten Bereiche, in denen die Bebauung des 19. Jahrhunderts an Borghi

---

32 Die Bevölkerungsdichte wurde hier nicht nur für das „centro storico" dargestellt, da die geschilderten Abweichungen von der Modellvorstellung die gesamte Stadt betreffen.

33 Dieses Fehlen des „Bevölkerungskraters" ist für viele italienische Städte beschrieben worden (z.B. für Rom: Padellaro/Panizzia 1976; für Palermo: Caldo 1975; für Neapel: Döpp 1970; u.a.), und es ist selbst für die Industriestädte Mailand und Turin nachgewiesen (Aquarone 1961, S. 190ff.).

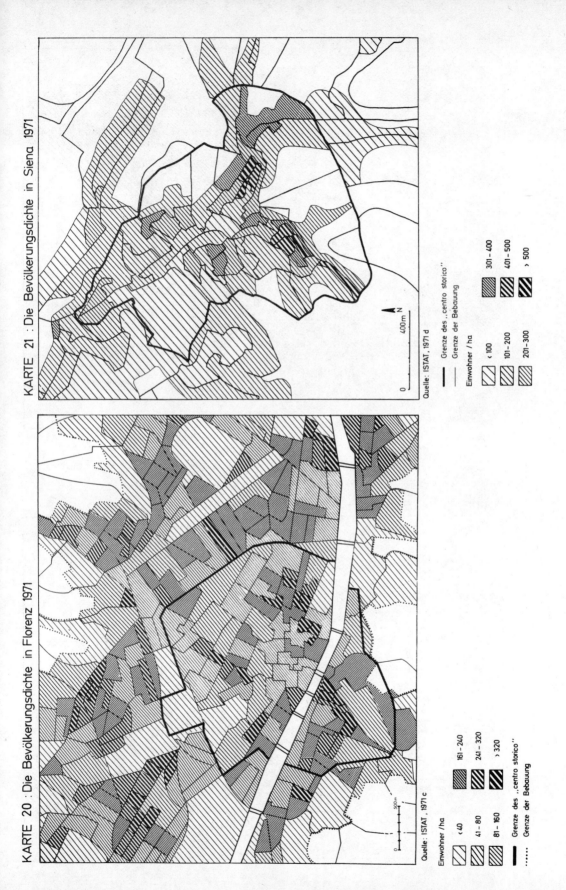

KARTE 21 : Die Bevölkerungsdichte in Siena 1971

——— Grenze des „centro storico"

——— Grenze der Bebauung

Einwohner / ha

< 100	301 – 400
101 – 200	401 – 500
201 – 300	> 500

N

0   400 m

Quelle : ISTAT , 1971 d

KARTE 20 : Die Bevölkerungsdichte in Florenz 1971

Einwohner / ha

< 40	161 – 240
41 – 80	241 – 320
81 – 160	> 320

——— Grenze des „centro storico"

········ Grenze der Bebauung

0   500 m

Quelle : ISTAT , 1971 c

KARTE 22 : Die Bevölkerungsdichte in Catania 1971

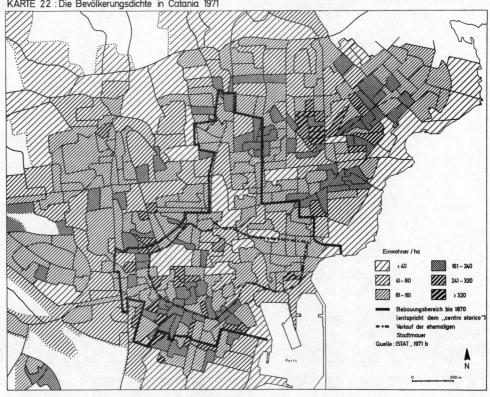

Einwohner / ha

	‹ 40		161 – 240
	41 – 80		241 – 320
	81 – 161		› 320

▬▬ Bebauungsbereich bis 1870
(entspricht dem „centro storico")
▬ ▬ Verlauf der ehemaligen
Stadtmauer
Quelle : ISTAT , 1971 b

Porto

N

0   500 m

KARTE 23 : Die Bevölkerungsdichte in Agrigent 1971

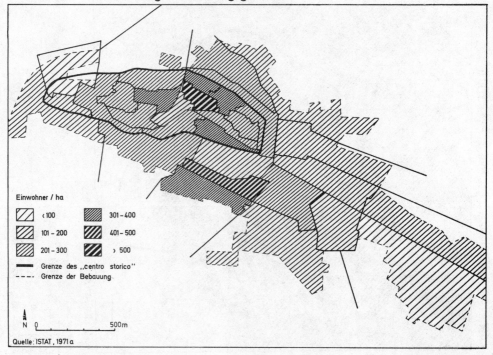

Einwohner / ha

	‹ 100		301 – 400
	101 – 200		401 – 500
	201 – 300		› 500

▬▬ Grenze des „centro storico"
▬ ▬ Grenze der Bebauung

N   0   500m

Quelle : ISTAT , 1971 a

anschließt. Die Klöster müssen dementsprechend nach ihrer Aufhebung kaum für Wohnfunktionen genutzt worden sein, und die Bebauung der Freiflächen im 19. Jahrhundert muß mit Gebäudetypen erfolgt sein, die nur niedrige Bevölkerungszahlen zuließen.

Der innere Bereich des „centro storico" ist unerwartet dicht besiedelt, obwohl sich hier das Geschäfts- und Verwaltungszentrum befindet. Auch in diesem Fall ist ein deutlicher Zusammenhang mit der Verteilung der Gebäudetypen nachweisbar. Der Bereich, in dem die Mischung der Gebäude durch das Ordnungsprinzip der Castellare noch vorhanden ist, weist eine relativ dichte Besiedlung auf. In Florenz ist dies besonders deutlich im östlichen Stadtzentrum und in den auf den Palazzo Pitti zuführenden Palazzostraßen des Oltrarno. Hier wirkt sich der höhere Anteil früher dicht bewohnter Unterschichtbauten heute noch in einer höheren Bewohnerzahl aus. Ähnliche Dichten lassen sich in Siena beim Castelvecchio nachweisen. In Florenz ist erstaunlich, daß das im 19. Jahrhundert flächenhaft sanierte Gebiet des Mercato Vecchio nicht durch eine geringere Bevölkerungsdichte aus seiner Umgebung herausfällt, obwohl hier ein hoher Anteil von Geschäfts- und Bürogebäuden errichtet worden ist. Gleichzeitig wurden hier aber auch viele Wohnungen für die Oberschicht gebaut.

Dünner besiedelt sind im Gegensatz zu diesen zentralen Bereichen der „centri storici" die „sezioni", in denen vor allem Palazzostraßen oder Klöster erfaßt werden. In die säkularisierten Klöster ist kaum Wohnfunktion eingewandert. Die Palazzi haben als Oberschichtwohnbauten im Vergleich zu ihrer Umgebung immer eine niedrige Bevölkerungsdichte gehabt. Auch heute beherbergen sie noch zum großen Teil Wohnungen (Tab. 9), darüber hinaus sind jedoch auch andere Nutzungen in ihnen lokalisiert. Um diese Wohnungen in den Palazzi und die geringere Bevölkerungsdichte bewerten zu können, ist es von Bedeutung, welche sozialen Schichten heute in ihnen vertreten und welche Funktionen in ihnen untergebracht sind.

Tab. 9: Wohnnutzung in 194 Palazzi in Florenz

ausschließlich Wohnungen	15	8 %
Wohnungen mit tertiären Funktionen gemischt	139	72 %
ausschließlich tertiäre Funktionen	40	20 %

Quelle: Eigene Erhebungen

Allgemein zeigt sich demnach in den „centri storici" der toskanischen Beispielstädte, daß die unterschiedlichen Bevölkerungsdichten sehr gut durch die verschiedenen Gebäudetypen erklärt werden können. Sie stehen in keinem erkennbaren Zusammenhang mit der Lage des funktionalen Stadtzentrums. Die Grundtendenzen der Bevölkerungsdichte in verschiedenen Gebäudetypen ist seit ihrer Anlage gleich geblieben.

In den „centri storici" der *sizilianischen Beispielstädte* ergibt sich kein einheitliches Gefälle der Bevölkerungsdichte; weder ist ein zentral-peripheres Absinken der Dichtewerte noch ein „Bevölkerungskrater" nachweisbar. Der Gebäudetyp der „Rücken-an-Rücken-Häuser", der den größten Teil der Häuser ausmacht, weist eine einheitliche, recht hohe Bevölkerungsdichte auf. Auch außerhalb des „centro storico", wo dieser Gebäudetyp noch heute gebaut wird, ist er mit sehr hohen Werten verbunden (Beispiele im Nordosten von Catania, Karte 22).

Innerhalb dieses Gebietes liegen einzelne Bereiche mit sehr geringen Dichtewerten entweder als isolierte Flecken oder linienhaft gruppiert. Die isolierten „sezioni" mit geringer Bevölkerungsdichte beherbergen immer ehemalige Klöster oder andere kirchliche Einrichtungen, die anscheinend diese geringen Werte bedingen. Sie sind nach der Säkularisation wohl nur in beschränktem Ausmaße zu Wohnungen umgewandelt worden. Andererseits sind auch „sezioni", in denen Klöster als Gebäudetyp noch heute in der Bausubstanz bestehen, nicht durch geringe Bevölkerungsdichtewerte charakterisiert. Die Bereiche mit geringer Bevölkerungsdichte in linienhafter Ausdehnung, die in Catania besonders deutlich erkennbar sind (Karte 22), fallen mit den Straßen, die durch die Prachtbauten des 19. und die aufwendigen Neubauten des 20. Jahrhunderts geprägt sind, zusammen. Hier haben vor allem die in neuerer Zeit für die Oberschicht und für höherrangige Funktionen angelegten Gebäudetypen eine geringe Bevölkerungsdichte.

Alle übrigen Unterschiede in den Gebäudetypen haben dagegen nur einen geringen Einfluß auf die Verteilung der Bevölkerungsdichte. Die Palazzi haben, wie schon beschrieben wurde, ihre Funktion als dünn bevölkerte Oberschichtbauten verloren, so daß sie sich in den Werten nicht bemerkbar machen. Die Neubauten des 20. Jahrhunderts beeinflussen durch die vereinzelte Lage der Hochhäuser die Dichtewerte der „sezioni" nicht merklich.

Vergleicht man den Zusammenhang zwischen Bevölkerungsdichte und Gebäudetyp in den „centri storici" der toskanischen und sizilianischen Städte, so treten Unterschiede auf, die sich sehr gut mit der unterschiedlichen Entwicklung der Gebäudetypen in Einklang bringen lassen. In den toskanischen Städten sind die Merkmale einer bestimmten Bevölkerungsdichte in den verschiedenen Gebäudetypen seit deren Anlage erhalten geblieben; die Gebäudetypen der Arbeiter und Handwerker weisen auch heute die höchsten Werte auf und die der Oberschicht sind auch heute weniger dicht bewohnt. Dabei läßt sich kein direkter Zusammenhang zur Lage des Hauptgeschäftszentrums oder zu den im 19. Jahrhundert durch Neubauten umgewandelten Gebieten feststellen. In den sizilianischen Städten ist dieser Zusammenhang zwischen Gebäudetypen und Bevölkerungsdichte dagegen nicht konstant; er hat sich im Laufe der Zeit verändert. Die älteren Gebäudetypen fallen unabhängig von ihrer früheren sozialen Wertigkeit kaum durch geringere Dichtewerte auf, wohingegen die seit dem 19. Jahrhundert für die Oberschicht angelegten Gebäudetypen extrem niedrige Werte aufweisen. Da in diesen Bereichen auch die höchsten tertiären Funktionen konzentriert sind, liegt es nahe, daß die geringe Bevölkerungsdichte hier aus einer Kombination von Raumbedarf der tertiären Funktionen und großem Raumanspruch der Oberschichtbewohner entsteht. Einer

Verdrängung der Wohnbevölkerung durch die tertiären Funktionen im Sinne der beschriebenen Modellvorstellung widerspricht in beiden Fällen die Anordnung der dünn besiedelten Bereiche innerhalb der Stadt.

5.2. DIE VERTEILUNG DER BEVÖLKERUNG NACH IHREM SOZIALSTATUS UND DER ZUSAMMENHANG MIT DEN GEBÄUDETYPEN

Die *Zugehörigkeit der Bevölkerung zu bestimmten Sozialgruppen* kann in der offiziellen Statistik vor allem durch den Ausbildungsstand, die Beschäftigung in bestimmten Berufszweigen und die Stellung im Beruf leicht beschrieben werden (Tab. 10 zeigt die Aufgliederung dieser Bevölkerungsdaten in der italienischen Statistik). Jeder dieser Indikatoren läßt sich jedoch nur mit Vorbehalt für eine Untergliederung der Sozialschichten verwenden. Zusätzlich müssen sie für die Toskana und für Sizilien unterschiedlich bewertet werden. Relativ gut mißt der Ausbildungsstand die Schichtzugehörigkeit, wobei die Ober- und die Unterschicht am leichtesten bestimmbar sind: Ein abgeschlossenes Hochschulstudium oder fehlender Schulabschluß und Analphabetismus erlauben eine eindeutige Zuordnung zu sozialen Schichten. Die Abschlüsse der Mittel- und Grundschule sind jedoch nicht so schlüssig zuzuordnen. In Sizilien gelten sie in kleineren Städten schon als hochwertig, in den toskanischen Städten dagegen nicht. Die Erwerbstätigkeit in bestimmten Berufszweigen ist besonders schwierig für eine Abgrenzung sozialer Schichten auswertbar. Einerseits spielen hier regionale Unterschiede in der Bewertung von Berufen eine große Rolle, so daß einzelne Berufsgruppen gegensätzliche Bewertungen in Sizilien und in der Toskana erfahren können, andererseits erfassen die Berufsgruppen häufig eine große Bandbreite verschiedener Sozialgruppen. So ist z.B. der Einzelhandel in den sizilianischen Städten eine Berufssparte, in die ein besonders großer Anteil von Unterbeschäftigten oder Arbeitslosen drängt. Hier muß sicher eine große Zahl der Erwerbstätigen in diesem Bereich zur Unterschicht gerechnet werden. In der Toskana sind die Erwerbstätigen im Einzelhandel dagegen in der Regel mindestens zur Mittelschicht zu rechnen. Bei den in der öffentlichen Verwaltung Beschäftigten reicht die Palette vom Bürodiener bis zum höchsten Amtsleiter, so daß ganz unterschiedliche Schichten erfaßt werden. In Sizilien ist dabei einerseits für eine niedrige Stellung in diesem Bereich eine höhere Ausbildung notwendig als in der Toskana; andererseits ist auch der Andrang von schlecht ausgebildeter Bevölkerung in niedrige, jedoch sichere Stellungen des öffentlichen Dienstes besonders groß. Eine Bewertung dieser Gruppe für eine bestimmte Schichtzugehörigkeit wird dadurch unmöglich. Bei den in der produzierenden Industrie Erwerbstätigen sind sowohl die Handwerker als auch die Industriearbeiter erfaßt, wobei bei den Handwerkern die Berufspalette vom Autowäscher bis zum Kunsthandwerk in Florenz reicht. Der Bereich der „Dienstleistungen" (servizi) umfaßt wiederum die unterschiedlichsten Berufe (s. Anm. 34, Tab. 10), die ganz verschiedenen Schichten zugewiesen werden müssen.

Tab. 10: Die Aufgliederung der die Sozialschichtung messenden Indikatoren in der italienischen Bevölkerungsstatistik

Ausbildungsstand	Berufsgruppen	Erwerbstätige in	Stellung im Beruf
1. Laurea — Universitäts-abschluß	1. Agricoltura foreste, caccia e pescia	Landwirtschaft, Forsten, Jagd Fischerei	1. Imprenditori e liberi professionesti — Selbständige, Unternehmer, frei-berufliche Tätige
2. Diploma — Abitur, Fachschul-abschluß	2. Industrie estrattive e manifatturiere	Industrie und Handwerk	2. Lavoratori in proprio — Arbeiter im eigenen Betrieb, Handwerker, Bauern auf eigenem Betrieb (einschl. Mezzadria)
3. Licenza media inferiore — Mittelschul-abschluß	3. Industrie delle costruzione e dell' installazione	Baugewerbe	3. Dirigenti e impiegati — Angestellte, Beamte, leitende Angestellte
4. Licenza ele-mentare — Grundschul-abschluß	4. Energia elettrica, gas e acqua	Energie- und Wasserversorgung	4. Lavoratori dipendenti — abhängige Arbeiter
5. Alfabeti privi di titolo di studio — Alphabeten ohne Schul-abschluß	5. Commercio	Handel	5. Coadiuvanti — Mithelfende
6. Analfabeti — Analphabeten	6. Trasporti e comunicazioni	Transport- und Kommunikationswesen	
	7. Credito e assi-curazione	Banken und Ver-sicherungen	
	8. Servici	„Dienstleistungen"[34]	
	9. Pubblica am-ministrazione	öffentliche Verwaltung	

34 Die Rubrik „Dienstleistungen" wird hier in der italienischen Statistik anders als in unserem Sprachgebrauch aufgefaßt. Sie umfaßt etwa folgende Berufsgruppen: Schönheitspflege, Raumpflege, Vergnügungssektor, Gesundheitswesen, Schulwesen, Rechtspflege, Technik, Kunst, Vereine, Parteien, Kirchen.

Selbst eine detaillierte Interpretation der Berufsgruppen würde also nicht einmal innerhalb Italiens zu einer vergleichbaren Sozialgliederung führen. Die Zugehörigkeit zu einer bestimmten Stellung im Beruf läßt sich dagegen leichter für eine Sozialschichtung verwenden. Dabei ist die Rubrik der Angestellten und leitenden Angestellten jedoch so umfassend und heterogen, daß sie ungeeignet erscheint. Die Unternehmer und Selbständigen sowie die abhängigen Arbeiter können jedoch relativ eindeutig bestimmten Schichten zugeordnet werden.

Die Untergliederungen der offiziellen Bevölkerungsstatistik können also nur schwer in eine Sozialgliederung umgesetzt werden. Trotzdem ist in vielen soziologischen Arbeiten für Süditalien und speziell für Sizilien versucht worden, aus ihr Schichtmodelle zu entwickeln (Anfossi/Talamo/Indovina 1959; Galtung 1965; Lopreato 1974; Weber 1966; u.a.m.). Diese Schichtuntergliederungen sind einander ähnlich; sie bleiben jedoch sehr unbefriedigend, da die Zusammenstellung der Indikatoren willkürlich erscheint und die zu große Feinheit der Untergliederung eine überzeugende Abgrenzung der Schichten voneinander nicht mehr erlaubt. Deshalb soll für diese Arbeit kein vollständiges Schichtmodell aufgestellt werden, sondern es soll lediglich die Verteilung der Oberschicht und der Unterschicht betrachtet werden. Um für diese Extremschichten Indikatoren aussondern zu können, soll vom Ausbildungsstand ausgegangen werden, weil er am ehesten eine realistische Unterteilung zuläßt. Aus den übrigen statistischen Gruppen werden die Indikatoren mit Hilfe einer Korrelationsberechnung ausgewählt (Tab. 11)[35]. Für die Berechnung wurden die beiden höchsten Ausbildungsabschlüsse (Abitur, Universitäts- und Fachhochschulabschluß) als hoher Ausbildungsstand, die Abschlüsse der scuola media und der scuola elementare als mittlerer Ausbildungsstand und die Analphabeten sowie die Alphabeten ohne Schulabschluß zum niedrigen Ausbildungsstand zusammengefaßt.

Die Korrelationen zeigen einerseits charakteristische Abweichungen in der Zusammensetzung der Indikatoren zwischen den toskanischen und sizilianischen Städten und den Groß- bzw. Mittelstädten, andererseits zeigen sie überraschend gleichartige Zusammenhänge zwischen den verschiedenen Bevölkerungsstrukturmerkmalen (Tab. 11, 12). Zusammen mit einem hohen Ausbildungsstand treten in allen Städten Erwerbstätige im Bank- und Versicherungsgewerbe sowie im „Dienstleistungsbereich" und als Stellung im Beruf, die Selbständigen und Unternehmer sowie die Angestellten auf. Die Angestellten sind dabei nicht eindeutig gegen die Bevölkerung mit mittleren Ausbildungsstand abgrenzbar, was dem Charakter dieser Sammelrubrik entspricht. Der niedrige Ausbildungsstand ist dagegen bei allen Städten mit den Erwerbstätigen in Industrie und im Baubereich sowie mit

35 Alle Berechnungen des statistischen Materials wurden mit Hilfe der Rechenanlage des Rechenzentrums der Universität Düsseldorf mit dem Programmpaket SPSS Version 7 (Statistical Package for the Social Sciences) durchgeführt. Für die Berechnung der Pearson-Korrelation wurden die Ausgangsdaten durch eine Transformation der Normalverteilung angenähert und einer Standardtransformation ($Z = \frac{X - \overline{X}}{S}$) unterworfen.

Tab. 11: Korrelationen zur Sozialstruktur der Bevölkerung in Florenz, Siena, Catania, Agrigent

	Florenz			Siena		
	Ausbildungsstand[1]			Ausbildungsstand[1]		
	hoch	mittel	niedrig	hoch	mittel	niedrig
Ausbildungsstand:						
hoch	–	–	–	–	–	–
mittel	0,3707	–	–	0,5120	–	–
niedrig	0,0610	0,7938	–	0,5191	0,8722	–
Berufszweige:						
Landwirtschaft	–0,1651	–0,0072	–0,2230	0,2903	0,5272	0,5739
Industrie und Handwerk	0,1247	0,8491	0,8164	0,4879	0,8041	0,7423
Baugewerbe	–0,0693	0,6431	0,7689	0,3269	0,6506	0,6965
Energie und Wasserversorgung	0,3056	0,5027	0,3804	0,1184	0,0667	–0,0488
Handel	0,4736	0,7720	0,5938	0,6967	0,8809	0,7020
Transport, Kommunikation	0,2850	0,8186	0,6661	0,6411	0,7415	0,5924
Kreditwesen und Versicherungen	0,7436	0,4911	0,1954	0,8817	0,7687	0,4872
„Dienstleistungen"	0,7769	0,4807	0,2954	0,8154	0,8674	0,7088
öffentliche Verwaltung	0,5543	0,6922	0,4723	0,8415	0,8640	0,6541
Stellung im Beruf:						
Selbständige, Unternehmer	0,7630	0,1033	–0,0979	0,7248	0,4596	0,2237
Arbeiter im eigenen Betrieb	0,2461	0,7126	0,6919	0,6061	0,7687	0,6698
Angestellte	0,8436	0,6886	0,3486	0,9064	0,8633	0,6270
abhängige Arbeiter	–0,1023	0,7785	0,8532	0,3488	0,7758	0,7983
Mithelfende	0,3784	0,4754	0,3518	0,4687	0,5018	0,4286

[1] Ausbildungsstand   hoch   =   Abitur, Universitäts- und Fachhochschulabschluß
           "   mittel   =   Mittel- und Grundschulabschluß
           "   niedrig   =   ohne Schulabschluß und Analphabeten

Quelle: ISTAT 1971 a, b, c, d.

der Berufsstellung als abhängige Arbeiter verbunden[36]. Eine Besonderheit der sizilianischen Städte, die in der Korrelationstabelle nur schwach zum Ausdruck kommt, scheint die Sonderstellung der Erwerbstätigen in der öffentlichen Verwaltung zu sein. In den toskanischen Städten stehen diese Erwerbstätigen am stärksten mit einem mittleren Ausbildungsstand im Zusammenhang, während sie in den sizilianischen Städten ganz klar mit einem hohen Ausbildungsstand verbunden ist. Hier muß also die Erwerbstätigkeit im öffentlichen Dienst auch als Oberschichtmerkmal gewertet werden. Bei den beiden Mittelstädten (Siena und Agri-

36 Zu ganz ähnlichen Ergebnissen kommt für Bari: Amendola (1976).

	Catania			Agrigent		
	Ausbildungsstand[1]			Ausbildungsstand[1]		
	hoch	mittel	niedrig	hoch	mittel	niedrig
Ausbildungsstand:						
hoch	–	–	–	–	–	–
mittel	0,5120	–	–	0,8068	–	–
niedrig	−0,0683	0,6819	–	0,4884	0,8070	–
Berufszweige:						
Landwirtschaft	0,0799	0,3072	0,4694	−0,0129	0,2303	0,4720
Industrie und Handwerk	0,1305	0,7686	0,7746	0,6923	0,8986	0,8037
Baugewerbe	−0,0314	0,6012	0,7942	0,4308	0,7634	0,8826
Energie und Wasserversorgung	0,5384	0,5730	0,2333	0,6642	0,7717	0,6304
Handel	0,4865	0,7871	0,6004	0,7802	0,8907	0,7769
Transport, Kommunikation	0,4258	0,8155	0,5983	0,7405	0,8289	0,6571
Kreditwesen und Versicherungen	0,8567	0,4281	−0,1069	0,9427	0,8195	0,5074
„Dienstleistungen"	0,9203	0,6332	0,1314	0,9588	0,7846	0,4972
öffentliche Verwaltung	0,7549	0,7582	0,2745	0,9204	0,8852	0,5393
Stellung im Beruf:						
Selbständige, Unternehmer	0,7806	0,3071	−0,1056	0,8949	0,6987	0,4154
Arbeiter im eigenen Betrieb	0,3936	0,7419	0,6202	0,5034	0,6841	0,7195
Angestellte	0,9522	0,6415	0,0357	0,9370	0,8000	0,5331
abhängige Arbeiter	−0,0646	0,7442	0,9219	0,5194	0,8418	0,9131
Mithelfende	0,5340	0,4933	0,2631	0,5691	0,5035	0,3954

gent) fällt als gemeinsames Merkmal gegenüber den Großstädten auf, daß zwischen den unterschiedlichen Ausbildungsständen hohe Korrelationswerte auftreten. Da die Korrelationen für Raumeinheiten berechnet wurden, läßt sich hieraus erkennen, daß die Sozialschichten in den Mittelstädten weniger stark räumlich getrennt wohnen. Entsprechend sind auch die anderen Korrelationswerte nicht so aussagekräftig wie in den Großstädten. Bei den Mittelstädten können darüber hinaus die Erwerbstätigen im Handel keinem Ausbildungsstand eindeutig zugewiesen werden. Der Handel bietet sich in Italien als Ausweichberuf für alle Sozialgruppen der Bevölkerung an.

Aus der Korrelationstabelle ergeben sich einige brauchbare Indikatoren, die für den Vergleich der Wohngebiete der Oberschicht und der Unterschicht mit unterschiedlichen Gebäudetypen verwendet werden können und die für alle Beispielstädte gültig sind. Für eine relativ hohe Schicht sprechen dabei ein hoher Ausbildungsstand, die Erwerbstätigkeit im Bank- und Versicherungswesen sowie im „Dienstleistungssektor" und die Stellung als Selbständiger und Unternehmer. Für die Zugehörigkeit zu einer niederrangigen Schicht können ein niedrigerer Ausbildungsstand, die Erwerbstätigkeit in Industrie und Bauindustrie sowie die Stellung als abhängiger Arbeiter herangezogen werden. Die Problematik dieser Indikatoren für eine Schichtgliederung bleibt natürlich bestehen, und auch die Korrelationstabelle zeigt, daß die Schichten nur mäßig gut mit diesen Indikatoren erfaßt werden. Da es bei dieser Arbeit jedoch nicht auf die vollständige Erfassung einer sozialen Schicht ankommt, sondern da nur die Verteilungstendenzen dargestellt werden sollen, reichen diese Indikatoren vollständig aus. Da sie schließlich aus drei verschiedenen Bereichen (Ausbildungsstand, Zugehörigkeit zu einer Berufsgruppe, Stellung im Beruf) stammen, ist die Gültigkeit der Verbreitungen, wenn sie übereinstimmen, hinreichend gesichert.

Tab. 12:   Zusammenhänge zwischen den verschiedenen statistischen Parametern zur Bevölkerungsstruktur in den toskanischen und sizilianischen Beispielstädten

	Toskanische Städte		Sizilianische Städte	
	Mittelstadt	Großstadt	Mittelstadt	Großstadt
allgemeingültige Zusammenhänge	hoher Ausbildungsstand: Erwerbstätigkeit im Bank- und Versicherungsgewerbe, „Dienstleistungen"; Stellung als Selbständige, Unternehmer, Angestellte niedriger Ausbildungsstand: Erwerbstätigkeit in Industrie, Bauindustrie; Stellung als unabhängige Arbeiter			
regional gültige Zusammenhänge			Erwerbstätigkeit in öffentlichen Verwaltungen ist mit hohem Ausbildungsstand verbunden	
größenabhängige Zusammenhänge	unterschiedliche Ausbildungsstände korrelieren stark miteinander und mit Erwerbstätigen im Handel		unterschiedliche Ausbildungsstände korrelieren stark miteinander und mit Erwerbstätigen im Handel	

Entwurf: E. Sabelberg

5.2.1. DIE ALLGEMEINEN UNTERSCHIEDE DER BEVÖLKERUNGSSTRUKTUR

Um die Verteilung der ranghöchsten und der rangniedrigsten Bevölkerungsgruppen nach Ausbildungsstand, Berufsgruppen und nach ihrer Stellung im Beruf im

Verhältnis zu den Gebäudetypen im „centro storico" der Beispielstädte bewerten zu können, sollen zuerst die Anteile dieser Gruppen und ihre Verteilung auf das „centro storico" und die Neubaugebiete innerhalb der Städte analysiert werden (Tab. 13, 14, 15)[37]. Als Bewertungsmaßstab dient dabei immer der Anteil der jeweiligen Gruppe in der Gesamtstadt.

Im *Ausbildungsstand* der Bevölkerung zeigen sich unter den Städten nur geringe Unterschiede, wobei in den toskanischen Städten die untere Ausbildungsstufe einen niedrigeren Prozentanteil aufweist (Tab. 14). Die großräumige Verteilung der verschiedenen Ausbildungsgruppen innerhalb der Städte unterscheidet sich ebenfalls nicht sehr deutlich; es treten lediglich Abweichungen von wenigen Prozentanteilen bei den verschiedenen Gruppen innerhalb der Teilbereiche („centro storico"; Neubaugebiete) im Verhältnis zur Gesamtstadt auf. Diese geringen Abweichungen zeigen aber charakteristische Differenzierungen. In den sizilianischen Städten sind allgemein die unteren Ausbildungsstufen im „centro storico" stärker vertreten als nach dem Bevölkerungsdurchschnitt zu erwarten ist; in den Neubaugebieten sind die höher Ausgebildeten deutlich überrepräsentiert (Tab. 15). Dieser Unterschied ist in der Mittelstadt Agrigent wesentlich deutlicher als in Catania. Er läßt sich leicht mit der phasenweisen Verlegung der hochrangigen Wohnbauten aus dem „centro storico" erklären. In den toskanischen Städten ist dazu im Gegensatz sowohl die Bevölkerung mit dem höchsten und als auch die mit dem niedrigsten Ausbildungsstand im „centro storico" überdurchschnittlich stark vertreten; in den neueren Stadtgebieten liegen beide Anteile unter dem Durchschnitt; es sind vor allem die mittleren Ausbildungsstände überrepräsentiert. Diese Verteilung ist für die hohen Ausbildungsschichten in Florenz, für die niedrigen Ausbildungsstufen in Siena deutlicher. Sie kann gut mit der Erhaltung der Gebäudetypen in ihrem ursprünglichen Wohnwert – etwa der Palazzi für hohe Ansprüche und der Borgo-Häuser für geringe Wohnansprüche – in Einklang gebracht werden.

Die Gliederung der Erwerbstätigen nach *Berufsgruppen* bestätigt diese Grundtendenzen und differenziert sie. Wieder läßt sich feststellen, daß die Unterschiede insgesamt nicht sehr gravierend sind (Tab. 14). Deutlich ist, daß in den sizilianischen Städten die Erwerbstätigen im Baugewerbe stärker vertreten sind, während in Florenz die in der Industrie Beschäftigten sehr stark dominieren. Das eine erklärt sich aus dem hohen Anteil ungelernter Arbeitskräfte im Baugewerbe und die zweite Tendenz ist durch einen hohen Anteil an Handwerkerbevölkerung in der Toskana zu verstehen. Hier werden also alte Unterschiede im Schichtaufbau der Bevölkerung in den sizilianischen und toskanischen Städten wirksam. In Sizilien drängt die früher als Landarbeiter beschäftigte Bevölkerung in andere „Hilfsberufe", in denen man nur eine geringe Ausbildung braucht. In der Toskana wirkt sich der seit dem 13. Jahrhundert hohe Anteil der Handwerkerbevölkerung heute noch aus. Die Erwerbstätigen im Handel sind in den toskanischen Städten stärker vertreten

---

37 Im allgemeinen wurde für die Städte zwischen dem „centro storico" und dem übrigen bebauten Stadtgebiet unterschieden. In Agrigent wurde zusätzlich das umgebende Land mitberechnet, da hier aus Reliefgründen neue städtische Siedlungskerne vor der eigentlichen Stadt errichtet werden, die sich nicht durch die „sezioni"-Grenzen ausgliedern lassen.

Tab. 13: Verteilung der Bevölkerung nach Ausbildungsstand, Berufsgruppen und Stellung im Beruf auf die verschiedenen Stadtgebiete in Catania, Agrigent, Florenz und Siena (Angaben in Absolutzahlen)

	Catania			Agrigent			
	Centro storico	Neustadt	Gesamt	Centro storico	Neustadt	Umgebung	Gesamt
Ausbildungsstand							
1. Universitätsabschluß	2.094	9.673	11.767	367	1.013	59	1.439
2. Fachschulabschluß	6.227	26.805	33.032	1.222	3.311	409	4.942
3. Mittelschulabschluß	10.464	40.435	50.899	1.404	3.469	668	5.541
4. Grundschulabschluß	29.387	96.823	126.210	4.223	7.785	2.732	14.740
5. Alphabeten ohne Abschluß	21.630	71.695	93.325	4.004	5.414	2.989	12.407
6. Analphabeten	7.729	18.308	26.038	1.570	1.507	979	4.056
7. Gesamt	77.531	263.739	341.271	12.790	22.499	7.836	43.125
Erwerbstätig in							
8. Landwirtschaft	1.187	3.724	4.911	221	212	783	1.216
9. Industrie	5.487	17.561	23.048	437	756	234	1.427
10. Bauindustrie	2.306	11.102	13.408	662	832	494	1.988
11. Energiesektor	187	997	1.184	28	111	22	161
12. Handel	5.228	14.678	19.906	606	876	285	1.767
13. Transportwesen	1.532	6.283	7.815	214	524	148	886
14. Kreditwesen	368	1.592	1.960	87	253	15	355
15. Dienstleistungsberufe	4.119	15.274	19.393	804	1.546	224	2.574
16. öffentliche Verwaltung	2.401	9.226	11.627	534	1.770	190	2.494
17. Gesamt	22.815	80.437	103.252	3.593	6.880	2.395	12.868
Stellung im Beruf als							
18. Unternehmer	777	2.689	3.466	102	192	40	334
19. selbständiger Arbeiter	3.490	9.655	13.145	703	821	607	2.131
20. Angestellter	6.066	26.392	32.458	1.043	3.366	357	4.766
21. abhängiger Arbeiter	12.082	40.642	52.724	1.664	2.387	1.303	5.354
22. mithelfende Familienangehörige	408	1.121	1.529	81	114	93	288
23. Gesamt	22.823	80.499	103.322	3.593	6.880	2.400	12.873
24. Bevölkerung	85.307	300.120	385.427	14.048	25.499	8.902	48.449

Quelle: ISTAT 1971 a, b, c, d.

als in den sizilianischen, wobei jeweils die Großstädte einen höheren Prozentsatz aufweisen als die Mittelstädte. In den sizilianischen Städten ist der Anteil der in der öffentlichen Verwaltung Tätigen etwas höher als in den toskanischen Städten, wobei der prozentuale Anteil in beiden Fällen in den Mittelstädten größer ist als in

Fortsetzung von Tabelle 11

	Florenz			Siena		
	Centro storico	Neustadt	Gesamt	Centro storico	Neustadt	Gesamt
Ausbildungsstand						
1. Universitätsabschluß	2.796	13.683	16.479	694	1.470	2.164
2. Fachschulabschluß	5.934	39.666	45.600	1.803	4.197	6.000
3. Mittelschulabschluß	9.913	66.107	76.020	2.835	6.011	8.846
4. Grundschulabschluß	23.625	148.814	172.439	7.591	12.818	20.409
5. Alphabeten ohne Abschluß	11.915	70.927	82.842	5.242	8.332	13.574
6. Analphabeten	1.126	6.330	7.456	1.408	1.216	2.624
7. Gesamt	55.309	345.527	400.836	19.573	34.044	53.617
Erwerbstätig in						
8. Landwirtschaft	141	1.928	2.069	125	469	594
9. Industrie	5.876	42.977	48.853	1.326	2.722	4.048
10. Bauindustrie	1.076	6.781	7.857	490	780	1.270
11. Energiesektor	111	1.612	1.723	54	86	140
12. Handel	5.522	27.235	32.757	1.486	2.190	3.676
13. Transportwesen	1.168	12.019	13.187	293	775	1.068
14. Kreditwesen	455	4.724	5.179	421	1.321	1.742
15. Dienstleistungsberufe	5.208	25.547	30.755	2.216	3.351	5.567
16. öffentliche Verwaltung	2.136	11.124	13.260	611	1.701	2.312
17. Gesamt	21.693	133.947	155.640	7.022	13.395	20.417
Stellung im Beruf als						
18. Unternehmer	1.023	4.190	5.213	194	313	507
19. selbständiger Arbeiter	4.248	21.204	25.452	1.157	1.786	2.943
20. Angestellter	6.328	51.820	58.148	2.360	6.156	8.516
21. abhängiger Arbeiter	9.192	53.236	62.428	2.895	4.766	7.661
22. mithelfende Familienangehörige	1.032	4.645	5.677	296	394	690
23. Gesamt	21.823	135.095	156.918	6.902	13.415	20.317
24. Bevölkerung	58.940	375.374	434.314	20.209	36.805	57.014

den Großstädten. Auch die öffentliche Verwaltung stellt in Sizilien relativ viele „Hilfsberufe". Darüber hinaus entspricht dies dem großräumigen Gegensatz der italienischen Stadttypen: In den Städten Nord- und Mittelitaliens dominiert vor allem die Wirtschaftsverwaltung und Wirtschaftsversorgung; die Städte Süditaliens

Tab. 14: Anteil der Untergruppen am Ausbildungsstand, an den Berufsgruppen und an der Stellung im Beruf in den verschiedenen Stadtbereichen von Catania, Agrigent, Florenz und Siena (Angaben in Prozent)

	Catania			Agrigent			
	Centro storico	Neustadt	Gesamt	Centro storico	Neustadt	Umgebung	Gesamt
Ausbildungsstand							
1. Universitätsabschluß	3	4	3	3	4	1	3
2. Fachschulabschluß	8	10	10	10	15	5	12
3. Mittelschulabschluß	14	15	15	11	15	9	13
4. Grundschulabschluß	38	37	37	33	35	35	34
5. Alphabeten ohne Abschluß	27	27	27	31	24	38	29
6. Analphabeten	10	7	8	12	7	12	9
7. Gesamt	100	100	100	100	100	100	100
Erwerbstätig in							
8. Landwirtschaft	5	5	5	6	3	34	9
9. Industrie	24	22	22	12	11	9	11
10. Bauindustrie	10	14	13	19	12	20	16
11. Energiesektor	1	1	1	1	2	1	1
12. Handel	23	18	19	17	13	12	14
13. Transportwesen	7	8	8	6	8	6	7
14. Kreditwesen	2	2	2	2	4	1	3
15. Dienstleistungsberufe	18	19	19	22	22	9	20
16. öffentliche Verwaltung	10	11	11	15	25	8	19
17. Gesamt	100	100	100	100	100	100	100
Stellung im Beruf als							
18. Unternehmer	3	3	3	3	3	2	3
19. selbständiger Arbeiter	15	12	13	20	12	25	17
20. Angestellter	27	33	31	29	49	15	37
21. abhängiger Arbeiter	53	51	51	46	35	54	41
22. mithelfende Familienangehörige	2	1	2	2	1	4	2
23. Gesamt	100	100	100	100	100	100	100

Quelle: ISTAT 1971 a, b, c, d.

haben ihre Aufgabe vor allem als Verwaltungssitz und Konsumort (Novembre 1973, S. 13ff.; Cataudella; 1974, S. 33f.). Eine Besonderheit ist der sehr hohe Anteil von Erwerbstätigen im Bankgewerbe in Siena, der vor allem durch den dort beheimateten Hauptsitz der Bank „Monte dei Paschi di Siena" verursacht wird.

Fortsetzung Tabelle 14

	Florenz			Siena		
	Centro storico	Neustadt	Gesamt	Centro storico	Neustadt	Gesamt
Ausbildungsstand						
1. Universitätsabschluß	5	4	4	4	4	4
2. Fachschulabschluß	11	11	11	9	12	11
3. Mittelschulabschluß	18	19	19	14	18	17
4. Grundschulabschluß	43	43	43	39	38	38
5. Alphabeten ohne Abschluß	21	21	21	27	24	25
6. Analphabeten	2	2	2	7	4	5
7. Gesamt	100	100	100	100	100	100
Erwerbstätig in						
8. Landwirtschaft	1	1	1	1	3	3
9. Industrie	27	32	31	19	20	20
10. Bauindustrie	5	5	5	7	6	6
11. Energiesektor	1	1	1	1	1	1
12. Handel	25	20	21	21	16	18
13. Transportwesen	5	10	8	4	6	5
14. Kreditwesen	2	4	3	6	10	9
15. Dienstleistungsberufe	24	19	21	32	25	27
16. öffentliche Verwaltung	10	8	9	9	13	11
17. Gesamt	100	100	100	100	100	100
Stellung im Beruf als						
18. Unternehmer	5	3	3	3	2	3
19. selbständiger Arbeiter	19	16	16	17	13	14
20. Angestellter	29	38	37	34	46	42
21. abhängiger Arbeiter	42	40	40	42	36	38
22. mithelfende Familien angehörige	5	3	4	4	3	3
23. Gesamt	100	100	100	100	100	100

Die Berufsgliederung der Erwerbstätigen beleuchtet die Strukturunterschiede zwischen den toskanischen und sizilianischen Städten. Es wird jedoch auch deutlich, daß es *keine schichtspezifische Verteilung der Bevölkerung auf das „centro storico" und die Neustadt* gibt, sondern daß ganz bestimmte hochrangige oder

Tab. 15: Verteilung der Strukturmerkmale zur sozialen Gliederung der Bevölkerung auf die unterschiedlichen Stadtbereiche in Catania, Agrigent, Florenz und Siena (Angaben in Prozent)

	Catania			Agrigent			
	Centro storico	Neustadt	Gesamt	Centro storico	Neustadt	Umgebung	Gesamt
Ausbildungsstand							
1. Universitätsabschluß	18	82	100	26	70	4	100
2. Fachschulabschluß	19	81	100	25	67	8	100
3. Mittelschulabschluß	21	79	100	25	63	12	100
4. Grundschulabschluß	23	77	100	29	53	18	100
5. Alphabeten ohne Abschluß	23	77	100	32	44	24	100
6. Analphabeten	30	70	100	39	37	24	100
7. Gesamt	23	77	100	30	52	18	100
Erwerbstätig in							
8. Landwirtschaft	24	76	100	18	17	65	100
9. Industrie	24	76	100	31	53	16	100
10. Bauindustrie	17	83	100	33	42	25	100
11. Energiesektor	16	84	100	17	69	14	100
12. Handel	26	74	100	34	50	16	100
13. Transportwesen	20	80	100	24	59	17	100
14. Kreditwesen	19	81	100	25	71	4	100
15. Dienstleistungsberufe	27	73	100	31	60	9	100
16. öffentliche Verwaltung	21	79	100	21	71	8	100
17. Gesamt	22	78	100	28	53	19	100
Stellung im Beruf als							
18. Unternehmer	22	78	100	31	57	12	100
19. selbständiger Arbeiter	27	73	100	33	39	28	100
20. Angestellter	19	81	100	22	71	7	100
21. abhängiger Arbeiter	23	77	100	31	45	24	100
22. mithelfende Familienangehörige	27	73	100	28	40	32	100
23. Gesamt	22	78	100	28	53	19	100
24. Bevölkerung	22	78	100	29	53	18	100

Quelle: ISTAT 1971 a, b, c, d.

niederrangige Berufsgruppen sowohl in dem einen als auch im anderen Bereich der Städte wohnen. So differenziert sich das bereits beim Ausbildungsstand gewonnene Bild. Im „centro storico" der sizilianischen Städte sind einerseits Berufe von niederem

Fortsetzung Tabelle 15

	Florenz			Siena		
	Centro storico	Neustadt	Gesamt	Centro storico	Neustadt	Gesamt
Ausbildungsstand						
1. Universitätsabschluß	17	83	100	32	68	100
2. Fachschulabschluß	13	87	100	30	70	100
3. Mittelschulabschluß	13	87	100	32	68	100
4. Grundschulabschluß	14	86	100	37	63	100
5. Alphabeten ohne Abschluß	14	86	100	39	61	100
6. Analphabeten	15	85	100	54	46	100
7. Gesamt	14	86	100	37	63	100
Erwerbstätig in						
8. Landwirtschaft	7	93	100	21	79	100
9. Industrie	12	88	100	33	67	100
10. Bauindustrie	14	86	100	39	61	100
11. Energiesektor	6	94	100	39	61	100
12. Handel	17	83	100	40	60	100
13. Transportwesen	9	91	100	27	73	100
14. Kreditwesen	9	91	100	24	76	100
15. Dienstleistungsberufe	17	83	100	40	60	100
16. öffentliche Verwaltung	16	84	100	26	74	100
17. Gesamt	14	86	100	34	66	100
Stellung im Beruf als						
18. Unternehmer	20	80	100	38	62	100
19. selbständiger Arbeiter	17	83	100	39	61	100
20. Angestellter	11	89	100	28	72	100
21. abhängiger Arbeiter	15	85	100	38	62	100
22. mithelfende Familienangehörige	18	82	100	43	57	100
23. Gesamt	14	86	100	34	66	100
24. Bevölkerung	14	86	100	35	65	100

Rang (etwa Industriearbeiter), andererseits auch höherrangige Berufe („Dienstleistungsberufe") stärker vertreten, als es dem Durchschnitt entspräche. Die sehr starke Überrepräsentierung der im Handel Tätigen läßt sich nicht ohne weiteres in eine Rangfolge der Schichten einordnen, da dieser Beruf sowohl als niederrangig als auch als hochrangig bewertet werden kann[38]. In den neueren Baugebieten findet sich ebenfalls eine Mischung der Rangstufen der Berufe; einerseits dominieren die im Baugewerbe Tätigen, andererseits die Erwerbstätigen im Bank und Kreditwesen sowie die der öffentlichen Verwaltung. In den toskanischen Städten sind in ähnlicher Weise Berufe höherer und niederer Rangstufe sowohl im „centro storico" als auch in den Neubaugebieten vertreten. Von den hochrangigen Berufsgruppen herrschen außerhalb des „centro storico" die Erwerbstätigen im Bank- und Kreditgewerbe vor, und innerhalb des „centro storico" die im Dienstleistungssektor Beschäftigten. Besonders stark dominieren im „centro storico" wieder auch die im Handel Tätigen. Allgemein läßt sich sagen, daß sich nach den Berufsgruppen keine sozialen Rangunterschiede zwischen den historischen Zentren und den Neubaugebieten der Städte ergeben.

Bei der Verteilung der Erwerbstätigen nach ihrer *Stellung im Beruf* bestätigen sich die bisherigen Ergebnisse. In den sizilianischen Städten sind die Unternehmer und Selbständigen als hochrangige Gruppe im gleichen Verhältnis auf das „centro storico" und die Neustadt verteilt wie in der Gesamtbevölkerung. Diese Schicht ist also nur kleinräumig von den übrigen abgesondert. Die abhängigen Arbeiter als rangtiefe Schicht sind im „centro storico" nur schwach überdurchschnittlich vertreten. Die Angestellten sind als relativ junge Berufsgruppe vor allem in den Neubaugebieten überrepräsentiert. In den toskanischen Städten sind dagegen im „centro storico" wiederum sowohl die ranghohen Schichten (Selbständige, Unternehmer) als auch die niederrangigen Schichten (abhängige Arbeiter, selbständige Arbeiter) deutlich überrepräsentiert. Außerhalb des „centro storico" dominieren auch hier die Angestellten.

Als Ergebnis dieses Vergleichs lassen sich folgende Punkte festhalten:

1. Aus den amtlichen Statistiken können keine Aussagen über die unterschiedlichen Anteile der Sozialschichten in den toskanischen und sizilianischen Städten gemacht werden.

2. In den sizilianischen Städten sind die Merkmale, die der unteren Sozialschicht zugeordnet werden können, im „centro storico" stärker vertreten, als es dem Bevölkerungsanteil entspricht. Für die Oberschicht läßt sich kein so eindeutiger Zusammenhang formulieren; die Oberschicht ist gleichmäßig auf beide Bereiche verteilt.

3. In den toskanischen Städten sind dagegen in den „centri storici" sowohl die Merkmale, die die Unterschicht repräsentieren, als auch die, die der Oberschicht zugeordnet werden, stärker vertreten als es dem Bevölkerungs- oder Erwerbstätigenanteil entspricht. Dabei zeigt die differenzierte Berufsgliederung, daß zusätzlich ganz spezifische „Ober-" bzw. „Unterschichtberufe" auch außerhalb des „centro storico" überrepräsentiert sind.

4. Für die Zusammenhänge zwischen Gebäudetypen und Merkmalen der sozialen Gliederung innerhalb der „centri storici" der Beispielstädte muß festgehalten werden, daß keine großräumige Segregation der Sozialschichten zwischen dem

---

38 Ähnliches zeigt Amendola (1976) für das „centro storico" von Bari.

historischen Kern und der übrigen Stadt stattgefunden hat. Auch innerhalb der historischen Zentren muß mit einer differenzierten Verteilung beider Extremschichten gerechnet werden. Zumindest Teile der „centri storici" werden bevorzugt von der Oberschicht bewohnt.

5.2.2. DIE WOHNGEBIETE DER SOZIALGRUPPEN IN DEN „CENTRI STORICI"

Um die gegenwärtige räumliche Verteilung der Sozialgruppen in den Beispielstädten mit den Gebäudetypen der „centri storici" vergleichen zu können, wurden die durch die Korrelation gewonnenen Indikatoren für hohe und niedrige Sozialschichten auf der Basis der „sezioni del censimento" dargestellt[39]. Es wurden die drei unterschiedlichen Bereiche der Bevölkerungsmerkmale berücksichtigt, um die Interpretation der Verteilung der Sozialgruppen hinreichend absichern zu können. Die Berechnungen wurden für die gesamte Stadt durchgeführt, um auch Verteilungsunterschiede der extremen Sozialgruppen zwischen den „centri storici" und der übrigen Stadt erfassen zu können. Als Schwellenwerte für die Überrepräsentierung der Indikatoren wurden die Mittelwerte und die Standardabweichungen der Prozentwerte herangezogen. Die Intensitätsstufen wurden dabei folgendermaßen abgegrenzt:

1. Stufe $\bar{X}$ bis $\bar{X} + S$
2. Stufe $\bar{X} + S$ bis $\bar{X} + 2S$
3. Stufe $< \bar{X} + 2S$

Ein Vergleich mit der Häufigkeitsverteilung der Prozentwerte ergab eine gute Übereinstimmung.

Um eine Veränderung der sozialgruppenspezifischen Wohngebiete und des Zusammenhangs mit den Gebäudetypen aufdecken zu können, wurde versucht, auch ältere Verteilungen zu erfassen. Statistisch auswertbares und kleinräumig gegliedertes Material liegt für eine solche Untersuchung nicht vor, so daß auf andere Quellen ausgewichen werden mußte. Eine zeitlich lückenlose Darstellung war nicht möglich. Für die Entstehungszeit der Gebäudetypen können diese selbst als Grundlage einer früheren Sozialgliederung herangezogen werden, da sie von vornherein als „soziale Gebäudetypen" gekennzeichnet wurden. Die Schwierigkeit, die sich dabei für die sizilianischen Städte durch die größere Umwandlung der Gebäudetypen ergibt,

---

39 Folgende Indikatoren werden dargestellt:

hoher Ausbildungsstand	= Bevölkerung mit Abitur, Universitäts- und Fachschulabschluß
niedriger Ausbildungsstand	= Analphabeten, Alphabeten ohne Schulabschluß
hochrangige Berufsgruppen	= Erwerbstätige im Bank- und Versicherungswesen und in den „Dienstleistungen"
niederrangige Berufsgruppen	= Erwerbstätige in Industrie, Handwerk, Baugewerbe
hohe Stellung im Beruf	= Unternehmer, Selbständige, freiberuflich Tätige
niedrige Stellung im Beruf	= abhängige Arbeiter

wird durch die wesentlich weniger differenzierte frühere Sozialgliederung wieder ausgeglichen. Für einzelne toskanische Städte ist zusätzlich zu der allgemein gut verwendbaren Gliederung durch Gebäudetypen in einigen Fällen der Steuerwert der Gebäude für eine Rekonstruktion einer früheren Sozialgliederung greifbar. Die entsprechenden Quellen sind jedoch nur schwer zugänglich, für Siena liegen sie soweit aufgearbeitet vor, daß hier eine räumliche Darstellung für das 14. Jahrhundert vorgenommen werden kann.

Um die Veränderungen des 19. Jahrhunderts, die für die Städte in beiden Beispielgebieten besonders wichtig waren, erfassen zu können, wurden für Siena aus den ersten staatlichen Geburtsregistern die Berufsangaben der Väter für eine Verteilung der Sozialgruppen in der Stadt herangezogen. Diese Quelle ist sicher nicht ganz unproblematisch, da einerseits Berufsangaben auf Sozialschichten uminterpretiert werden müssen, andererseits nur eine Zufallauswahl aus einer bestimmten Altersgruppe herangezogen werden konnte. Außerdem ist die Auswahl der Fälle möglicherweise noch durch sozialspezifisch unterschiedliches generatives Verhalten sowie durch sozial und zeitbedingte Unterschiede im Ort der Geburt (in einer anderen Stadt, Krankenhaus, Hausgeburt) beeinflußt. Dennoch wurde versucht, über die auswertbaren Adressen die Verteilung der Berufsgruppen als Punktekarte darzustellen. Entsprechende Auswertungen waren für die sizilianischen Beispielstädte nicht möglich. Vergleichbare Untersuchungen liegen auch in der Literatur nicht vor.

So sind die für die Sozialgliederung interpretierbaren Daten sehr heterogen. Lediglich für die Volkszählung von 1971 sind sie methodisch einheitlich erhoben und ausgewertet worden. Dennoch lassen sich die Grundzüge des Zusammenhangs zwischen den Gebäudetypen und der Verteilung der Sozialschichten gut erfassen.

5.2.2.1. Die Verteilung der Sozialgruppen im „centro storico" der toskanischen Städte

Die Verteilung der Überrepräsentierung der ranghöchsten und rangniedrigsten Sozialgruppen in den „centri storici" von Florenz und Siena zeigt immer wieder ein ähnliches Bild (Karten 24 bis 29). Es fallen zwei Grundzüge auf, die auch bei der Verteilung der Gebäudetypen zu Tage traten: In den „centri storici" ist entgegen der Modellvorstellung von der Verteilung der Bevölkerung in den Städten die Oberschicht im Vergleich zur Gesamtstadt ungewöhnlich stark überrepräsentiert[40]. Gleichzeitig zeigt sich in diesem Bereich ein engräumiger Wechsel von Oberschicht und Unterschicht; teilweise sind sogar beide Schichten in einer „sezione" überre-

---

40 Dieser hohe Anteil von Oberschichtbevölkerung im „centro storico" wurde auch schon für andere Städte Nord- und Mittelitaliens beschrieben; allerdings wurde weder ein Zusammenhang zu den Gebäudetypen gesehen, noch wurde diese Verteilung zu den gängigen Modellvorstellungen in Beziehung gesetzt (z.B. für Bologna: Tömmel 1976; für Mestre: Zanetto/ Lando 1980; u.a.).

präsentiert. Dieses Nebeneinander entspricht der beschriebenen Sozialstruktur der Bevölkerung des „centro storico" (Tab. 15).

Betrachtet man die Verteilung der Schichten genauer, so treten ganz klare *Zusammenhänge mit den Gebäudetypen* auf. Am Rande des „centro storico" von Florenz liegen im Nordosten und im Westen große Bereiche, die durch die stärkste Überrepräsentierung der Oberschichtmerkmale auffallen (Karten 24 bis 26). Hier sind die ehemaligen Freiflächen der Parkanlagen der jüngsten Palazzoschicht und der Klöster im 19. Jahrhundert nach einer einheitlichen Planung mit Oberschichtwohnbauten aufgefüllt worden. Die vor 1800 entstandenen Gebäudetypen sind also indirekt in den Gebäudetypen des 19. Jahrhunderts wirksam geworden. Diese hochrangigen Wohngebiete setzten sich meist über die Grenze des „centro storico" im gleichen Wohnniveau in die Außengebiete fort. In Siena (Karten 27 bis 29) ist ein ähnlicher Bereich im Nordosten des „centro storico" vorhanden, wo auf den Freiflächen zwischen der Fortezza und der Stadt im 19. Jahrhundert ebenfalls Oberschichtwohnbauten errichtet wurden.

Die Verteilung der höchstrangigen Schichten im übrigen „centro storico" zeigt deutlich, daß auch der Bereich des Geschäftszentrums in großen Abschnitten durch einen überdurchschnittlichen Anteil von Oberschichtbevölkerung geprägt ist. Als „Inseln" eingelagert sind Bereiche, in denen die *untersten Sozialschichten* überrepräsentiert sind. Es sind dies immer die *Borgogebiete* der Städte. In Florenz fallen sehr deutlich der Borgo um Santa Croce im Osten der Stadt und der Borgo S. Frediano im Süden durch ihre Großräumigkeit auf. In Siena sind vor allem an den Ausfallstraßen Borghi errichtet worden, und diese Gebiete weisen einen sehr niedrigen Sozialstatus auf. Die *Oberschicht* ist dagegen vor allem in den „sezioni" stark überrepräsentiert, die einen hohen Anteil an Palazzi haben. Dies sind die Gebiete der *Palazzostraßen* und z.T. die Bereiche der Castellare. In Florenz kommt dieser Zusammenhang durch die vielen Palazzi sehr flächenhaft zum Ausdück, wobei sich auch das Sanierungsgebiet des 19. Jahrhunderts um den ehemaligen Mercato Vecchio nicht von seiner Umgebung unterscheidet[41]. In Siena, wo die Gebiete der unterschiedlichen Gebäudetypen wesentlich kleinräumiger als die „sezioni" sind, reihen sich dennoch die Bereiche mit einer Überrepräsentierung der Oberschichtbevölkerung deutlich linienhaft im Zentrum des „centro storico" auf. Dies entspricht weitgehend dem Verlauf der wichtigsten Palazzostraßen, der Via Banchi di Sopra, der Via Banchi di Sotto und der Via della Città, so daß auch hier der Zusammenhang zwischen Palazzogebieten und hohem Anteil an Oberschichtbevölkerung deutlich wird.

Folgender Zusammenhang der Verteilung der Ober- und Unterschicht mit den Gebäudetypen läßt sich somit feststellen:

---

41 Eine ähnliche Gliederung für Florenz, allerdings mit andersartigen Bezeichnungen und ohne Quellenangabe für die Daten, findet sich bei Gambi (1973). Auch hier wird der Zusammenhang zwischen der Verteilung der Sozialschichten und den Gebäudetypen sehr deutlich hervorgehoben.

Karte 24 : Der Ausbildungsstand der Bevölkerung in Florenz

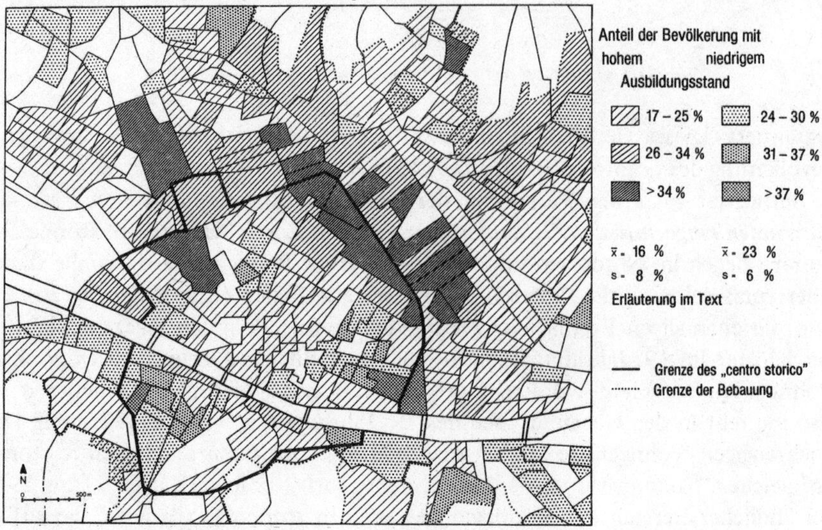

Anteil der Bevölkerung mit
hohem   niedrigem
    Ausbildungsstand

17 – 25 %	24 – 30 %
26 – 34 %	31 – 37 %
> 34 %	> 37 %

x̄ - 16 %   x̄ - 23 %
s - 8 %   s - 6 %

Erläuterung im Text

——— Grenze des „centro storico"
········· Grenze der Bebauung

Karte 25 : Die Bevölkerung nach Berufsgruppen in Florenz

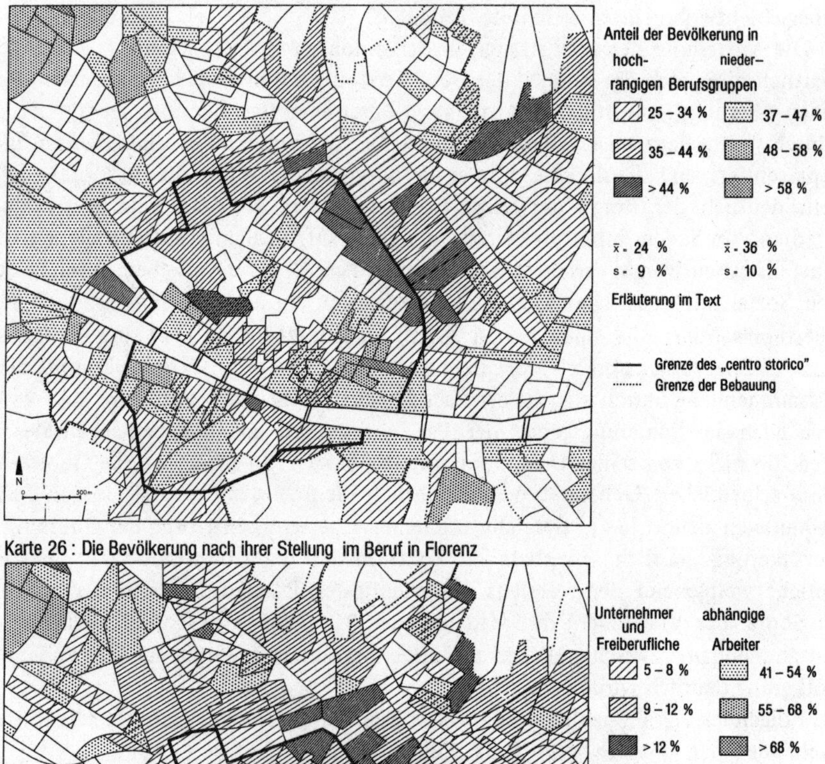

Anteil der Bevölkerung in
hoch-   nieder–
rangigen Berufsgruppen

25 – 34 %	37 – 47 %
35 – 44 %	48 – 58 %
> 44 %	> 58 %

x̄ - 24 %   x̄ - 36 %
s - 9 %   s - 10 %

Erläuterung im Text

——— Grenze des „centro storico"
········· Grenze der Bebauung

Karte 26 : Die Bevölkerung nach ihrer Stellung im Beruf in Florenz

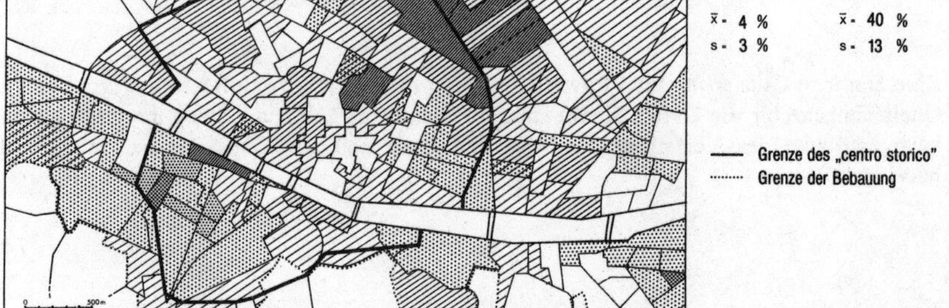

Unternehmer   abhängige
    und
Freiberufliche   Arbeiter

5 – 8 %	41 – 54 %
9 – 12 %	55 – 68 %
> 12 %	> 68 %

x̄ - 4 %   x̄ - 40 %
s - 3 %   s - 13 %

——— Grenze des „centro storico"
········· Grenze der Bebauung

Quelle : ISTAT, 1971 c

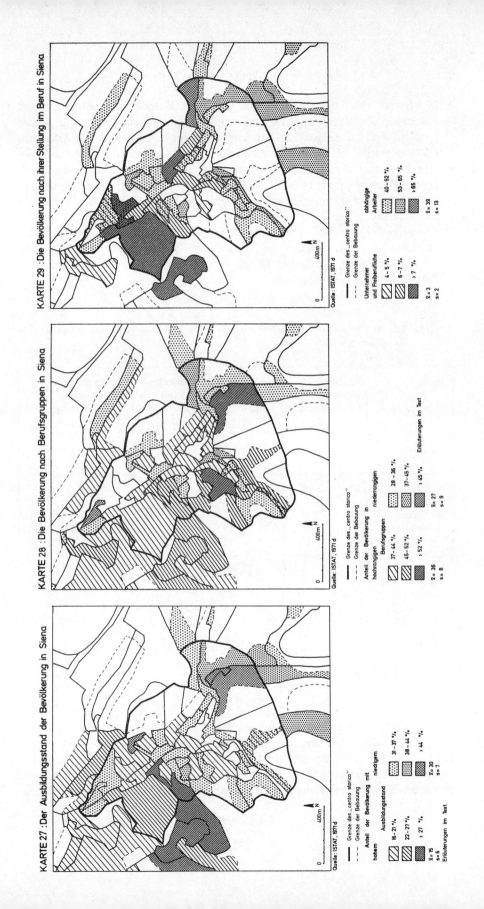

KARTE 27 : Der Ausbildungsstand der Bevölkerung in Siena

KARTE 28 : Die Bevölkerung nach Berufsgruppen in Siena

KARTE 29 : Die Bevölkerung nach ihrer Stellung im Beruf in Siena

Quelle : ISTAT, 1971 d

Grenze des „centro storico"
Grenze der Bebauung

Anteil der Bevölkerung mit
hohem   niedrigem
Ausbildungsstand

16 - 21 %   31 - 37 %
22 - 27 %   38 - 44 %
> 27 %   > 44 %

x̄ = 15   x̄ = 30
s = 6   s = 7

Erläuterungen im Text

Quelle : ISTAT, 1971 d

Grenze des „centro storico"
Grenze der Bebauung

Anteil der Bevölkerung in
hochrangigen   niederrangigen
Berufsgruppen

37 - 44 %   28 - 36 %
45 - 52 %   37 - 45 %
> 52 %   > 45 %

x̄ = 36   x̄ = 27
s = 8   s = 9

Erläuterungen im Text

Quelle : ISTAT, 1971 d

Grenze des „centro storico"
Grenze der Bebauung

Unternehmer   abhängige
und Freiberufliche   Arbeiter

4 - 5 %   40 - 52 %
6 - 7 %   53 - 65 %
> 7 %   > 65 %

x̄ = 3   x̄ = 39
s = 2   s = 13

400m N

400m N

400m N

1. Die Borghi mit ihren Kleinhäusern sind reine Unterschichtwohngebiete mit unterdurchschnittlichem Ausbildungsstand, einem hohen Anteil von in der Industrie und im Baugewerbe Tätigen und einem hohen Anteil von Arbeitern.
2. Die Gebiete mit einem großen Anteil von Palazzi sind durch eine starke Überrepräsentierung der Oberschichtmerkmale charakterisiert, wobei die unterschiedlichen Palazzo-Verteilungstypen in Palazzostraßen und ehemaligen Castellaren nicht sichtbar werden. Wahrscheinlich verwischt hier die Größe der Sezioni die Unterschiede.
3. Als Bereich extremster Überrepräsentierung der Oberschicht fallen die Randbereiche des „centro storico" auf. Hier bilden die Palazzi mit Parkflächen und die auf den alten Freiflächen für die Oberschicht errichteten Bauten des 19. Jahrhunderts die Gebäudetypen.

Tab. 16: Die Sozialschichtung in einzelnen ausgewählten Bereichen von Siena mit einheitlichen Gebäudetypen 1954

Straße Gebäudetypen	Via Banchi di Sopra Palazzostraße		Via T. Pendola Via Sarrochi Borgo		Salicotto-viertel Borgo 1930 saniert		Via Duccio di Boninsegna (Ansiedlungsgebiet der aus dem Sanierungsgebiet ausgesiedelten Bevölkerung)	
Arbeiter	10	21 %	61	35 %	4	6 %	69	65 %
selbständige Arbeiter	1	2 %	4	2 %	1	1 %	–	–
Handwerker	7	15 %	33	19 %	10	14 %	16	15 %
Angestellte	19	40 %	57	33 %	33	47 %	22	20 %
Kaufleute	4	6 %	7	4 %	12	17 %	–	–
Selbständige und Beschäftigte in leitenden Funktionen	7	15 %	12	7 %	11	15 %	–	–
Erwerbstätige Personen	47		174		71		107	

Quelle: Pricking 1980

Die Erfassung der Sozialdaten auf der Basis der „sezioni" kann in vielen Fällen nur grob den Zusammenhang zwischen Sozialschichten und Gebäudetypen zeigen, da die Raumeinheiten zu groß sind und nicht mit den Bereichen einheitlicher Gebäudetypen übereinstimmen. In Siena liegt die Auswertung einer nicht mehr benutzten Einwohnermeldekartei für das Jahr 1954 für einzelne Gebiete mit einheitlichen Gebäudetypen vor (Tab. 16). Wenn auch eine Verallgemeinerung der Ergebnisse wegen des Alters der Angaben (über 25 Jahre) nicht gut möglich ist, so bestätigen sie doch in vielen Zügen den aus der Statistik von 1971 gefundenen Zusammenhang: In der Palazzostraße Via Banchi di Sopra sind nach der Stellung im Beruf die hochrangigen Sozialgruppen besonders stark vertreten. Die Borgostraßen Via T. Pendola und Via Sarocchi sind dagegen durch einen auffällig hohen Anteil von Arbeitern gekennzeichnet. Diese Borgo-Struktur zeigt sich auch an der ehemaligen Bevölkerung des Salicottoviertels. Bei der Sanierung dieses Gebietes 1930 wurde die Arbeiterschicht aus der Stadt, z.B. in die Via Duccio di Boninsegna im Viertel Ravacciano, umgesiedelt. Das Salicottoviertel selbst ist dagegen nach der Sanierung stark durch Oberschichtbevölkerung aufgewertet worden.

Damit bestätigt sich, daß die Borghi im wesentlichen einfache und die Palazzostraßen gehobene Wohngebiete im „centro storico" der toskanischen Städte sind. Die Verteilung der heutigen Sozialgruppen auf die Gebäudetypen entspricht also der sozialen Wertigkeit, die diese zur Zeit ihrer Einrichtung hatten. Bestätigt wird dies nochmals durch die Darstellung des Gebäudewertes für verschiedene Pfarreien der Stadt Siena für 1318–1320 (Karte 30). Hier wird deutlich, daß die Pfarreien, die Palazzogebiete anschneiden, einen besonders hohen Anteil an hoch besteuerten Häusern und die Borghi einen sehr hohen Anteil niedrig bewerteter Häuser haben. Durch die Berechnung nach Pfarrbezirken werden die straßenweise angeordneten Unterschiede in der sozialen Stellung der Gebäude natürlich nur stark vergröbert dargestellt.

Das Weiterbestehen der ursprünglichen sozialen Wertigkeit der Borghi ist von der Anlageform, von der Dichte der Bebauung und vom Gebäudetyp her verständlich. Bei den *Palazzi* ist dies jedoch erstaunlich: Obwohl sie in ihrer Anlage aus dem 13. bis 15. Jahrhundert stammen, haben sie durch ihre Alterung nicht an Wohnwert verloren, sondern sie werden auch heute noch von der Oberschicht bevorzugt. Inwieweit die hochrangige Wohnfunktion mit den heutigen Eigentümerfamilien im Zusammenhang steht, soll an 131 Florentiner Palazzi untersucht werden (Tab. 17). Berücksichtigt man die Größe der Gebäude, so ist der Anteil von 45 % der Palazzi, die noch von ihren Eigentümern bewohnt werden, ungewöhnlich hoch. Obwohl diese im Laufe der Geschichte und vor allem im 19. Jahrhundert häufig gewechselt haben, stammen sie noch häufig von den alten Familien der Renaissance oder von einem ihrer Seitenzweige ab. Von den 131 ausgewerteten Palazzi sind noch 44 % im Eigentum von Familien, die schon vor 1800 nachweisbar waren und die zum großen Teil bedeutsame Rollen in der Geschichte der Stadt gespielt haben (Tab. 18). Damit ist nicht nur die soziale Stellung der Wohnbevölkerung über extrem lange Zeit erhalten geblieben, sondern auch die Eigentümerschicht zeigt die gleiche Beharrung.

Um die *Veränderungen in der Verteilung der Sozialgruppen* seit dem 19. Jahrhundert erfassen zu können, wurden für 1866 und für 1920 die Geburtsregister nach den Berufsangaben der Väter ausgewertet. In den Registern wird der Ort der Geburt mit Adressenangabe vermerkt. Da zu dieser Zeit noch überwiegend Hausgeburten vorgenommen wurden, ist auf diese Weise die Verteilung der Berufe in der

KARTE 30: Der Gebäudewert in Siena 1318–1320

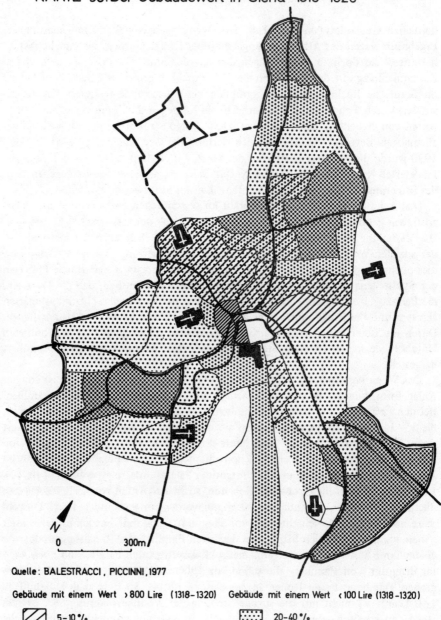

Quelle: BALESTRACCI, PICCINNI, 1977

Gebäude mit einem Wert > 800 Lire (1318–1320)

▨	5–10 %
▧	11–20 %
▩	> 20 %

Gebäude mit einem Wert < 100 Lire (1318–1320)

⬚	20–40 %
▦	41–60 %
▩	> 60 %

☐ Gebiete ohne Angaben

■ öffentliche Gebäude

—— Hauptverkehrsachsen

━━ Stadtmauer

0   300m

N

Tab. 17: Die Nutzung von 131 Palazzi in Florenz

überwiegend Wohnung der Eigentümerfamilie	32	24 %
gemischte Nutzung, vorwiegend Wohnungen einschließlich		
der Wohnung der Eigentümer	26	21 %
Büros, Geschäfte, Wohnungen	45	34 %
ohne Wohnungen	28	21 %

Quelle: Ginori Lisci 1972

Tab. 18: Die Eigentümer von 131 Palazzi in Florenz

alte Familien vor 1800	58	44 %
übrige private Eigentümer	38	29 %
Banken und Versicherungen	9	6 %
Immobilengesellschaften	6	5 %
öffentliche Hand	14	11 %
andere Gesellschaften	6	5 %

Quelle: Ginori Lisci 1972

Stadt feststellbar. Das Geburtsregister von 1866 ist als erstes offiziell nicht mehr auf Pfarreibasis angelegt worden. Es wurden für die Darstellung der Schichtverteilung nur die Berufe ausgewählt, die relativ eindeutig der Ober- oder Unterschicht zugeordnet werden konnten, da das Ausgangsmaterial eine feinere Untergliederung nicht zuläßt. Die Auswertung zeigt hier allgemein, daß auch die sozialen Wohngebiete konstant geblieben sind (Karten 31 bis 34).

Vor allem die Unterschichtberufe konzentrieren sich 1866 ganz klar auf die Borghi, wie etwa im noch nicht sanierten Salicottoviertel, im Brucoviertel und im Bereich des Castelvecchio (Karte 31). Die Oberschicht zeigt nicht ganz so deutliche Zusammenhänge zu den Palazzostraßen (Karte 32). Einerseits fällt hier die geringe Anzahl der Fälle, die Beschränkung auf eine ausgewählte Altersgruppe und die größere Mobilität der Oberschicht ins Gewicht. Die Geburten fanden in den Oberschichtfamilien oft außerhalb von Siena, etwa auf den Villen der Familien oder sogar in Florenz, statt. Nur in wenigen Fällen existieren darüber nachträgliche, auswertbare Eintragungen im Geburtsregister. Zusätzlich sind bei der Oberschicht die gerade aufkommenden Krankenhausgeburten häufiger, bei denen der Wohnort der Väter nicht registriert wird. Trotz dieser Mängel in den Daten sind die Oberschichtberufe an einigen wichtigen Palazzostraßen — etwa an der Via della Città,

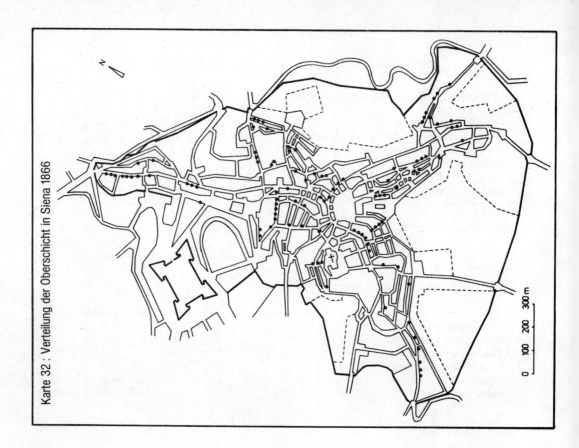

Karte 32 : Verteilung der Oberschicht in Siena 1866

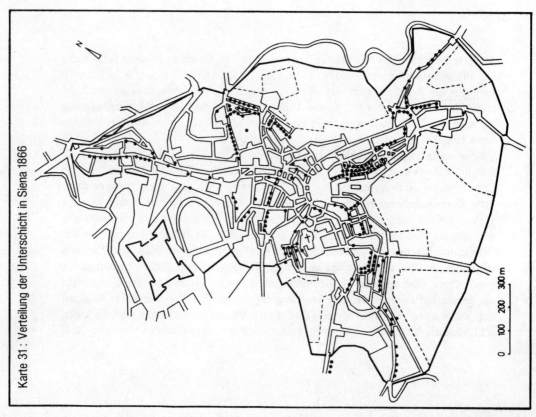

Karte 31 : Verteilung der Unterschicht in Siena 1866

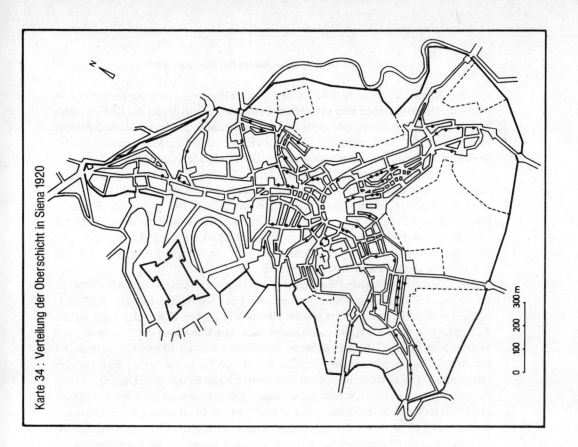

Karte 34 : Verteilung der Oberschicht in Siena 1920

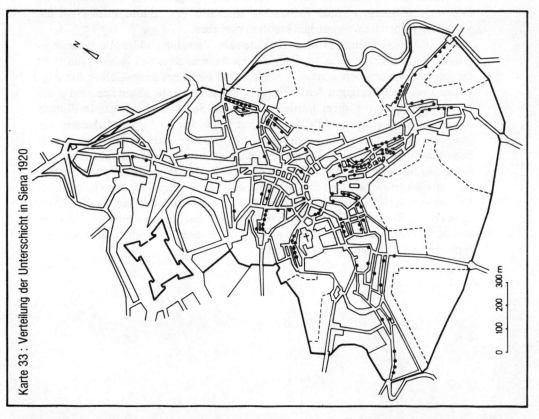

Karte 33 : Verteilung der Unterschicht in Siena 1920

an der Via Banchi di Sotto und an der Costa Salimbeni – stärker vertreten. Die Oberschichtberufe finden sich oft auch in den Bereichen, in denen die Unterschichtberufe aufgetreten waren, wie etwa in der Via Camollia. In diesen Straßen besteht ein engräumiges Nebeneinander von Palazzi und einfachen Massenwohnhäusern, so daß auch hier ein Zusammenhang zu den alten Gebäudetypen besteht.

Vergleicht man diese Verteilung des Jahres 1866 mit der des Geburtsregisters von 1920, so zeigen sich nur wenige Veränderungen (Karten 33, 34). Die Auswertungsgrundlage ist für dieses Jahr noch schlechter. Der Anteil der Krankenhausgeburten nimmt so zu, daß die lokalisierbaren Berufe sehr stark zurückgehen. Für die Unterschichtberufe ergibt sich dennoch eine Verteilung, die der von 1866 ganz ähnlich ist. Für die Oberschichtberufe sind die Angaben so gering, daß ihre Lokalisation kaum sinnvoll interpretierbar ist.

Die Konstanz der sozialen Wohngebiete, wie sie aus der Analyse der Gebäudetypen im 13. bis 15. Jahrhundert und der Verteilung der Sozialgruppen nach der Volkszählung von 1971 interpretiert wurde, läßt sich in groben Zügen also auch für die Zwischenstufe des 19. Jahrhunderts nachweisen. Die Verteilung der Sozialschichten in den „centri storici" der toskanischen Städte, so wie sie im 13. bis 15. Jahrhundert mit den Gebäudetypen angelegt worden ist, ist also bis heute in ähnlichen Formen nachweisbar. Dabei ist nicht nur die Bewohnerschicht zu den verschiedenen Zeiten im sozialen Niveau gleich geblieben, sondern darüber hinaus ist auch bei den Palazzi als den Oberschichtwohnbauten zum großen Teil ein Fortbestand der Eigentümerfamilien und ein Wohnen der Eigentümer in ihrem Palazzo nachweisbar. Außerhalb der „centri storici" sind natürlich zusätzlich neue Wohngebiete für hochrangige oder niederrangige Sozialschichten entstanden. Innerhalb des „centro storico" ist die Verteilung jedoch im wesentlichen konstant geblieben.

Die einzige Ausnahme in dieser beharrenden Verteilung bilden die Sanierungsgebiete, in denen in Florenz am Ende des 19. Jahrhunderts und in Siena um 1930 die Bausubstanz erneuert wurde. In Siena wurde ein reines Borgo-Gebiet, das überwiegend von niederrangigen Sozialschichten bewohnt wurde, abgerissen, und in die Neubauten zogen vor allem mittlere und obere Sozialschichten ein. In Florenz wurde ein Mischgebiet mit Palazzi und mit Gebäuden für niedere Schichten abgerissen und mit Oberschichtwohnbauten neu bebaut. Auch hier wurden niedere Sozialschichten aus diesem Bereich verdrängt. In beiden Fällen ist also kein Absinken des Sozialstatus der Bevölkerung durch eine Abwertung der Gebäude feststellbar, sondern es expandieren im Gegensatz dazu die Wohngebiete der Oberschichtbevölkerung in den innersten Stadtbereichen, gelenkt durch die Planung der öffentlichen Hand. Es bleiben dies die einzigen Gebiete in den „centri storici", wo sich die soziale Stellung der Wohnbevölkerung deutlich meßbar im Verhältnis zu den ursprünglichen Gebäudetypen verändert hat.

5.2.2.2. Die Verteilung der Sozialgruppen im „centro storico" der sizilianischen
Städte

Auch in den „centri storici" der sizilianischen Städte hat die Überrepräsentierung
der verschiedenen Sozialschichten immer ein ähnliches Ordnungsmuster. Im Vergleich zu der in den toskanischen Beispielstädten zeigen sich jedoch deutliche Unterschiede. In den „centri storici" der sizilianischen Beispielstädte sind im wesentlichen die Indikatoren überrepräsentiert, die die Unterschicht darstellen (Karten 35
bis 40). Die Oberschicht ist dagegen lediglich in einem Sektor stärker vertreten,
der sich deutlich auch außerhalb des „centro storico" fortsetzt, wobei dort die
Bereiche mit der stärksten Überrepräsentierung liegen. Diese groben Unterschiede
sind auch in Agrigent erkennbar, obwohl hier die „sezioni" sehr groß und damit die
Aussagemöglichkeiten eingeschränkt sind.

Eine genauere Analyse zeigt für Catania (Karten 35 bis 37), daß der große Bereich, der durch eine Überrepräsentierung der Unterschicht gekennzeichnet ist,
fleckenhaft durch das Auftreten von „sezioni" mit einem hohen Anteil von Oberschichtbevölkerung unterbrochen wird und daß sogar einzelne isolierte Bereiche
sowohl einen überdurchschnittlich hohen Anteil von Oberschicht- als auch von
Unterschichtindikatoren aufweisen. Dies deutet auf eine sehr *engräumige Mischung
der beiden Sozialschichten.*

Sie läßt sich gut mit den einzelnen aufwendigen Hochbauten des 20. Jahrhunderts,
die inmitten der „Rücken-an-Rücken-Häuser" errichtet worden sind, in Zusammenhang bringen. Da diese hochrangigen Gebäudetypen als Hochhäuser ohne erkennbare Leitlinien inmitten der niederrangigen Gebäude errichtet worden sind, ist
diese gleichzeitige Überrepräsentierung der beiden Schichten verständlich. In
Agrigent ist aus dem gleichen Grunde in nur wenigen „sezioni" ausschließlich die
Unterschicht überdurchschnittlich stark vertreten. In diesen Bereichen fehlt also
die großflächige Segregation der Sozialschichten, was auch hier mit den Gebäudetypen in Beziehung steht. Die Palazzi als die alten Oberschichtwohnbauten fallen
nicht eindeutig durch eine Überrepräsentierung der Oberschicht auf.

Dazu im Gegensatz dehnen sich die Gebiete, die einen überdurchschnittlichen
Anteil an *Oberschichtbevölkerung* aufweisen, wie etwa im Norden des „centro
storico" von Catania (Karten 35 bis 37), *flächenhaft* ohne wesentliche Unterbrechung aus. Sie setzen sich dabei auch ohne erkennbaren Unterschied über verschiedene Gebäudetypen in Neubaugebiete hinweg. Eine Untergliederung dieses
Bereiches ergibt sich durch die unterschiedliche Intensität der Überrepräsentierung.
Dabei ist in Catania an mehreren Stellen eine linienhafte Anordnung der „sezioni"
mit einer besonders starken Überrepräsentation der Oberschicht vorhanden. Es sind
dies die Straßen, an denen die aufwendigen Hochbauten des 20. Jahrhunderts
errichtet wurden (in Catania vor allem Karte 35, Via XX Settembre, Corso Sicilia).
Die Raumeinheiten mit einer mittleren Intensität der Oberschichtindikatoren sind
im „centro storico" vor allem an der Via Etnea, also der Straße mit den Prachtbauten des 19. Jahrhunderts, aufgereiht (Karte 36). In Agrigent läßt sich das
gleiche Verteilungsprinzip trotz der ungünstigeren „sezioni-" Größe für die Via

Karte 35 : Der Ausbildungsstand der Bevölkerung in Catania

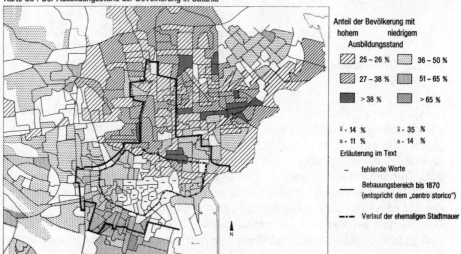

Anteil der Bevölkerung mit
hohem   niedrigem
Ausbildungsstand

25 – 26 %	36 – 50 %
27 – 38 %	51 – 65 %
> 38 %	> 65 %

x̄ - 14 %   x̄ - 35 %
s - 11 %   s - 14 %

Erläuterung im Text

–   fehlende Werte

⎯   Bebauungsbereich bis 1870
(entspricht dem „centro storico")

–·– Verlauf der ehemaligen Stadtmauer

N

0   500 m

Karte 36 : Die Bevölkerung nach Berufsgruppen in Catania

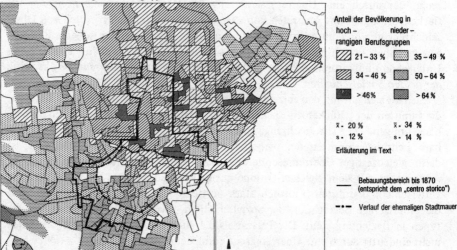

Anteil der Bevölkerung in
hoch –   nieder –
rangigen Berufsgruppen

21 – 33 %	35 – 49 %
34 – 46 %	50 – 64 %
> 46 %	> 64 %

x̄ - 20 %   x̄ - 34 %
s - 12 %   s - 14 %

Erläuterung im Text

⎯   Bebauungsbereich bis 1870
(entspricht dem „centro storico")

–·– Verlauf der ehemaligen Stadtmauer

N

0   500 m

Karte 37 : Die Bevölkerung nach ihrer Stellung im Beruf in Catania

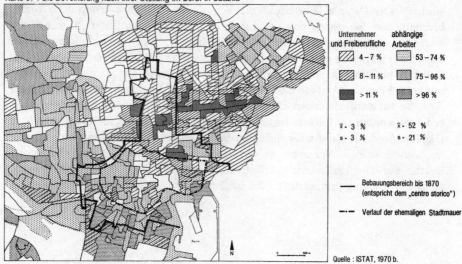

Unternehmer   abhängige
und Freiberufliche   Arbeiter

4 – 7 %	53 – 74 %
8 – 11 %	75 – 96 %
> 11 %	> 96 %

x̄ - 3 %   x̄ - 52 %
s - 3 %   s - 21 %

⎯   Bebauungsbereich bis 1870
(entspricht dem „centro storico")

–·– Verlauf der ehemaligen Stadtmauer

N

0   500 m

Quelle : ISTAT, 1970 b.

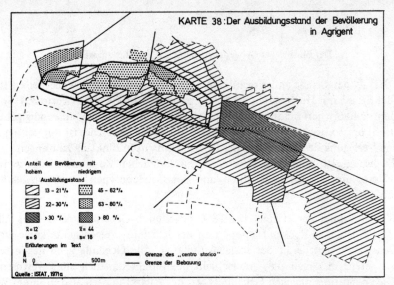

KARTE 38: Der Ausbildungsstand der Bevölkerung
in Agrigent

Anteil der Bevölkerung mit
hohem   niedrigem
Ausbildungsstand

13 - 21 %   45 - 62 %
22 - 30 %   63 - 80 %
> 30 %   > 80 %
x̄ = 12   x̄ = 44
s = 9   s = 18
Erläuterungen im Text

N 0   500m

Grenze des „centro storico"
Grenze der Bebauung

Quelle : ISTAT , 1971a

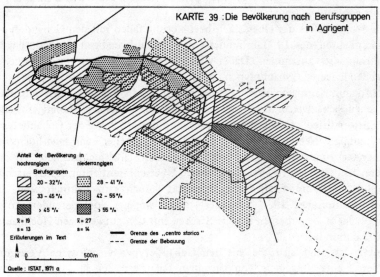

KARTE 39 : Die Bevölkerung nach Berufsgruppen
in Agrigent

Anteil der Bevölkerung in
hochrangigen   niederrangigen
Berufsgruppen

20 - 32 %   28 - 41 %
33 - 45 %   42 - 55 %
> 45 %   > 55 %
x̄ = 19   x̄ = 27
s = 13   s = 14
Erläuterungen im Text

N 0   500m

Grenze des „centro storico"
Grenze der Bebauung

Quelle : ISTAT, 1971 a

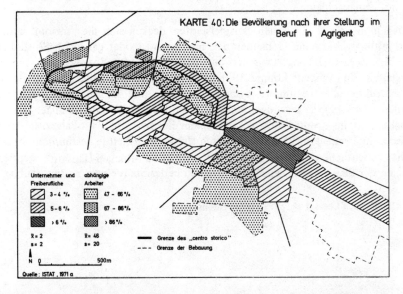

KARTE 40: Die Bevölkerung nach ihrer Stellung im
Beruf in Agrigent

Unternehmer und   abhängige
Freiberufliche   Arbeiter

3 - 4 %   47 - 66 %
5 - 6 %   67 - 86 %
> 6 %   > 86 %
x̄ = 2   x̄ = 46
s = 2   s = 20

N 0   500m

Grenze des „centro storico"
Grenze der Bebauung

Quelle : ISTAT , 1971 a

Atenea als der Straße mit Prachtbauten des 19. und für den Viale della Vittoria als der Straße mit Hochbauten des 20. Jahrhunderts nachweisen (Karte 39). So liegt in den sizilianischen Städten der Anteil der Oberschicht in den aufwendig gebauten Häusern um so höher, je jünger diese Gebäudetypen sind. Dies ist mit der beschriebenen Verlegung des Wohnsitzes der Oberschicht gut in Einklang zu bringen.

Es lassen sich somit die folgenden grundsätzlichen Zusammenhänge zwischen der Verteilung der Sozialschichten und der Gebäudetypen für die sizilianischen Städte feststellen:

1. Die Bewohner der älteren, vor 1800 errichteten Gebäudetypen — der Palazzi, der „Rücken-an-Rücken-Häuser" und der Klöster — zeigen heute keine wesentliche Unterschiede in der sozialen Stellung. Alle Gebäudetypen liegen in den Gebieten, in denen die Unterschicht überdurchschnittlich stark vertreten ist. Die früher hochrangigen Gebäudetypen der Palazzi müssen also in ihrem Wohnwert abgesunken sein.

2. Die Wohngebiete der Oberschichtbevölkerung fallen mit den Gebäudetypen der Prachtbauten des 19. Jahrhunderts und der aufwendigen Hochbauten des 20. Jahrhunderts zusammen. Dabei wird die Überrepräsentierung der Oberschicht bei den jüngeren Gebäudetypen immer größer.

3. Aus dem Zusammenhang zwischen der Oberschicht und den jungen Gebäudetypen ergeben sich zwei unterschiedliche Verteilungstendenzen. In einigen Teilen des „centro storico" findet sich entsprechend der Mischung der Gebäudetypen ein engräumiges Nebeneinander der Sozialschichten. Hier kann man höchstens von einer „gebäudeweisen Segregation" der sozialen Schichten sprechen[42]. In anderen Bereichen ist dagegen eine flächenhafte Überrepräsentierung der Oberschicht erfaßbar, deren unterschiedliche Intensität jedoch ganz deutlich zeigt, daß die Prachtbauten des 19. Jahrhunderts einen weniger dominierenden Anteil der Oberschicht beherbergen als die Straßen mit den aufwendigen Hochbauten des 20. Jahrhunderts.

4. Damit bestätigt sich die aus den Gebäudetypen erschlossene Verlegung der Oberschichtwohngebiete von einzelnen Palazzostraßen im „centro storico" in die Neubaugebiete.

Auch in den sizilianischen Beispielstädten decken sich die „sezioni" und die Verbreitungsgebiete der Gebäudetypen nur ungenau oder gar nicht. So sind auch hier die Zusammenhänge zwischen den Bauten und den Sozialgruppen nur grob darstellbar. In Agrigent konnte 1978 aus der Einwohnermeldekartei die Bevölkerungsstruktur für bestimmte Straßenabschnitte und Gebäudetypen ausgezählt werden (Tab. 19). Es bestätigen sich die geschilderten Zusammenhänge: Der Straßenabschnitt im „centro storico" mit einem hohen Anteil von Palazzi in der Via Duomo unterscheidet sich in seiner durch Unterschichtberufe bestimmten Struktur nicht wesentlich von dem nur durch „Rücken-an-Rücken-Häusern" geprägten Bereich der Piana Ravanusella. Die einzelnen in der Stadt eingestreuten Neubauten,

---

42 Ähnlich auch Leers (1981, S. 128) für Tarent.

etwa an der Via Empedocle oder an der Via Matteotti, zeigen dagegen eine klare Dominanz der Oberschichtberufe. Der Viale della Vittoria außerhalb des „centro storico", der ganz von solchen aufwendigen Hochbauten des 20. Jahrhunderts geprägt ist, zeigt ein ganz ähnliches Bild. Die Via Atenca als Straße mit Prachtbauten des 19. Jahrhunderts nimmt zwischen den beiden bisher geschilderten Extrembereichen eine Zwischenstellung ein. Hier ist neben dem starken Unterschichtanteil noch ein relativ hoher Anteil von Oberschichtberufen nachweisbar.

Tab. 19: Die Berufe der Haushaltsvorstände und der Familienmitglieder in Beispielstraßen von Agrigent 1978 (Angaben in %)

	Via Duomo (hoher Anteil von Palazzi)	Piana Ravanusella („Rücken-an-Rücken-Häuser")	Via Empedocle (neue Hochhäuser)	Via Matteotti (neue Hochhäuser)	Viale della Vittoria (neue Hochhäuser)	Via Atenea (Prachtbauten 19. Jahrhundert)
ohne Beruf	27	25	16	5	6	29
Bauern	–	5	–	10	–	4
Hilfsarbeiter	42	30	3	–	3	9
Berufe ohne Ausbildung	4	16	–	–	–	4
traditionelle Berufe mit Ausbildung	4	8	2	5	3	–
Angestellte	12	5	31	30	29	11
	89	89	52	50	41	57
öffentliche Angestellte u. Beamte	–	1	1	–	–	–
Lehrer	–	–	17	15	8	2
Händler	–	1	4	10	6	9
Kunsthandwerker	–	–	–	–	5	–
Berufe mit spezieller Ausbildung	–	–	3	–	–	2
	–	2	25	25	19	13
höhere Angestellte und Beamte	–	–	3	–	5	2
Ärzte	4	1	8	10	19	4
	4	1	11	10	24	6
Schüler	7	8	12	15	16	24
Gesamt	100	100	100	100	100	100

Quelle: Einwohnermeldeamt Agrigent

Dies entspricht dem auch in den Gebäudetypen ablesbaren Wandel dieser Straße von einem Oberschicht- zu einem Unterschichtwohngebiet.

Um eine vergleichbare Vorstellung von der Verteilung der Sozialschichten im 19. Jahrhundert zu bekommen, sollten auch die Geburtsregister von Agrigent oder Catania ausgewertet werden. Diese Auswertung wurde von den städtischen Ämtern jedoch nicht gestattet. Vorliegende Untersuchungen der Sozialstruktur der Bevölkerung im 19. Jahrhundert aus anderen Städten Siziliens sind sehr schlecht vergleichbar. Sie betreffen in einem Fall nur sehr kleine Orte, in denen dementsprechend keine innerörtliche Differenzierung der Sozialgruppen angegeben wird (Riccardi 1957). Eine zweite vergleichbare Untersuchung liegt für Messina vor, wo für 1820 bis 1827 das Geburts-, das Sterbe- und das Heiratsregister für eine Sozialgliederung ausgewertet wurden. Die Verteilung der Sozialschichten ist hier in relativ großen Untereinheiten der Stadt dargestellt worden (Saitta 1957). Die Untersuchung ist jedoch nicht für einen Vergleich geeignet, da der analysierte Zeitschnitt von der Stadtgeschichte her sehr ungünstig liegt und da Messina durch seine Zerstörungen in seiner Stadtstruktur stark verändert worden ist.

Wenn auch durch diese Lücke im Belegmaterial die Verlagerung der Oberschicht in den sizilianischen Städten vorerst nicht durch Bevölkerungsdaten bewiesen werden kann, so ist sie doch eindeutig aus der früheren sozialen Wertigkeit der Gebäudetypen und ihrer heutigen Nutzung abzulesen[43].

5.2.2.3. Vergleich der Verteilung der Sozialschichten in den toskanischen und sizilianischen Städten

Die Untersuchung der Verteilung der Sozialschichten auf die Gebäudetypen in den „centri storici" der sizilianischen und toskanischen Städte zeigt deutliche Unterschiede, obwohl in den Städten beider Gebiete die historische Bausubstanz zum größten Teil erhalten geblieben ist. Das Verhalten der Bevölkerung, vor allem das der Oberschicht, zu diesen Bauten ist jedoch grundsätzlich unterschiedlich. In den toskanischen Beispielstädten sind die Gebäudetypen in ihrem ursprünglichen sozialen Niveau weitgehend konstant geblieben: Die Palazzi, als Wohn- und Wirtschaftsgebäude der Oberschicht errichtet, sind auch heute noch weitgehend durch Oberschichtwohnungen genutzt; in vielen Fällen sind sogar die Eigentümerfamilien schon vor 1800 nachweisbar. Genauso haben sich die Kleinhäuser der Borghi, die für Arbeiter und Handwerker angelegt wurden, als Wohngebiet niederer Sozialschichten erhalten. Es sind also nicht nur die Gebäudetypen, sondern zusätzlich ihr Wohnwert konstant geblieben. Somit besteht auch die alte Anordnung der Sozialräume noch heute; sie wurde lediglich durch außerhalb des „centro storico" angegliederte Neubaugebiete für unterschiedliche Sozialschichten ergänzt. In den sizilianischen Städten führt die Erhaltung der historischen Gebäudetypen nicht

---

43 Aus vielen Arbeiten über einzelne Städte läßt sich eine ähnliche Verlagerung des Wohnstandortes der Oberschicht erschließen (z.B. für Neapel Döpp 1968; u.a.).

gleichzeitig auch zu einer Konstanz des sozialen Wohnniveaus. Die Palazzi der Oberschicht sinken in ihrem Wohnwert ab, werden vernachlässigt und zum größten Teil zu Unterschichtwohnungen umgewandelt. Die Oberschicht baut sich dabei in zwei in den Beispielstädten nachweisbaren Phasen neue repräsentative Wohnbauten an anderer Stelle in der Stadt, vielfach auch außerhalb des „centro storico". Die alten Unterschichtbauten werden zwar durch Aufstockungen und innere Umbauten den gestiegenen Wohnansprüchen angepaßt; eine Veränderung ihres sozialen Wohnniveaus läßt sich dabei jedoch nicht feststellen. In den sizilianischen Beispielstädten verändern sich also die Sozialräume, obwohl die historische Bausubstanz zum größten Teil erhalten bleibt. Vor allem das Wohngebiet der Oberschicht verlagert sich mehrfach in den Städten und liegt zu einem wesentlichen Teil schon außerhalb des „centro storico". Zusätzlich besteht in den sizilianischen Städten durch viele vereinzelte aufwendige Neubauten eine „hausweise Segregation" der Sozialschichten.

Die Konstanz der Sozialräume in den „centri storici" der toskanischen Städte einerseits und ihre Verlagerung in den sizilianischen Städten andererseits bedingt den an anderer Stelle beschriebenen unterschiedlichen Erhaltungszustand der Gebäude. In den toskanischen Städten sind die Palazzi gepflegt, da ihre Funktion als Wohngebiet der Oberschicht fortbesteht. In Sizilien sind sie vernachlässigt, da sie ihre Funktion verloren haben. Ein wesentlicher steuernder Faktor für diesen Gegensatz ist in der andersartigen Bewertung der Gebäudetypen durch die Oberschicht zu suchen. In den toskanischen Städten wurden die Palazzi durch dauernde Investitionen als Oberschichtwohnungen immer wieder attraktiv gehalten, wogegen in Sizilien statt solcher Investitionen repräsentative Neubauten errichtet wurden. Letztlich kommt hier ein historischer Unterschied im Wirtschaftsdenken der Oberschicht zum Ausdruck, der sich auch schon in der früheren Funktion der Palazzi geäußert hat. In den toskanischen Städten hatte dieser Gebäudetyp neben seiner Funktion als repräsentatives Wohnhaus auch die Aufgabe, Kapitalsicherheit für die Geldgeschäfte zu bieten. Diese Funktion konnten die Gebäude nur erfüllen, wenn sie den steigenden Wohnansprüchen angepaßt und entsprechend immer wieder umgebaut wurden. In den sizilianischen Städten wurden die Palazzi nur als repräsentatives Wohnhaus betrachtet, das seine Attraktivität verlor, wenn neue Formen des repräsentativen Wohnens auftraten. Ein wirtschaftliches Interesse an der Erhaltung dieser Palazzi bestand deshalb hier nicht.

6. DIE ANORDNUNG DER TERTIÄREN FUNKTIONEN UND DES HANDWERKS IN DEN TOSKANISCHEN UND SIZILIANISCHEN STÄDTEN UND IHR ZUSAMMENHANG MIT DEN GEBÄUDETYPEN DER „CENTRI STORICI"

Die Anordnung der tertiären Funktionen in Städten wird nach der *gängigen Modellvorstellung* von den wirtschaftlichen Faktoren Bodenwert bzw. Miete und Erreichbarkeit, Wertschöpfung und Umsatz bestimmt. Die Funktionen werden dabei in Rangstufen eingeteilt, die als „tägliche" oder „kurzfristige", als „mittelfristige" bzw. als „langfristige" oder „episodische" Bedarfsdeckungsstufe bezeichnet werden. Dieser Stufung entspricht eine Anordnung in verschiedenen Geschäftsgebieten, die mit den Begriffen „Citygeschäftsstraßen", „Subzentrumsstraßen" und „Nachbarschaftsstraßen" belegt werden (Meynen 1975; Lichtenberger 1963; Toepfer 1968; u.a.). Nach der Modellvorstellung werden als sekundäre Folge dieser Anordnung die Gebäude den Aufgaben entsprechend umgewandelt, die alten werden durch zweckentsprechende Neubauten verdrängt. Da in den toskanischen und sizilianischen Beispielstädten die alten Gebäudetypen jedoch zum überwiegenden Teil erhalten geblieben sind, müssen sie sich entgegen der Modellvorstellung auf die Anordnung tertiärer Funktionen verschiedener Rangstufe auswirken.

Darüber hinaus zeigen die tertiären Funktionen in Italien *allgemein gültige strukturelle Besonderheiten,* die eine Übertragung dieser Modellvorstellungen ebenfalls sehr problematisch erscheinen läßt. Dies soll am Beispiel des Einzelhandels erläutert werden. In Italien dominieren der Anzahl nach die *Kleingeschäfte.* Dies wird meist als eine Überbesetzung des Einzelhandelssektors gedeutet (z.B. Silvermann 1975; u.a.). Die Kleinräumigkeit der Geschäfte wirkt sich in der Regel auf die Angebotsstruktur aus: Sie bieten nur wenige ausgewählte Waren einer Branche an und beschränken das Angebot auf eine sehr enge Qualitätsstufe. Die hohe Anzahl von Kleingeschäften in den italienischen Städten hat sicher mehrere Gründe. So wird allgemein betont, daß der Wunsch der Italiener, sich selbständig zu machen, besonders groß ist; die Form des lohnextensiven Familienbetriebs erleichtert dies. Durch die Kapitalarmut ist sicher auch das eingeschränkte Warenangebot bedingt. Dieser Geschäftstyp entsteht jedoch nicht aus der „Überbesetzung des Einzelhandelssektors", sondern er entspricht den Kaufgewohnheiten der Bevölkerung (so z.B. auch Arbeitskreis 1975). Das läßt sich z.B. daraus erschließen, daß sich Kaufhäuser und Warenhäuser nur sehr langsam und zögernd in Italien durchsetzen. Die vorhandenen Warenhäuser bieten meist nur Waren minderer Qualitätsstufen an, und statt eines großen Warenhauses werden mehrere kleinere in einer Stadt eingerichtet. Häufig versuchen sie die Atmosphäre des Kleingeschäftes durch eine verschachtelte Innengliederung zu erhalten. Ebenso bedingt die sog. „Gäßchenwirtschaft" („economia del vicolo" Balletta 1974, S. 84ff.; Lay 1980, S. 41f.) vor allem in den süditalienischen Städten eine hohe Dichte von Einzelhandelsgeschäften. Die Bereiche, in denen sich die wirtschaftlichen Aktivitäten der Bevölkerung abspielen, sind sehr klein und umfassen oft nur eine Gasse. In ihr versorgt sie sich, sucht sie sich Arbeit und nimmt sie Dienstleistungen in Anspruch. Die Kleingeschäfte können also in ihrer besonderen Angebotsstruktur und in ihrer Anordnung nicht mit unseren Vorstellungen von Wirtschaftlichkeit in Einklang gebracht werden.

Die verschiedenen Geschäftsstraßen in Italien lassen sich jedoch auch durch eine unterschiedliche Kombination des Warenangebots charakterisieren. Eine Modellvorstellung für solche Geschäftsstraßentypen und ihre Anordnung existiert freilich noch nicht; sie kann hier auch nicht aus dem durch die Literatur erschlossenen Material abgeleitet werden. Neben dem angebotenen Branchenspektrum müßten für ein solches Modell auch die Qualitätsstufen der Waren berücksichtigt werden, denn es bestehen Straßen nebeneinander, die von der Bedarfsdeckungsstufe her ein ganz ähnliches Warenangebot aufweisen, dieses aber auf einer sehr unterschiedlichen Preis- und Qualitätsstufe anbieten. Ein besonders eindrucksvolles Beispiel für einen solchen Geschäftsstraßentyp ist das „zentrale Marktviertel" in italienischen Großstädten (Sabelberg 1980a), in dem Waren aller Bedarfsstufen auf sehr niedrigem Qualitätsniveau verkauft werden. Dies läßt sich vorerst nur so deuten, daß die verschiedenen Geschäftsstraßentypen sozial bestimmte Einkaufsgebiete darstellen; sie sprechen verschiedene soziale Käuferschichten an. Hier besteht noch ein Feld für viele weiterführende Untersuchungen. Da die Begriffe aus der Geschäftsstraßenhierarchie unserer Städte nicht übertragbar sind, sollen für die vorliegende Untersuchung die Geschäftsstraßen lediglich beschreibend nach der Art ihres Warenangebots, der Qualität der Waren und den übrigen tertiären Nutzungen unterschieden werden.

6.1. DIE LAGE DER TERTIÄREN FUNKTIONEN ZU DEN „CENTRI STORICI"

Die Anordnung der *Geschäfte* in Siena und Agrigent zeigt grundlegende Unterschiede. In Siena ist die Geschäftskonzentration im „centro storico" die einzige, die in der Stadt Bedeutung hat (s. auch Pricking 1980). Innerhalb dieses Gebietes sind die Läden wiederum vor allem an den alten Durchgangsstraßen, der Via Camollia, der Via Banchi di Sopra, der Via Banchi di Sotto und der Via della Città, aufgereiht (Karte 41). Darüber hinaus befinden sich viele Geschäfte zusätzlich in den Neben- und Parallelstraßen, so daß ein flächenhaftes Geschäftsgebiet besteht, das große Teile des „centro storico" von Siena einnimmt. Es treten kaum Unterbrechungen in der Geschäftsabfolge auf. In Agrigent sind die Geschäfte bei einer ähnlich hohen Anzahl und einer vergleichbaren Dichte andersartig verteilt (Karte 42). Zwar besteht in der Via Atenea – Via Garibaldi eine ebenfalls langgestreckte, fast durch das gesamte „centro storico" verlaufende Geschäftsstraße ohne Unterbrechung wie in Siena; jedoch strahlt sie kaum in die Nachbarstraßen aus. Dagegen liegen weitere Geschäftsstraßen mit einer hohen Dichte von Einzelhandelsläden, deutlich

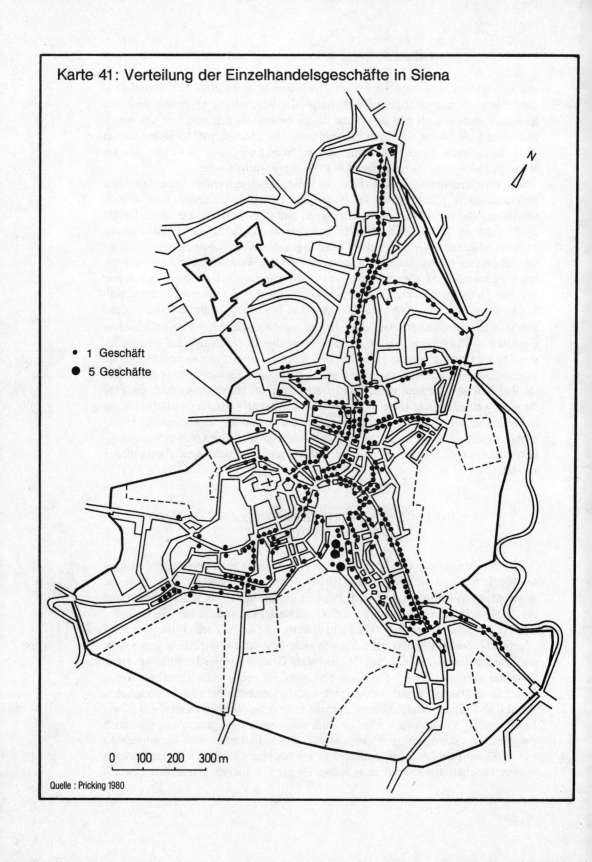

Karte 41: Verteilung der Einzelhandelsgeschäfte in Siena

● 1 Geschäft
● 5 Geschäfte

0   100   200   300 m

Quelle : Pricking 1980

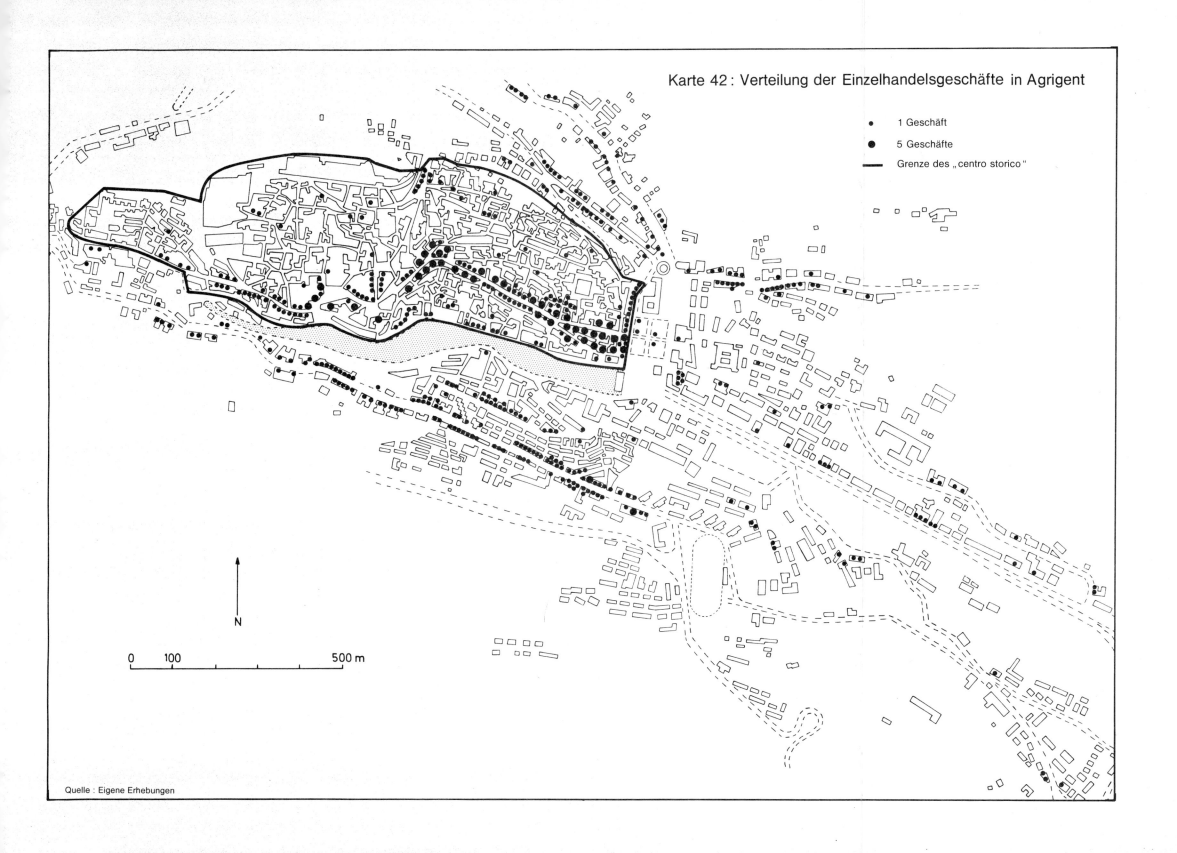

Karte 42 : Verteilung der Einzelhandelsgeschäfte in Agrigent

• 1 Geschäft

● 5 Geschäfte

━━ Grenze des „centro storico"

N

0   100   500 m

Quelle : Eigene Erhebungen

von der Via Atenea durch Wohngebiete getrennt, jedoch nur in geringer Entfernung außerhalb des historischen Zentrums in der Via Dante — Via Mazzini, in der Via Gioene, in der Via Favara und im Viale della Vittoria. Damit bilden die Straßen mit einer hohen Geschäftskonzentration in Agrigent kein räumlich geschlossenes Geschäftsgebiet innerhalb des „centro storico", sondern es sind mehrere getrennte Geschäftsstraßen nebeneinander vorhanden.

Auch die *Verteilung der Verwaltungsstellen* und Büros zeigt deutliche Unterschiede zwischen Siena und Agrigent auf. In Siena konzentrieren sich die privaten Büros und die öffentlichen Behörden wieder deutlich im „centro storico" an der Via Banchi di Sopra, der Via della Città und deren Neben- und Parallelstraßen (Karte 43). So kann man hier im Zusammenhang mit der hohen Konzentration von Einzelhandelsgeschäften durchaus von einem „Hauptgeschäfts- und Verwaltungszentrum" sprechen. In Agrigent sind dagegen im „centro storico" die Büros und die Verwaltungsstellen nicht so deutlich konzentriert (Karte 44): Sie reihen sich zwar z.T. an der Via Atenea auf, liegen jedoch davon abgesehen anscheinend willkürlich im Gebiet des historischen Stadtzentrums verstreut. Eine weitere deutliche Konzentration von Büros und Verwaltungsstellen befindet sich außerhalb des „centro storico" am Piazzale Roma und am Viale della Vittoria. Die Verwaltungseinrichtungen sind hier zum großen Teil räumlich getrennt von den verschiedenen Geschäftsstraßen, so daß nicht der Eindruck eines geschlossenen „Hauptgeschäfts- und Verwaltungszentrums" entsteht.

Dieser für Siena und Agrigent belegte Unterschied in der Verteilung der Einzelhandelsgeschäfte, der Büros und der Verwaltungsstellen läßt sich bei den Großstädten wiederfinden. In Florenz nimmt das Hauptgeschäfts- und Verwaltungsgebiet einen deutlich abgrenzbaren, geschlossenen Bereich inmitten des „centro storico" ein (Karte 47). In Catania (Karte 50) ist dieses Gebiet wie in Agrigent auf eine Vielzahl von Straßen aufgeteilt, die nur z.T. im historischen Kern der Stadt liegen.

Um den Unterschied in der Lokalisation der tertiären Funktionen in den toskanischen und sizilianischen Beispielstädten genauer fassen zu können, soll die Geschäftsverteilung für verschiedene Bedarfsdeckungsstufen untersucht werden. Die Geschäfte für langfristige Bedarfsgüter in Siena (Karte 45) konzentrieren sich, — wie auch bei der Verteilung aller Geschäfte beschrieben, — an den wichtigsten Straßen im „centro storico". In Agrigent liegen zwar die meisten Geschäfte für langfristige Güter an der Hauptgeschäftsstraße im „centro storico" an der Via Atenea (Karte 46); zusätzlich sind sie jedoch auch in großer Zahl an isolierten Standorten innerhalb und außerhalb des historischen Stadtkerns verteilt. Zum großen Teil liegen diese Geschäfte scheinbar willkürlich gestreut ohne einen Zusammenhang zu den Geschäftsstraßen, vergleichbar etwa der Verteilung, die auch für einen Teil der Büros und Praxen schon beschrieben wurde. Eine genauere Analyse der Geschäftsstraßentypen und ihrer Lage innerhalb der Städte hilft dieses Bild zu differenzieren und zu verstehen.

Die Geschäftsstraßentypen in den *toskanischen Beispielstädten* liegen alle eng benachbart innerhalb des Hauptgeschäftszentrums (Karten 47, 48). Die Haupt-

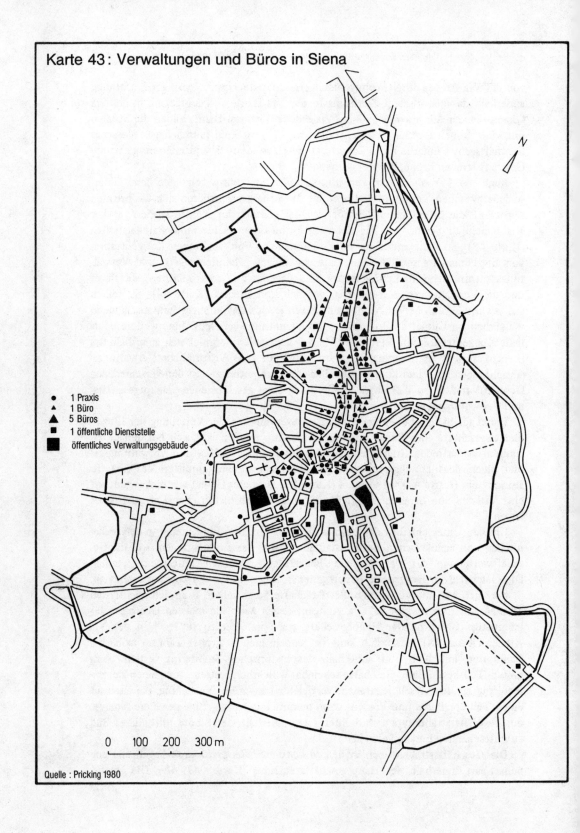

Karte 43: Verwaltungen und Büros in Siena

● 1 Praxis
▲ 1 Büro
▲ 5 Büros
■ 1 öffentliche Dienststelle
■ öffentliches Verwaltungsgebäude

0   100   200   300 m

Quelle: Pricking 1980

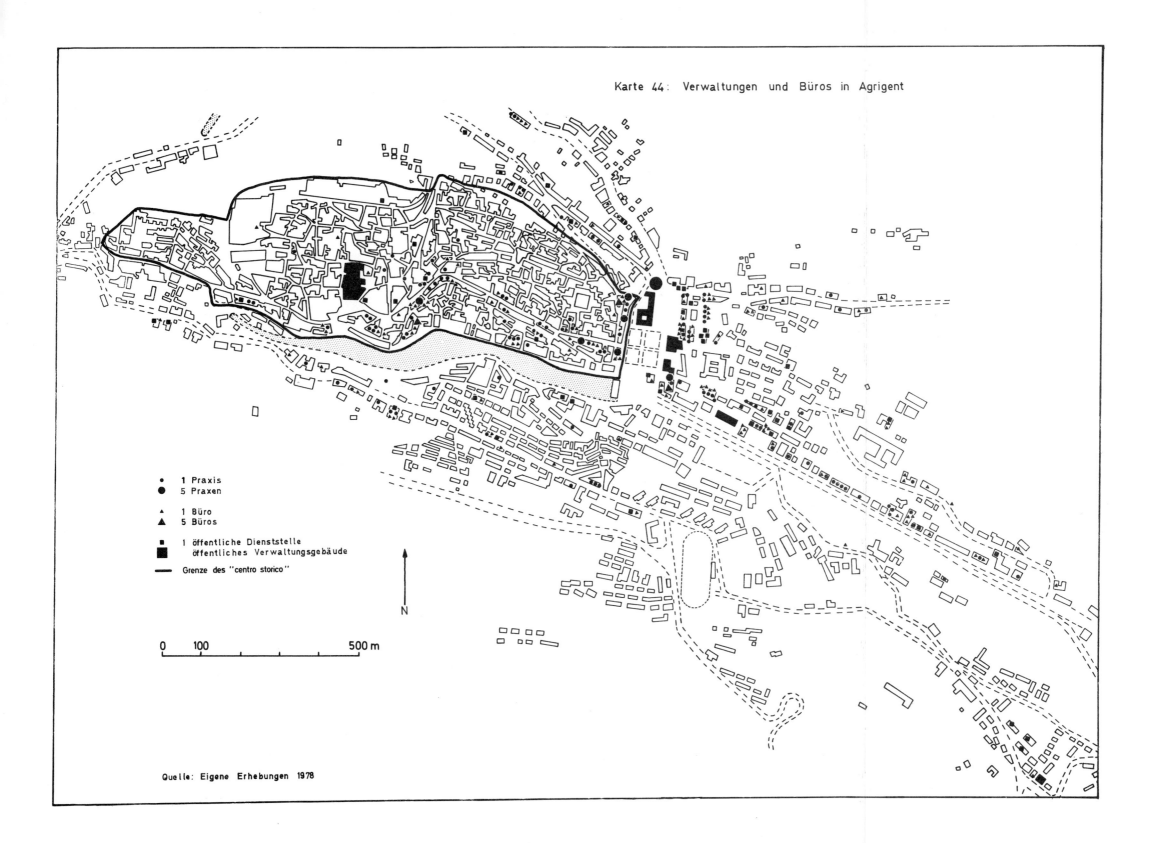

Karte 44: Verwaltungen und Büros in Agrigent

- • 1 Praxis
- ● 5 Praxen

- ▴ 1 Büro
- ▲ 5 Büros

- ▪ 1 öffentliche Dienststelle
- ■ öffentliches Verwaltungsgebäude
- ▬ Grenze des "centro storico"

N

0   100   500 m

Quelle: Eigene Erhebungen 1978

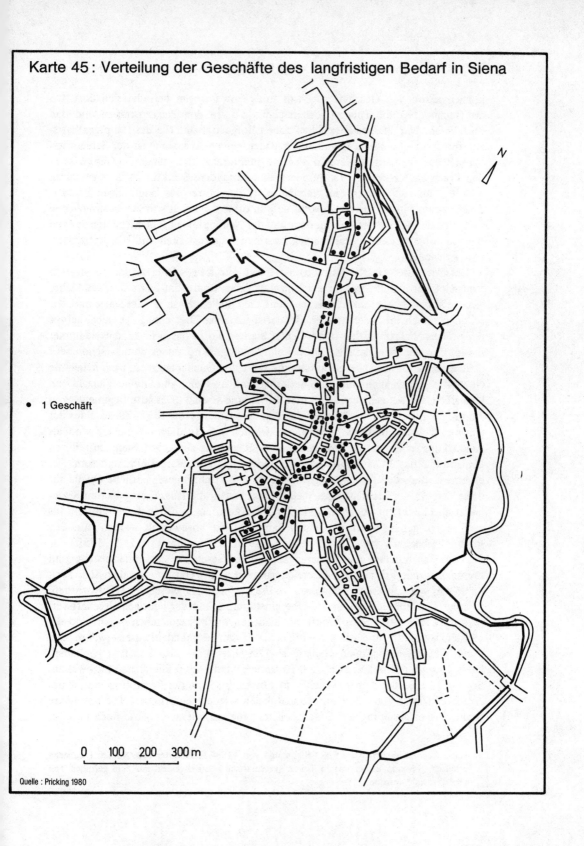

Karte 45 : Verteilung der Geschäfte des langfristigen Bedarf in Siena

N

• 1 Geschäft

0 100 200 300 m

Quelle : Pricking 1980

konzentration von Geschäften, Büros und Verwaltungen befindet sich dort, wo als Gebäudetyp die Palazzi vorherrschen, d.h. in den Palazzostraßen und den Castellaren. Nur in Ausnahmefällen haben Borgostraßen Teile des Hauptgeschäftszentrums aufgenommen. Die räumlich bedeutendste Ausnahme ist der Sanierungsbereich des ehemaligen Mercato Vecchio in Florenz. Hier haben die Geschäfte in den Prachtbauten des 19. Jahrhunderts eine besondere Struktur als Großgeschäfte erhalten, und sie weisen ein Warenangebot der mittel- bis langfristigen Bedarfsdeckungsstufe in exklusiver Qualität auf. In diesem Bereich wurden entsprechende Ladenlokale von vornherein mit dem Bau der Neubauten eingeplant. In den übrigen Bereichen bleibt der Zusammenhang zwischen Palazzostraßen und Hauptgeschäftsstraßen erhalten.

Das Alter der Geschäftsstraßen ist meist nur sehr schwer zu klären, da sich einerseits Form und Struktur der Einzelhandelsgeschäfte im Laufe der Geschichte sehr verändert haben, und da andererseits die Quellenbelege für Geschäfte nur sehr selten räumlich lokalisierbar sind. Bei der allgemeinen Darstellung des Gebäudetyps der privaten Palazzi in den toskanischen Städten wurde beschrieben, daß sie immer schon Einzelhandelsgeschäfte enthielten. Bestätigt wird dieses damals schon sehr differenzierte Geschäftsleben durch eine Fülle von Quellenangaben, nach denen die Geschäfte jedoch nicht räumlich fixierbar sind und auch durch eine Vielzahl von Gemälden, für die stellvertretend hier nur auf das Fresko „Das gute Regiment" von Ambrogio Lorenzetti im Palazzo del Popolo in Siena von 1337–39 als eines der eindrucksvollsten Beispiele hingewiesen werden soll. In diesem Gemälde wird als Auswirkung einer guten, wohlgeordneten Regierung die Stadt Siena mit ihrem Umland für das 14. Jahrhundert idealtypisch überhöht dargestellt, und somit ist es eine außerordentlich wichtige sozial- und wirtschaftsgeschichtliche Quelle für diese Zeit. In der Stadt ist eine Vielzahl von fest in die Palazzi eingebauten Kleinläden abgebildet, in denen Waren aller Bedarfsstufen, von den Lebensmitteln bis zu Tuchen, gehandelt und in denen Bankgeschäfte abgewickelt werden. Aus den Rechnungsbüchern von Siena[44] haben Balestracci/Piccinni (1977, S. 155ff) für das 14. Jahrhundert die Steuerangaben über Geschäfte zusammengestellt und räumlich zumindest für die Pfarreien ausgewertet. Wenn die Angaben sich auch nicht sehr weit differenzieren lassen und sicher nicht alle Geschäfte erfaßt wurden, so zeigt sich eine überraschende Übereinstimmung mit der heutigen Geschäftsverteilung (Karte 49). In den Pfarreien, in denen die Palazzostraßen liegen, sind die meisten Geschäfte und die großen Tuchlager der Fernhandelshäuser erwähnt. Die durch Geschäfte geprägten Gebiete sind in ihrer Lage also konstant geblieben. Diese Grundtendenz läßt sich auch für andere Städte in Teilbereichen nachweisen. So wurde z.B. der Ponte Vecchio in Florenz nach seiner Zerstörung durch das Arnohochwasser von 1359 mit Ladenlokalen wieder neu errichtet. Die besondere Branchenspezialisierung auf Goldschmiede-Arbeiten, die auch heute noch besteht,

---

44 Diese Rechnungsbücher der Stadt Siena sind von 1258–1659 unter dem Namen Biccherna erhalten. Sie sind bisher nur in Teilen systematisch bearbeitet und nur zum geringen Teil veröffentlicht worden.

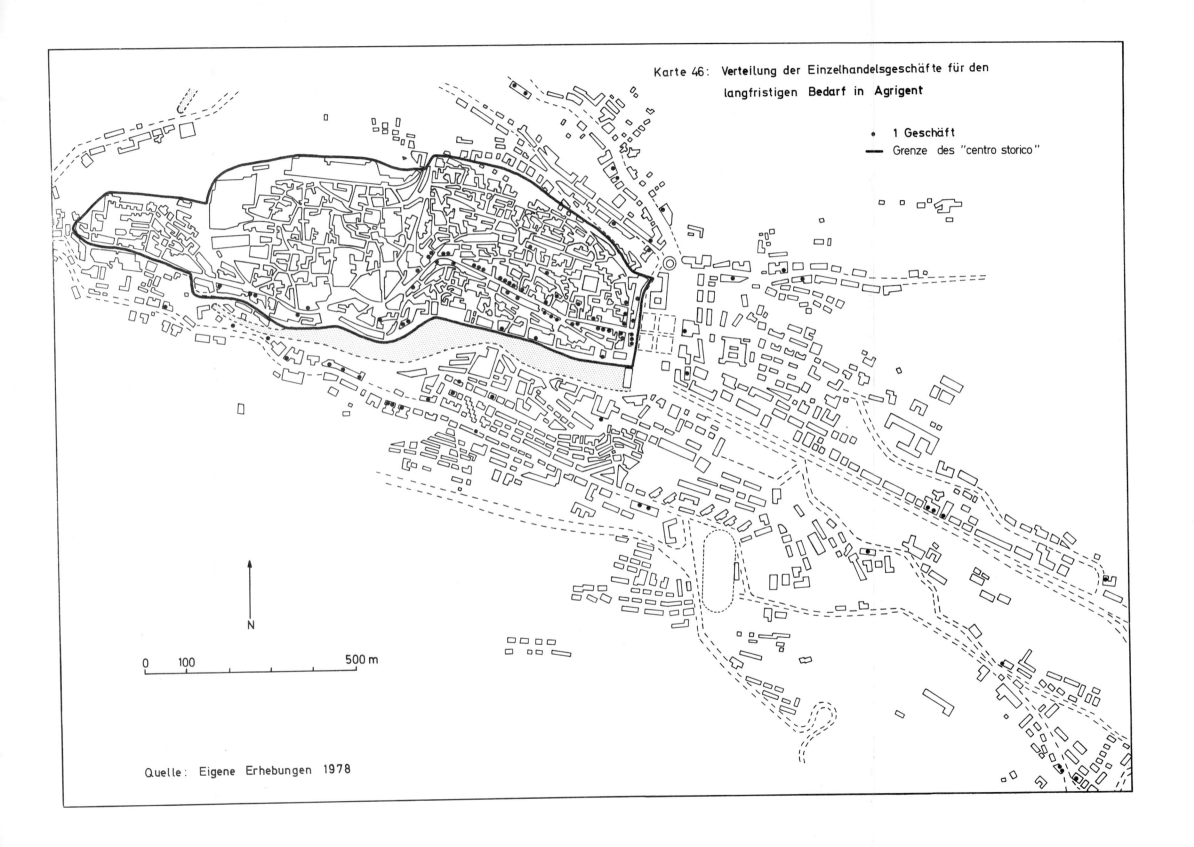

Karte 46: Verteilung der Einzelhandelsgeschäfte für den langfristigen Bedarf in Agrigent

• 1 Geschäft
— Grenze des "centro storico"

0 100   500 m

N

Quelle: Eigene Erhebungen 1978

KARTE 47 : Geschäftsstraßentypen in Florenz

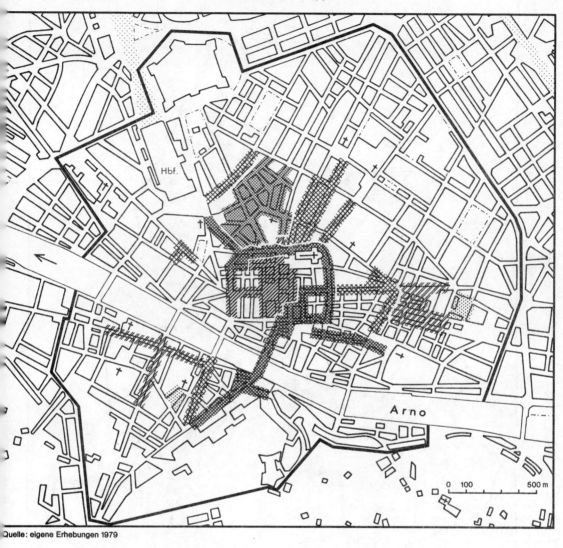

Hbf.

Arno

0 100   500 m

Quelle: eigene Erhebungen 1979

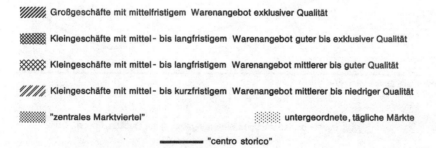

////// Großgeschäfte mit mittelfristigem Warenangebot exklusiver Qualität

▨▨▨ Kleingeschäfte mit mittel- bis langfristigem Warenangebot guter bis exklusiver Qualität

▧▧▧ Kleingeschäfte mit mittel- bis langfristigem Warenangebot mittlerer bis guter Qualität

////// Kleingeschäfte mit mittel- bis kurzfristigem Warenangebot mittlerer bis niedriger Qualität

▨▨ "zentrales Marktviertel"   ░░░ untergeordnete, tägliche Märkte

————— "centro storico"

KARTE 48: Geschäftsstraßentypen in Siena

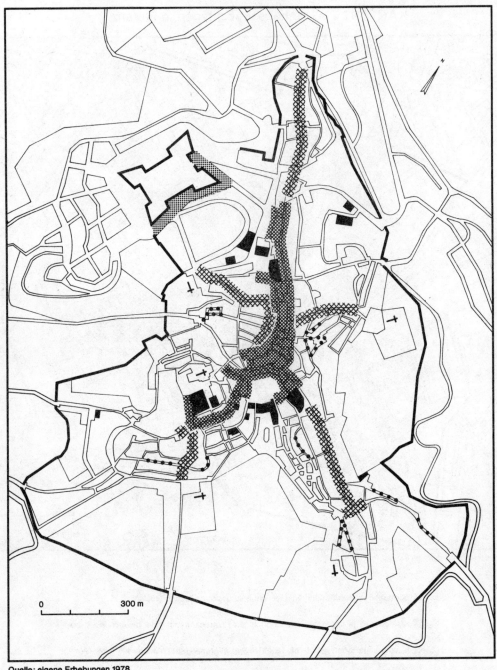

Quelle: eigene Erhebungen 1978

mittel- bis langfristiges Warenangebot guter Qualität, Praxen, Corso

mittelfristiges Warenangebot mittlerer bis niedriger Qualität

•••• Handwerksbetriebe

Wochenmarkt

staatliche und kommunale Behörden

—— "centro storico"

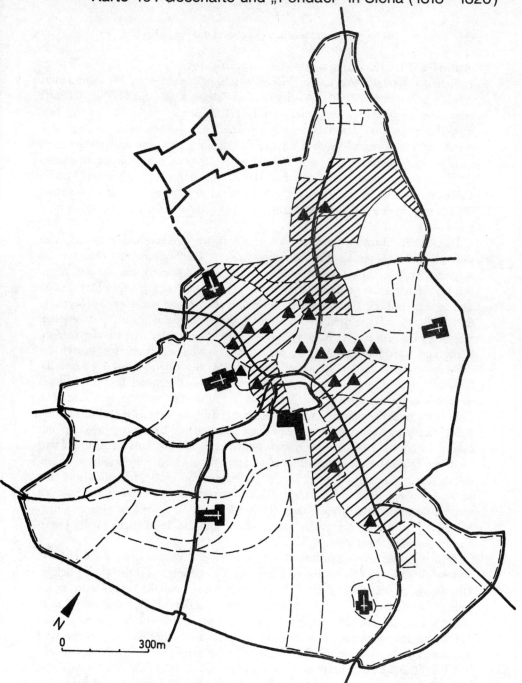

Karte 49: Geschäfte und „Fondaci" in Siena (1318 – 1320)

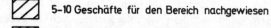

	5–10 Geschäfte für den Bereich nachgewiesen
	> 10 Geschäfte für den Bereich nachgewiesen
▲	„Fondaci"
——	Hauptverkehrsachsen
━━	Stadtmauer

Quelle: BALESTRACCI, PICCINNI, 1977

entstand erst im 16. Jahrhundert. Viele Läden sind bereits im 15. Jahrhundert im Bereich des Mercato Vecchio in Florenz nachgewiesen, der im 19. Jahrhundert saniert wurde (Grote 1976, S. 64). In mehreren Belegen weist Conti (1889a, S. 106ff) hier sogar eine lange Kontinuität einzelner Ladenlokale nach. Die Sozial- und Wirtschaftsgeschichte der Städte in der Toskana hat darüber hinaus gezeigt, daß bereits im 13. Jahrhundert einerseits die Bevölkerung genügend untergliedert und auch genügend kapitalkräftig war, um ein so vielfältiges Geschäftsleben zu ermöglichen, und daß andererseits auch eine Händlerschicht bestand, die diesen Handel wahrnehmen konnte. Somit sind die Gebiete, in denen die Geschäfte lokalisiert worden sind, in den toskanischen Städten in etwa seit dem 14. Jahrhundert konstant geblieben.

Die Geschäftsstraßentypen in den *sizilianischen Städten* unterscheiden sich wesentlich deutlicher in ihrer Angebotsstruktur (nach Branchen, Qualität des Angebots und der Lokalisation anderer tertiären Funktionen), und sie sind räumlich klar voneinander getrennt (Karten 50, 51). Die hochrangigen Geschäftsstraßen sind jeweils mit ganz bestimmten Gebäudetypen vergesellschaftet. So liegen in Catania (Karte 50) die Straßen mit einem Angebot an hochrangigen, spezialisierten Waren in exklusiver Qualität, verbunden mit einer hohen Anzahl von Praxen, Büros und Verwaltungsstellen, in den Straßen mit aufwendigen Hochbauten des 20. Jahrhunderts. In der Straße mit Prachtbauten des 19. Jahrhunderts liegen die Geschäfte in höchster Dichte mit einem Warenangebot des mittel- und langfristigen Bedarfs von mittlerer bis guter Qualitätsstufe. Auch hier befinden sich zusätzlich viele Büros und Verwaltungsstellen. Gleichzeitig ist diese Straße die Corsostraße der Stadt mit dem höchsten Passantenverkehr. Ein dritter Geschäftsstraßentyp mit einem Angebot von Waren des mittel- und langfristigen Bedarfs, jedoch auf sehr niedriger Qualitätsstufe, vergesellschaftet mit einem Anteil von Großhandlungen, findet sich im „centro storico" in Gebäuden, die vor 1800 entstanden sind und unter denen sich auch viele Palazzi befinden. Es können ohne Schwierigkeiten noch weitere Geschäftsstraßentypen ausgegliedert werden, die indes überwiegend außerhalb des historischen Kerns der Städte liegen und die daher nicht in die Untersuchungen einbezogen werden.

In den sizilianischen Städten ist die Quellenlage über das Alter der Geschäfte wesentlich schlechter als in den toskanischen. Es existieren praktisch keine Belege. Die allgemeine Darstellung der Gebäudetypen ergab ebenfalls keine Hinweise auf frühere Geschäfte. Bei der beschriebenen, wenig differenzierten früheren Sozialstruktur und der nur sehr geringen Wirtschaftskraft in den Städten ist auch kaum mit einem ausgedehnten Geschäftsleben zu rechnen; die Bevölkerung wurde wohl überwiegend über Märkte mit Einzelhandelsgütern versorgt. Es deutet alles daraufhin, daß die ersten Geschäfte in diesen Städten erst im 19. Jahrhundert entstanden sind. Dem entspricht auch, daß die Prachtbauten des 19. Jahrhunderts die ersten Gebäude sind, in denen Geschäfte von vornherein eingeplant wurden. Die hochrangigen Geschäfte und die Verwaltungsstellen der folgenden Zeit haben sich jedoch nicht in diesen Gebäuden angesiedelt, sondern sie lokalisierten sich in anderen Straßen in hochrangigen Neubauten. Hierdurch entstand einerseits kein geschlos-

Karte 50: Geschäftsstraßentypen in Catania

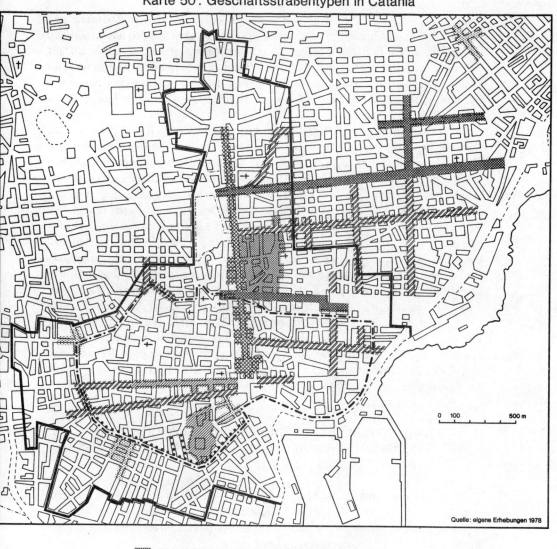

Quelle: eigene Erhebungen 1978

 mittel- bis langfristiges Warenangebot exklusiver Qualität, Praxen, Büros, Verwaltungen

mittel- bis langfristiges Warenangebot guter Qualität, Büros, Corso

mittel- bis langfristiges Warenangebot mittlerer bis niedriger Qualität

mittel- bis langfristiges Warenangebot niedriger Qualität, Großhandlungen

• • • • kurz- bis mittelfristiges Warenangebot niedriger Qualität, Handwerksbetriebe

"zentrales Marktviertel"   untergeordnete, tägliche Märkte

——— "centro storico"   —·—·— ehemalige Mauer

senes Geschäftsgebiet, sondern weit auseinanderliegende Geschäftsstraßen mit unterschiedlichem Charakter; andererseits lagen die Straßen mit den höchstrangigen Geschäften im Laufe der Zeit immer an anderer Stelle innerhalb der Stadt. So läßt sich zwar das Alter der Geschäfte in den sizilianischen Städten nicht ohne weiteres klären, aber die hochrangigen Geschäftsgebiete können schon wegen der neuen Gebäudetypen und ihrer Lage außerhalb des „centro storico" keine Konstanz aus früherer Zeit aufweisen.

Die Lokalisation und Anordnung der tertiären Funktionen und deren in den Grundzügen festgestellte räumliche Verbindung zu bestimmten Gebäudetypen sind also gegensätzlich in den „centri storici" der toskanischen und der sizilianischen Städte. In den toskanischen Städten liegen die tertiären Funktionen innerhalb der „centri storici" räumlich geschlossen in einem Gebiet, das gleichzeitig eine sehr lange Konstanz in vergleichbarer funktionaler Bedeutung hat. Zugleich sind hier auch Gebäudetypen im großen Umfange persistent geblieben, so daß alte Gebäude und heutige tertiäre Funktionen sehr eng aufeinander bezogen sind. In den sizilianischen Städten liegen dagegen die wichtigen Geschäftsstraßen nicht ausschließlich in den „centri storici", sondern sie finden sich zum großen Teil auch in den anschließenden Neubaugebieten. Gleichzeitig sind sie auf mehrere Straßen verteilt, die nur ein lockeres Netz mit vielen dazwischenliegenden Wohngebieten bilden. Hier ist weder eine lange Konstanz der Geschäftsstraßen noch ein Weiterbestehen der Verbindung von Gebäudetypen und bestimmten Funktionen festzustellen. Es läßt sich dagegen eine Verlagerung der hochrangigen Verwaltungs- und Geschäftsstraßen, verbunden mit einem qualitativen Absinken der älteren Straßen, ablesen.

6.2. AUSGEWÄHLTE GEBÄUDETYPEN DER „CENTRI STORICI" IN DEN TOSKANISCHEN BEISPIELSTÄDTEN UND IHR EINFLUSS AUF DIE LOKALISATION TERTIÄRER FUNKTIONEN

Da in den toskanischen Städten die Geschäftsbereiche und die Bauten konstant geblieben sind, soll von ausgewählten Gebäudetypen — von den Palazzi und den Klöstergebäuden — ausgegangen werden, um zu überprüfen, ob auch heute bestimmte Funktionen bestimmte Gebäudetypen bevorzugen.

6.2.1. DIE PALAZZI UND IHR EINFLUSS AUF DIE LOKALISATION TERTIÄRER FUNKTIONEN

Es hat sich gezeigt, daß das Hauptgeschäfts- und Verwaltungszentrum von Florenz im gleichen Bereich wie auch die Palazzi liegt. Es stellt sich daher die Frage, wie diese alten Gebäude heute genutzt werden (Tab. 20). Entsprechend ihrer Verbreitung beherbergen sie in 92 % aller Fälle tertiäre Nutzungen, gleichzeitig sind jedoch in der überwiegenden Mehrzahl auch Wohnungen in den Gebäu-

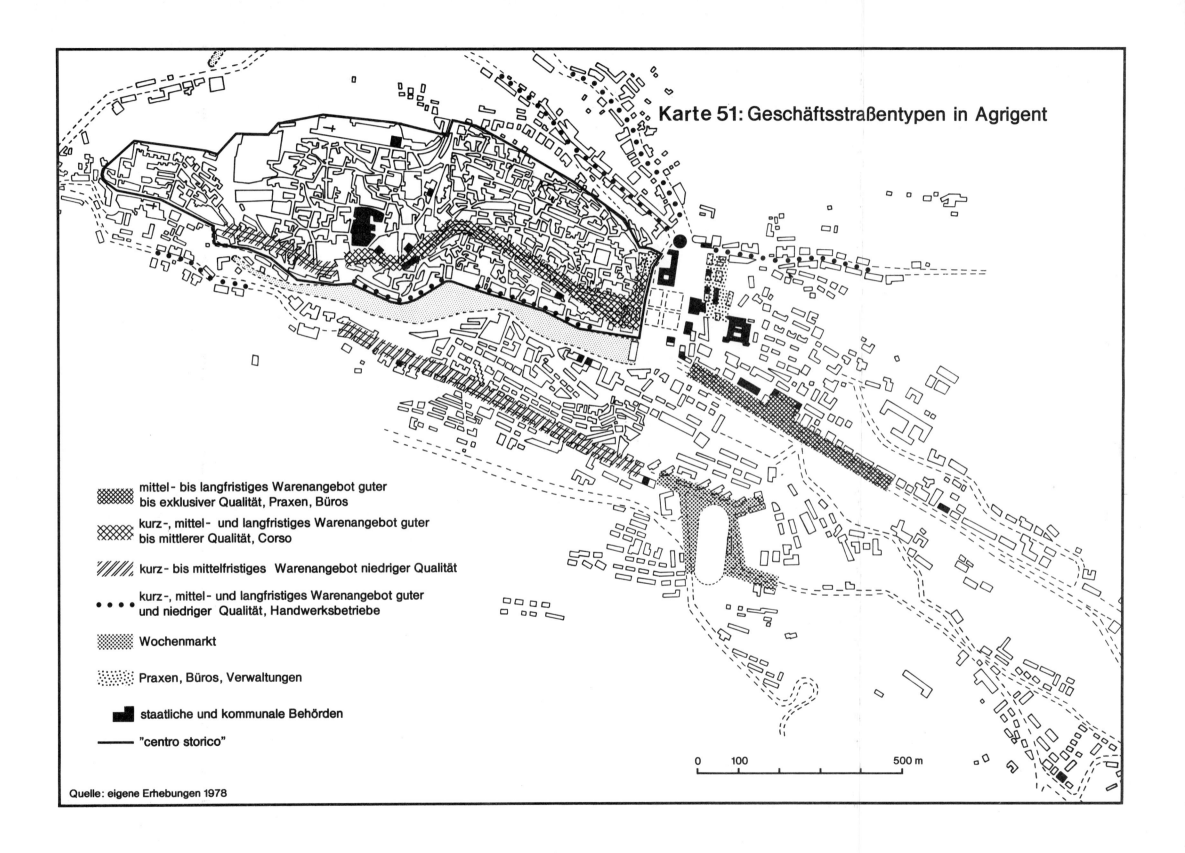

Karte 51: Geschäftsstraßentypen in Agrigent

mittel- bis langfristiges Warenangebot guter
bis exklusiver Qualität, Praxen, Büros

kurz-, mittel- und langfristiges Warenangebot guter
bis mittlerer Qualität, Corso

kurz- bis mittelfristiges Warenangebot niedriger Qualität

kurz-, mittel- und langfristiges Warenangebot guter
und niedriger Qualität, Handwerksbetriebe

Wochenmarkt

Praxen, Büros, Verwaltungen

staatliche und kommunale Behörden

"centro storico"

0   100   500 m

Quelle: eigene Erhebungen 1978

den enthalten. Die Aufschlüsselung der tertiären Nutzungen zeigt, daß ein hoher Anteil der Palazzi Geschäfte, Büros und Praxen beherbergen. Ebenso spielen kommunale und staatliche Behörden, kulturelle Einrichtungen (mit vielen Museen und Galerien) und Hotels eine wichtige Rolle. Für andere Bereiche, wie etwa die Banken und Konsulate, ist der Anteil an der Gesamtzahl der Palazzi zwar nicht so hoch, jedoch haben die Gebäude für diese Funktionen eine sehr große Bedeutung. Die *Banken* sind ein charakteristisches Beispiel (Karte 52). Die Mehrzahl der Bankhauptverwaltungen liegt in Palazzi, selbst wenn sie damit z.T. eine etwas abseitige Lage vom eigentlichen Bankenviertel in Florenz in Kauf nehmen müssen. Dieses Bankenviertel entstand auf dem Sanierungsgebiet Ende des 19. Jahrhunderts nach flächenhaftem Abriß. Hier hätte also die Möglichkeit für die Banken bestanden, sich repräsentative Neubauten zu schaffen. Statt dessen sind sie vorwiegend in die wenigen nicht abgerissenen Palazzi in diesem Bereich gezogen, die sie dann z.T. aufwendig nach kunsthistorischen Gesichtspunkten restauriert haben. Von der Innengliederung her sind die Palazzi für die Banken besonders gut geeignet. Die hohen Lagerhallen der ehemaligen Kaufmannshäuser eignen sich vorzüglich für die Aufnahme der Schalterhallen der Banken, wie auch das besonders schöne Beispiel des Palazzo Tolomei in Siena zeigt (Abb. 3). Die Räume des ehemaligen „piano nobile", die meist noch ihre herrschaftliche Ausstattung und Dekoration bewahrt haben (Ginori Lisci 1972), werden von den Banken als repräsentative Büros für die Verwaltungsspitze und als Empfangsräume genutzt. Die Räume der oberen Stockwerke sind so groß, daß die Unterbringung der Büros keine Schwierigkeiten bereitet. Zusätzlich kommt die wehrhafte Bausubstanz der Palazzi auch heute den Sicherheitsbedürfnissen der Banken entgegen. Somit hat die Nutzung der Palazzi als Bankgebäude eine viel größere Bedeutung, als es die Prozentangabe vermuten läßt (Tab. 20).

Es liegt nahe, für die Nutzung als Bankgebäude eine historische Kontinuität anzunehmen, da die alten Eigentümerfamilien im Spätmittelalter und in der Renaissance neben ihrer Tätigkeit als Fernhändler häufig auch Bankiers waren. In der Regel ist sie jedoch nicht nachweisbar, sondern die Bevorzugung der Palazzi durch Banken beruht auf der Persistenz der für diese Bauten charakteristischen Baustrukturen. Die Palazzi sind nicht immer Eigentum der Banken, sondern sie werden teilweise auch von den alten Eigentümerfamilien an diese vermietet (Ginori Lisci 1972, S. 95).

In ähnlicher Weise bevorzugen die *staatlichen, regionalen und kommunalen Behörden* die Palazzi. Läßt man die öffentlichen Palazzi außer acht, die ihre Funktion seit ihrer Errichtung konstant behalten haben, so werden auch viele private Palazzi von den Verwaltungsstellen gerne benutzt. Zum Teil haben die Stadt Florenz oder der Staat Italien in der Nachfolge des Großherzogtums Toskana diese Palazzi während der wirtschaftlichen Krise der Oberschicht in der ersten Hälfte des 19. Jahrhunderts mit ihren häufigen Palazzoverkäufen (Ginori Lisci 1972, S. 82) erworben. So sind etwa der Palazzo Medici-Riccardi, der Palazzo Davanzati und viele andere damals in den Besitz der öffentlichen Hand gelangt. Daraus ist auch der hohe Anteil von 11 % der 131 Palazzi zu erklären, der sich im Eigentum des Staates

KARTE 52: Ausgewählte, hochrangige Funktionen im Hauptgeschäftszentrum von Florenz und ihre Beziehung zu den privaten Palazzi

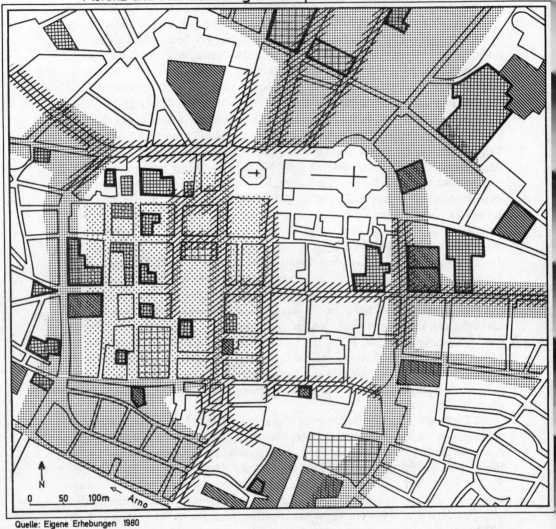

Quelle: Eigene Erhebungen 1980

Banken (Hauptsitze)

öffentliche Verwaltungsstellen

Institute, Museen, kulturelle Einrichtungen
(öffentlich u. privat)

private Palazzi

Geschäftsstraßen

Palazzostraßen

Sanierungsgebiet des 19. Jahrhunderts

oder der Stadt befindet (Tab. 18). In ihnen wurden vorwiegend Verwaltungsstellen und Museen eingerichtet. Aber nicht nur in eigenen Palazzi siedeln sich öffentliche Behörden sehr gerne an, in vielen Fällen mieten sie auch Räume in privaten Palazzi. Auch sehr junge Verwaltungen, wie etwa die Verwaltung der Region Toskana, bevorzugen für ihre Dienststellen Palazzi.

Tab. 20: Die Nutzung von 194 Palazzi in Florenz

Allgemeine Nutzung			Tertiäre Nutzungen (mehrfache Nutzungen möglich)		
ausschließlich Wohnungen	15	8 %	öffentliche Verwaltung	22	11 %
ausschließlich tertiäre			kulturelle Einrich-		
Funktionen	40	20 %	tungen	45	23 %
Wohnungen mit tertiären			kirchliche Einrich-		
Funktionen gemischt	139	72 %	tungen	3	1 %
			Konsulate	4	2 %
			Praxen/Büros		
			private Verwaltung	76	39 %
			Banken	7	4 %
			Hotels	18	19 %
			Restaurants	6	3 %
			Geschäfte	73	38 %
			Großhandlungen	9	5 %
			Werkstätten	6	3 %
			in Renovierung	4	2 %

Quelle: eigene Erhebung 1979

Generell läßt sich sagen, daß vor allem tertiäre Funktionen, die einen repräsentativen Rahmen entweder in der äußeren Gestaltung der Gebäude oder in der großzügigen inneren Raumgliederung favorisieren, sich mit Vorliebe in den Palazzi ansiedeln. Institutionen, die viele Räume benötigen, wie z.B. Hotels, Schulen, Institute, Büros, oder die besonders große Räume ausnutzen können, z.B. Banken, Galerien, Museen, suchen gerne ihren Standort in diesem Gebäudetyp.

Es ist nicht ohne weiteres ersichtlich, ob die Lage der *Geschäfte unterschiedlicher Rangstufe* direkt mit dem Gebäudetyp der Palazzi zusammenhängt. Wie schon beschrieben, bestand bei der Anlage dieser Gebäude im 14. Jahrhundert ein direkter Zusammenhang mit den Einzelgeschäften, so daß der Funktionsraum der Geschäftsstraßen konstant geblieben ist. Ob sich die Palazzi auf die Anordnung der verschiedenen Geschäfte in den heutigen Straßen auswirken, soll an einigen Beispielen überprüft werden. Die Geschäftsverteilung in den hochrangigen Geschäftsstraßen mit einem großen Anteil von Waren der langfristigen und mittelfristigen Bedarfsstufe in durchweg guter, teilweise auch exklusiver Qualität und mit einem hohen

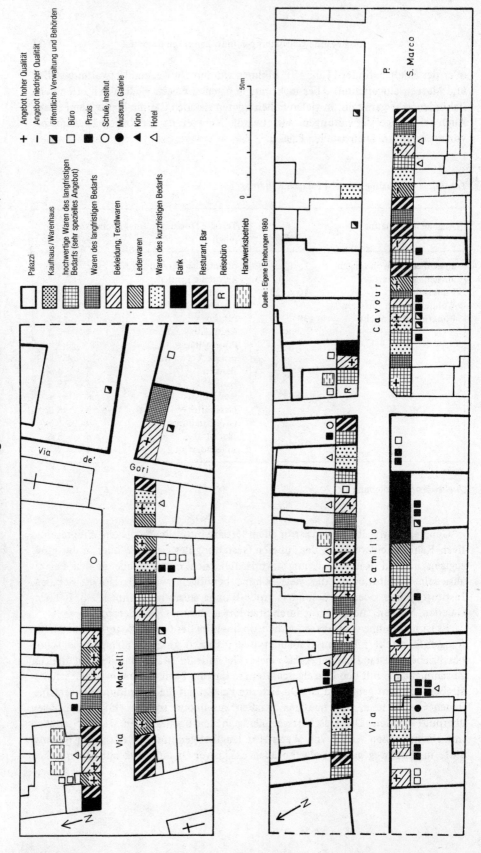

Karte 53: Geschäfts- und Büronutzung in der Via Camillo Cavour / Via Martelli, Florenz

Palazzi

Kaufhaus/Warenhaus

hochwertige Waren des langfristigen Bedarfs (sehr spezielles Angebot)

Waren des langfristigen Bedarfs

Bekleidung, Textilwaren

Lederwaren

Waren des kurzfristigen Bedarfs

Bank

Resturant, Bar

Reisebüro

Handwerksbetrieb

+ Angebot hoher Qualität

– Angebot niedriger Qualität

öffentliche Verwaltung und Behörden

Büro

Praxis

Schule, Institut

Museum, Galerie

Kino

Hotel

Quelle: Eigene Erhebungen 1980

0 ... 50m

P. S. Marco

Cavour

Via de' Gori

Via Martelli

Via Camillo Cavour

Anteil von Praxen und Büros – z.B. in der Via Camillo Cavour (Karte 53) – zeigt keinerlei Bevorzugung der Palazzi durch bestimmte Geschäftstypen. Auffällig ist, daß über die Gebäudetypen hinweg die Struktur der Läden als Kleingeschäfte gleichartig ist. Auch die Palazzi beeinflussen hier deren Größe nicht. Im Angebot sind Waren aller Branchen, auch wenn sie in Ausnahmefällen einmal in niedrigerer Qualitätsstufe angeboten werden, sowohl in den Geschäften der Palazzi als auch in denen der anderen Gebäudetypen zu finden. Ähnliches gilt auch für die Büronutzung, die auf alle Gebäudetypen gleichmäßig verteilt ist. Untersucht man zum Vergleich die Geschäfte einer Borgostraße, die in direkter Nachbarschaft zu den höchstrangigen Geschäftsstraßen liegt (Karte 54), so fällt hier die generell niedrigere Rangstufe der Geschäfte in der Qualität bei mittel- und langfristigem Warenangebot auf. Dies geht aber eher auf die Nähe des Funktionsraumes des „zentralen Marktviertels" zurück, das ja gerade durch diese niedrige Qualitätsstufe gekennzeichnet ist (Sabelberg 1980a), als auf den Gebäudetyp. Die Verlegung dieses „zentralen Marktviertels" in diesem Stadtbereich um 1880 ist jedoch möglicherweise auf die geringwertige Bausubstanz der Borghi zurückzuführen.

In niederrangigen Geschäftsstraßen, die randlich im Hauptgeschäftszentrum liegen, scheint dagegen der Einfluß der Palazzi auf die Anordnung der Geschäftstypen stärker zu sein. Diese Straßen sind durch ein Angebot gekennzeichnet, in dem auch Waren der mittel- und langfristigen Bedarfsstufe in mittlerer bis unterer Qualität zu finden sind. Die Büronutzung ist stark eingeschränkt. Zusätzlich haben diese Straßen einen hohen Anteil an Handwerkerbetrieben. An diesem Geschäftsstraßentyp – z.B. der Via Pietrapiana (Karte 55) mit einem größeren Palazzoanteil – lassen sich für die Lokalisation der tertiären Funktionen vier Besonderheiten feststellen:

1. In den Straßen mit einer geschlossenen Geschäftsfront fallen die Palazzi häufiger dadurch auf, daß sie keine oder nur vereinzelte Geschäfte beherbergen.
2. Wenn in den Palazzi Geschäfte eingerichtet sind, haben diese innerhalb der Straße ein höherwertiges Angebot entweder in ihrer Warengruppe oder in ihrer Qualitätsstufe.
3. Die Büros, Praxen und Verwaltungsstellen sind überwiegend in den Palazzi konzentriert.
4. Die häufiger auftretenden Handwerksbetriebe finden sich selten in den Palazzi. Die höherrangigen tertiären Nutzungen bevorzugen also in diesen Straßen die Palazzi.

Somit wirkt sich in den niederrangigen Geschäftsstraßen der Gebäudetyp mit seinen repräsentativen Formen stärker auf die Anordnung der Geschäfte aus als im Hauptgeschäftszentrum. Auch bei der Borgostraße (Karte 56) gilt die gleiche Bevorzugung der vereinzelten Palazzi.

Die *öffentlichen Palazzi* wurden bisher von der Betrachtung ausgenommen. Sie sind, wie in der Stadtgeschichte dargestellt wurde, als Gebäude im 13. Jahrhundert von vornherein für die Verwaltung der Stadt (Palazzo del Popolo, Palazzo del Podestà) oder als Verwaltungsgebäude der „Artes"[45] errichtet worden. Einige der

45 Die „Artes" werden allgemein mit „Zünften" übersetzt. Dies erinnert jedoch zu sehr an die

Karte 54:
Geschäfts- und Büronutzung im Borgo San Lorenzo, Florenz

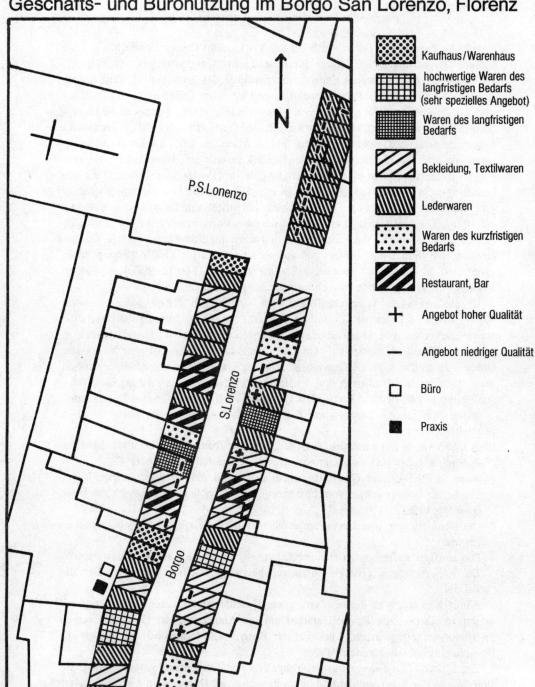

Kaufhaus / Warenhaus

hochwertige Waren des
langfristigen Bedarfs
(sehr spezielles Angebot)

Waren des langfristigen
Bedarfs

Bekleidung, Textilwaren

Lederwaren

Waren des kurzfristigen
Bedarfs

Restaurant, Bar

+ Angebot hoher Qualität

− Angebot niedriger Qualität

☐ Büro

■ Praxis

Quelle : Eigene Erhebungen 1980

0   50m

Karte 55 : Geschäfts- und Büronutzung in der Via Pietrapiana, Florenz

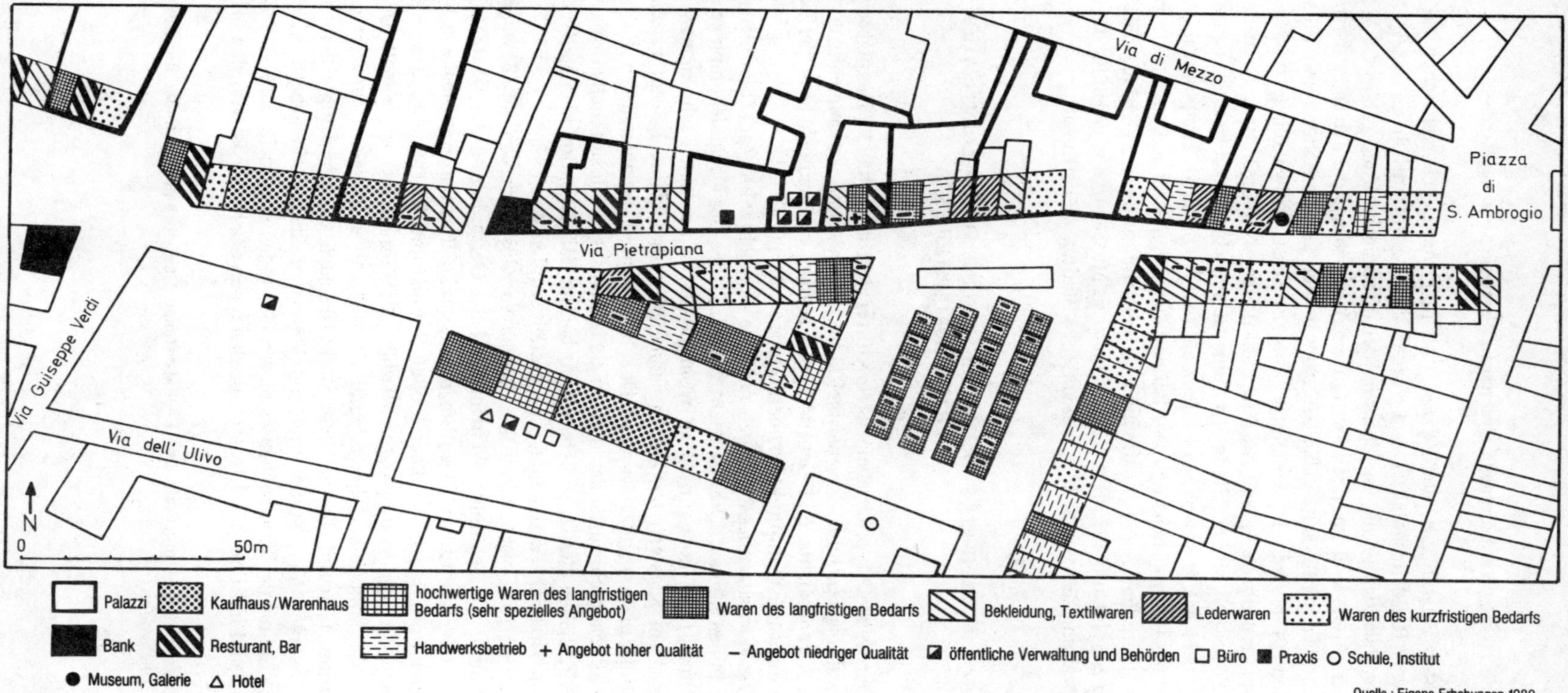

Piazza di S. Ambrogio

Via di Mezzo

Via Pietrapiana

Via dell' Ulivo

Via Guiseppe Verdi

N

50m

Quelle : Eigene Erhebungen 1980

Legende:
- Palazzi
- Bank
- Museum, Galerie
- Kaufhaus/Warenhaus
- Resturant, Bar
- Hotel
- hochwertige Waren des langfristigen Bedarfs
- Handwerksbetrieb
- Waren des langfristigen Bedarfs (sehr spezielles Angebot)
- + Angebot hoher Qualität
- − Angebot niedriger Qualität
- Bekleidung, Textilwaren
- Waren des kurzfristigen Bedarfs
- öffentliche Verwaltung und Behörden
- Lederwaren
- Büro
- Praxis
- Schule, Institut

privaten Palazzi, z.B. der Palazzo Pitti in Florenz, bekamen schon im 16. Jahrhundert Residenzcharakter und wurden damit zu öffentlichen Palazzi. Die öffentlichen Palazzi sind alle im Eigentum der öffentlichen Hand geblieben. Wegen ihres hohen Alters und ihrer repräsentativen Ausstattung, die der Selbstdarstellung der Macht der Städte galt, haben sie einen hohen künstlerischen Rang. So sind sie in Teilen zu Museen umgewandelt worden. Diese Umwandlung fand jedoch nur selten deshalb statt, weil sie ihre Funktionen verloren hatten. Auch der Palazzo del Popolo als Sitz der Stadtverwaltung ist mit seinen Prachträumen heute Museum. Trotzdem hat er sowohl in Florenz als auch in Siena als Hauptaufgabe seine Verwaltungsfunktion behalten. Der Bürgermeister der Stadt und auch eine große Zahl von städtischen Ämtern befinden sich weiterhin in diesem Gebäude. Die Entwicklung zur Nutzung der öffentlichen Palazzi als Museen und zugleich für die städtische Verwaltung läßt sich in allen toskanischen Städten wiederfinden.

6.2.2. DIE KLÖSTER UND IHR EINFLUSS AUF DIE LOKALISATION TERTIÄRER FUNKTIONEN

Der Gebäudetyp der ehemaligen Klöster liegt nur selten im Hauptgeschäfts- und Verwaltungszentrum der Beispielstädte. Nach dem Zusammenhang zwischen Bevölkerungsdichte und Gebäudetypen können sie dennoch nach der Säkularisation nicht nur Wohnfunktion übernommen haben (Tab. 21).

Die ehemaligen Köster haben nur eine eingeschränkte Zahl von Folgenutzungen aufnehmen können. Dies ist leicht aus der Größe der Gebäudekomplexe erklärbar. So umfaßt der hohe Anteil an Wohnnutzungen nur einen sehr kleinen Teil eines ehemaligen Klosters; nur in Ausnahmefällen sind kleine Klöster ganz in Wohngebäude umgewandelt worden. Der hohe Anteil an kirchlichen Einrichtungen kommt dadurch zustande, daß zu den ehemaligen Klosterkirchen, die weiterhin im kirchlichen Besitz geblieben sind, bei der Säkularisation kleinere Gebäudeteile für die kirchliche Verwaltung bereitgestellt worden sind.

Die übrige Folgenutzung der ehemaligen Klöster werden durch zwei Merkmale bestimmt: die geräumige Weitläufigkeit der Gebäude und der Übergang in staatliches oder städtisches Eigentum mit der Säkularisation. Entsprechend haben sich tertiäre Funktionen, die einen großen Raumanspruch haben und die von der Kommune oder vom Staat getragen werden, mit Vorrang hier angesiedelt. Deshalb finden sich Militäreinrichtungen und Gefängnisse so nahe am funktionalen Stadtzentrum. Genauso führten diese Merkmale auch zur Einrichtung der Universität, von Schulen aller Stufen und von Museen in diesen ehemaligen Klöstern. Die Lokalisation der Krankenhäuser in den Gebäuden entspricht dagegen der früheren sozialen Funktion der Klöster innerhalb der Stadt. Sie ist von der öffentlichen

Bezeichnungen innerhalb des Feudalsystems. Deshalb wurde hier der italienische Begriff beibehalten.

Hand mit dem Gebäudetyp übernommen worden, und sie ist damit auch in den Gebäuden konstant geblieben. Auch die Lokalisation von Bibliotheken beruht in Ansätzen auf einer alten Funktion der Klöster, die von der öffentlichen Hand weitergeführt wurde. Dies belegt z.B. die „Biblioteca Laurenziana" im Kloster S. Lorenzo.

Tab. 21: Die Nutzung von 92 ehemaligen Klöstern in Florenz (Mehrfachnutzung möglich)

Staatliche und kommunale Behörden		
1. öffentliche Verwaltung	6	6 %
2. Militär	25	23 %
3. Gefängnisse	3	3 %
Kulturelle Einrichtungen		
4. Universität	8	7 %
5. Schulen	27	25 %
6. Museen	8	7 %
7. Bibliotheken	4	4 %
8. sonstige kulturelle Einrichtungen	8	7 %
Übrige Nutzungen		
9. Krankenhäuser	2	2 %
10. kirchliche Einrichtungen	23	21 %
11. Wohnungen	32	29 %
12. private Büros	4	4 %
13. Geschäfte/Werkstätten	18	17 %
14. Hotels	2	2 %

Quelle: Fantozzi Micali/Roselli 1980; eigene Erhebungen 1980

Die Bedeutung der Klöster für die Lokalisation der tertiären Nutzungen wird klar, wenn man berücksichtigt, ob deren Lage nach der üblichen Modellvorstellung „funktionsgerecht" ist. Nur wenige der in den ehemaligen Klöstern des „centro storico" von Florenz angesiedelten Funktionen erwartet man im eigentlichen Hauptgeschäfts- und Verwaltungszentrum einer Stadt (Karte 56); darüber hinaus ist aber auch ihre Lage im historischem Kern der Stadt so nahe am funktionalen Zentrum sehr ungewöhnlich. Besonders deutlich wird das für die militärischen Einrichtungen und für die Gefängnisse, deren „zentrale" Lage nur dadurch zu erklären ist, daß so große Gebäudekomplexe in Staatsbesitz gelangt sind. Aus dem gleichen Grunde ist auch die Lage der Universität zu erklären, obwohl deren Nähe zum Stadtzentrum nicht ganz so widersinnig erscheint. Ungewöhnlich ist sicher auch der hohe Anteil an Schulen, der einerseits durch die Eigentumsverhältnisse und die Gebäudetypen bedingt ist, der andererseits aber auch der großen Bevölkerungsdichte im „centro storico" entspricht. Damit haben die ehemaligen Klöster

Karte 56 : Gegenwärtige Nutzungen der ehemaligen Klöster und Palazzi im Norden des "centro storico" von Florenz

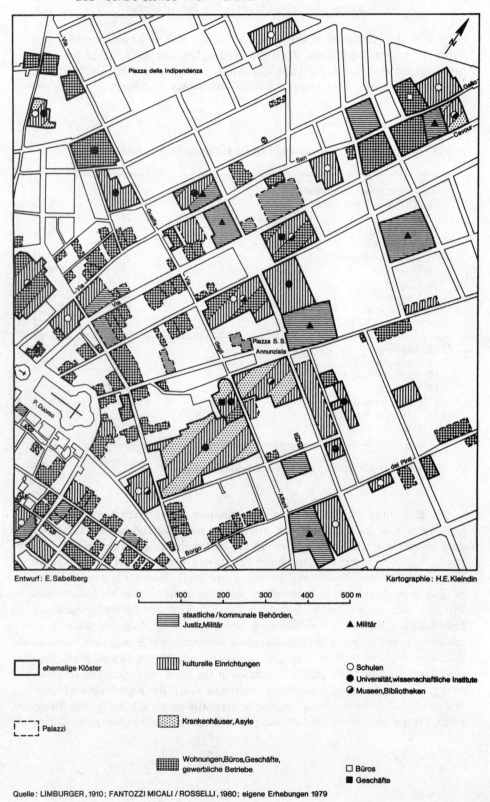

Entwurf : E.Sabelberg

Kartographie : H.E.Kleindin

```
0    100   200   300   400   500 m
```

▨	staatliche / kommunale Behörden, Justiz, Militär	▲ Militär
☐ ehemalige Klöster	▥ kulturelle Einrichtungen	○ Schulen
		● Universität, wissenschaftliche Institute
		◕ Museen, Bibliotheken
⌐ ̅ ̅¬ Palazzi	▦ Krankenhäuser, Asyle	
	▦ Wohnungen, Büros, Geschäfte, gewerbliche Betriebe	☐ Büros
		■ Geschäfte

Quelle : LIMBURGER , 1910 ; FANTOZZI MICALI / ROSSELLI , 1980 ; eigene Erhebungen 1979

durch ihre besondere Baustruktur und durch ihre besondere Geschichte einen sehr starken Einfluß auf die Lokalisation bestimmter Dienstleistungen.

6.2.3. ZUSAMMENFASSUNG:
DER EINFLUSS DER GEBÄUDETYPEN AUF DIE LOKALISATION DER
TERTIÄREN FUNKTIONEN IN DEN „CENTRI STORICI" DER
TOSKANISCHEN STÄDTE

Einzelne Gebäudetypen der „centri storici" in den toskanischen Beispielstädten, dargestellt am Beispiel der Palazzi und der Klöster, haben auf die Anordnung bestimmter tertiärer Funktionen einen ganz erheblichen Einfluß, der sich durch folgende Punkte charakterisieren läßt:

1. Die Palazzi ziehen vorwiegend hochrangige tertiäre Funktionen mit einem gewissen Anspruch an ein respräsentatives Gebäude und an eine großzügige Raumgestaltung an. Für einzelne der Dienstleistungen, wie z.B. für die Banken und die öffentliche Verwaltung, ist die Anziehungskraft der Palazzi in allen Teilbereichen der Stadt dominant. Auf die Anordnung anderer Nutzungen wirken sie sich dagegen nur in einigen Teilbereichen der Stadt aus. Dies gilt z.B. für die hochrangigen Geschäfte, für die Praxen und Büros, die nur in den randlichen Bereichen des Hauptgeschäfts- und Verwaltungszentrums die Palazzi offensichtlich bevorzugen. Die Gründe für den Einfluß der Palazzi liegen wohl in ihrer besonderen inneren Baustruktur und daran, daß sie ihren Charakter als repräsentative Gebäude erhalten haben.
2. Die Gebäude der ehemaligen Klöster bestimmen die Lage bestimmter tertiärer Nutzungen, obwohl sie zum überwiegenden Teil außerhalb des Hauptgeschäftszentrums liegen. In ihnen haben sich vor allem die staatlichen und kommunalen Behörden sowie kulturelle Einrichtungen von öffentlichen und privaten Trägern neu angesiedelt. Diese Gebäude ziehen auch Funktionen an, die im allgemeinen nicht in der Nähe des funktionalen Stadtzentrums lokalisiert sind. Die Gründe hierfür sind vor allem in den weitläufigen Gebäudeanlagen und in der häufigen Übernahme dieser Gebäude durch die öffentliche Hand nach der Säkularisation zu suchen.

Die Gebäudetypen in den „centri storici" der toskanischen Städte beeinflussen also die hochrangigen, großräumig zentral gelegenen tertiären Funktionen in ihrer kleinräumigen Anordnung innerhalb des Hauptgeschäfts- und Verwaltungszentrums. Darüber hinaus führen sie dazu, daß einige Nutzungen im historischen Kern und unmittelbar benachbart zum wirtschaftlichen Zentrum der Stadt liegen, die nach den Modellvorstellungen dort nicht den ihrer Bedeutung gemäßen Platz haben.

6.3. GESCHÄFTSSTRASSENTYPEN UND GEBÄUDETYPEN IN DEN SIZILIANISCHEN BEISPIELSTÄDTEN UND IHRE VERBINDUNG ZUM „CENTRO STORICO"

Die allgemeine Verteilung der Geschäfte und Verwaltungsstellen in den sizilianischen Städten hatte schon gezeigt, daß hier kein geschlossenes wirtschaftliches Zentrum, sondern verschiedene Geschäftsstraßentypen nebeneinander bestehen, die von ihrer Struktur her sehr unterschiedlichen Charakter haben. Diese liegen nicht in dem Gebiet mit den alten vor 1800 entstandenen Gebäuden, sondern sie sind mit zunehmend höherer Rangstufe in immer jüngeren Gebäudetypen lokalisiert. Durch die hieraus erschlossene Verlagerung des höchstrangigen Geschäftszentrums ist keine Konstanz in der Beziehung von Funktion und Gebäudetyp möglich. Es erscheint deshalb angebracht hier von den Geschäftsstraßentypen auszugehen und zu überprüfen, mit welchen Gebäudetyp sie verbunden sind. Es sollen dabei vor allem drei Typen untersucht werden, die Waren der höchstrangigen Bedarfsdeckungsstufe, jedoch auf verschiedenem Qualitätsniveau, anbieten.

6.3.1. DIE EXKLUSIVEN GESCHÄFTSSTRASSEN UND DIE AUFWENDIGEN HOCHBAUTEN DES 20. JAHRHUNDERTS

Die Geschäftsstraßen mit den exklusivsten und aufwendigsten Geschäften, Büros und Verwaltungen liegen in Agrigent und in Catania randlich zum Hauptgeschäfts- und Verwaltungszentrum der Stadt. Es sind in Catania die Via XX Settembre − Corso Italia (Karte 57) und der Corso Sicilia und in Agrigent der Viale della Vittoria. Sie sind meist außerhalb des „centro storico" bei der Errichtung neuer Stadtviertel als Geschäftsstraße angelegt worden; wurden sie, wie der Corso Sicilia in Catania, im „centro storico" auf Abrißflächen errichtet, so haben sie meist sehr niederrangige Gebäudetypen verdrängt (Rochefort 1971a, S. 417f. für Catania). Die Geschäftsstraßen haben eine ungewöhnlich lange Erstreckung, und sie werden dementsprechend kaum von Laufkundschaft benutzt. Das Warenangebot umfaßt alle Branchen, wobei jedoch in Catania die Spezialgeschäfte für mittel- und langfristige Güter dominieren. Die Qualität der angebotenen Waren liegt überwiegend weit über dem Durchschnitt; die Textilgeschäfte z.B. bieten durchweg nur Kleidung bestimmter Modehäuser an; es gibt mehrere Geschäfte für Perserteppiche, für Pelze, für Antiquitäten, für exklusives Porzellan und spezialisierte Einrichtungshäuser (für Bars, Badezimmer usw.) (Tab. 23)[46]. Zusätzlich zu diesem Warenangebot finden sich in diesen Straßen viele Banken, Büros, Praxen und Verwaltungsstellen. Dabei sind solche Einrichtungen oft sehr repräsentativ ausgebaut. So liegen in Catania der sehr aufwendig errichtete Justizpalast und der Palazzo delle Scienze von 1942 mit der Universität am Corso Italia. An der gleichen Straße

---

46 Um die „Exklusivität" dieser Waren richtig zu bewerten, muß man die im Vergleich zu uns viel geringere Kaufkraft in Sizilien berücksichtigen.

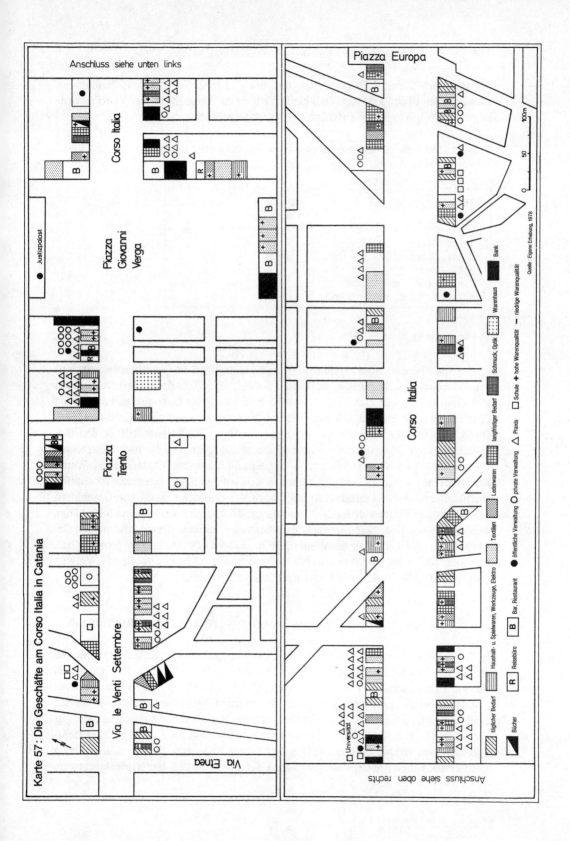

Karte 57: Die Geschäfte am Corso Italia in Catania

Anschluss siehe unten links

Corso Italia

Justizpalast

Piazza Giovanni Verga

Piazza Trento

Piazza Europa

Corso Italia

Via le Venti Settembre

Via Etnea

Universität

Anschluss siehe oben rechts

Quelle: Eigene Erhebung, 1978

0   50   100m

täglicher Bedarf

Haushalt- u. Spielwaren, Werkzeuge, Elektro

langfristiger Bedarf

Lederwaren

Textilien

öffentliche Verwaltung   ● private Verwaltung   △ Praxis

Schmuck, Optik

Warenhaus

Bank

B   Bar, Restaurant

R   Reisebüro

Bücher

+ hohe Warenqualität   − niedrige Warenqualität

□ Schule

befinden sich 9 von 17 Konsulaten, und am Corso Sicilia 10 von 13 Bankhauptverwaltungen (Tab. 22). Am Viale della Vittoria in Agrigent ist die Finanzbehörde
in gleicher Weise in einem aufwendigen Bau untergebracht.

Tab. 22: Die Lage der Bankhauptverwaltungen und Konsulate in
Catania

Straßen mit Nebenstraßen	Bankhaupt-verwaltungen	Konsulate
1. Corso Sicilia	10	–
2. Via XX Settembre/Corso Italia	1	9
3. Via Etnea	1	2
4. im übrigen 'centro storico'	1	4
5. außerhalb des ‚centro storico'	–	2

Quelle: eigene Erhebungen 1978

Die hier beschriebene besondere Kombination tertiärer Funktionen tritt mit
dem Gebäudetyp der aufwendigen Hochbauten des 20. Jahrhunderts zusammen
auf. Gleichzeitig läßt sich in den Straßen eine sehr hohe Überrepräsentierung von
Oberschichtmerkmalen feststellen. Diese Kombination von jungen Gebäudetypen,
Oberschichtbevölkerung und höchstrangigen tertiären Funktionen tritt in den Beispielstädten auch an anderen Stellen auf. So sind in Agrigent die isoliert liegenden
Praxen und Verwaltungsstellen und die einzeln liegenden Geschäfte für Waren
der langfristigen Bedarfsdeckung immer in den aufwendigen, vereinzelt errichteten
Hochbauten des 20. Jahrhunderts zu finden. Die geringe Anzahl von Geschäften
am Viale della Vittoria in Agrigent und die große Anzahl noch leerstehender Läden
entspricht wohl dem beschriebenen spekulativen Charakter dieser aufwendigen Gebäudetypen, auf den auch Ginatempo (1976, S. 49f.) für Messina hingewiesen hat.
Dennoch bleibt die Lokalisation von aufwendigen Praxen und modernen Verwaltungsstellen im Viale della Vittoria ungeschmälert bestehen.

6.3.2. DIE CORSOSTRASSEN UND DIE PRACHTBAUTEN DES 19. JAHRHUNDERTS

Der zweite Geschäftsstraßentyp sind die Corsostraßen, d.h. die Straßen, die
der Bevölkerung der Stadt auch zum Flanieren dienen: Es sind dies in Catania
die Via Etnea (Karte 58) und in Agrigent die Via Atenea. Sie liegen innerhalb des
„centro storico" und werden von den Einwohnern selbst mit zum funktionalen
Stadtzentrum gezählt. Sie haben schon durch ihre Stellung als Corsostraße mit
einem großen Publikumsverkehr, — besonders vormittags bis 11 Uhr und nachmit-
tags zwischen 16 und 20 Uhr, — einen besonderen Charakter. Sie haben die höchste
Dichte von Geschäften, wobei die Waren der hochrangigen Bedarfsdeckungsstufe

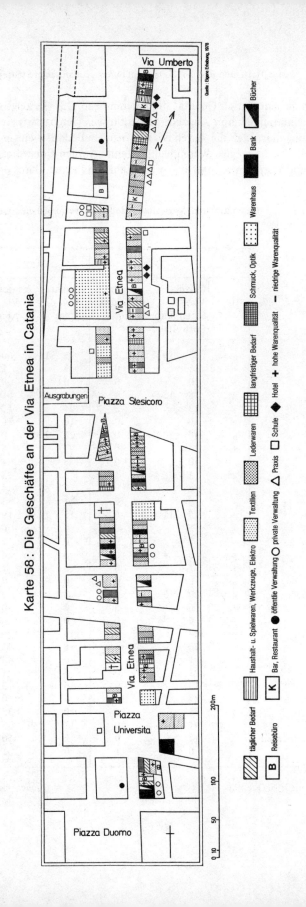

Karte 58: Die Geschäfte an der Via Etnea in Catania

Via Umberto

Via Etnea

Ausgrabungen

Piazza Stesicoro

Via Etnea

Piazza
Universita

Piazza Duomo

Quelle: Eigene Erhebung, 1978

N

0 10   50   100   200m

täglicher Bedarf	langfristiger Bedarf	Warenhaus
Haushalt- u. Spielwaren, Werkzeuge, Elektro	Schmuck, Optik	Bank
B Reisebüro	Lederwaren	Bücher
K Bar, Restaurant	Textilien	

● öffentlie Verwaltung ○ private Verwaltung △ Praxis □ Schule ◆ Hotel + hohe Warenqualität − niedrige Warenqualität

vorwiegend in einer guten Qualität dominieren (Tab. 23). Es zeigt sich jedoch ein deutlicher Unterschied zum Angebot der exklusiven Geschäftsstraßen, der sich z.B. darin dokumentiert, daß die Waren des langfristigen Bedarfs weniger stark vertreten sind und die höchstrangige Warenqualität fehlt. An den Corsostraßen liegen auch die Kauf- und Warenhäuser und eine große Zahl von Praxen, Büros und öffentlichen Behörden.

Tab. 23: Die Verteilung der Geschäfte und Verwaltungsstellen in verschiedenen Geschäftsstraßentypen in Catania und Agrigent

		Typ 1		Typ 2		Typ 3
		Catania Via XX Settembre, Corso Italia	Agrigent Viale della Vittoria	Catania Via Etnea	Agrigent Via Atenea	Catania Via V. Emanuele II
kurzfristiger Bedarf	ges.	25 19 %	1	13 11 %	60 32 %	8 12 %
	+	5	0	7	7	0
	−	0	0	0	9	4
Textilwaren	ges.	18 13 %	4	51 43 %	61 32 %	24 36 %
	+	13	3	24	17	0
	−	0	0	10	16	13
Lederwaren	ges.	40 30 %	0	23 19 %	9 5 %	10 16 %
	+	24	0	7	6	0
	−	0	0	3	4	9
Haushaltswaren	ges.	11 8 %	1	3 3 %	25 13 %	4 6 %
	+	6	0	2	4	0
	−	0	0	1	5	0
Schmuck, Optik Uhren	ges.	15 11 %	0	15 12 %	19 10 %	20 30 %
	+	5	0	4	6	0
	−	1	0	0	2	16
Bücher	ges.	5 4 %	0	6 5 %	14 7 %	0
	+	1	0	0	1	0
	−	0	0	0	7	0
übriger langfristiger Bedarf	ges.	20 15 %	3	8 7 %	2 1 %	0
	+	6	3	2	0	0
	−	0	0	0	0	0
Alle Kleingeschäfte	ges.	134	9	119	190	66
	+	60	6	46	41	0
	−	1	0	0	43	42
Warenhäuser		1	0	5	1	0
Banken		13	2	6	3	4
Schulen		7	15	6	0	0
Praxen		81	15	10	35	0
private Verwaltungen		41	10	11	33	0
öffentliche Verwaltungsstellen		11	0	2	0	0
Großhandlungen		0	1	0	1	53

hohe Qualität + / niedrige Qualität −   *Quelle:* eigene Erhebungen 1978

Dieser Geschäftsstraßentyp ist durch die Gebäudetypen der Prachtstraßen des 19. Jahrhunderts geprägt und auch er zeigt eine starke Überrepräsentierung von Oberschichtmerkmalen. Aus der Entstehungszeit dieser Straßen erklärt sich auch die Lokalisation charakteristischer Verwaltungsstellen. So liegen an ihr die Gebäude der heutigen städtischen Selbstverwaltung, die im 19. Jahrhundert entstanden ist. In Catania ist das im 18. Jahrhundert errichtete Rathaus an der Via Etnea aus der feudalen Stadtverwaltung entstanden; in Agrigent dient ein im 19. Jahrhundert säkularisiertes Kloster am Ende der Via Atenea als Rathaus. Ebenso wurden häufig für staatliche Verwaltungen, die im 19. Jahrhundert erstmals in den Städten größeres Gewicht bekamen, an diesen Straßen Prachtbauten errichtet. In Agrigent liegen sie vorwiegend am Piazzale Roma, und in Catania sind einige dieser Bauten noch in der Umgebung der Via Etnea lokalisiert. Allerdings ist ein Teil dieser Behörden schon wieder in die aufwendigen Neubaustraßen des 20. Jahrhunderts verlegt worden.

6.3.3. DIE EINFACHEN GESCHÄFTSSTRASSEN MIT LANGFRISTIGEM WARENANGEBOT IM ALTEN STADTKERN

Zum dritten Geschäftsstraßentyp gehören die Via Vittorio Emanuele II und die Via Garibaldi im historischen Stadtkern von Catania (Karte 59). In diesen Straßen dominieren sehr auffällig Großhandlungen, die Textilwaren, Lederwaren und Spielwaren anbieten. Sie haben kein sehr repräsentatives Aussehen. Zum großen Teil bauen sie im Stil eines Marktes ihre Kisten mit den Waren vor den eigentlichen Lagerräumen in den Häusern auf und bieten ihre Artikel den Einzelhändlern zum Verkauf an. Neben dieser Spezialisierung befinden sich in diesem Gebiet auch viele Einzelhandelsgeschäfte, die zum größten Teil Waren der langfristigen Bedarfsdeckungsstufe verkaufen. Diese sind jedoch von unterster Qualitäts- und Preisstufe (Tab. 23). Dabei treten wieder Konzentrationen ähnlicher Branchengruppen wie in den vorher beschriebenen Straßen auf (z.B. in der Via Vittorio Emanuele II die Schmuckgeschäfte). Wie in den höchstrangigen Geschäftsstraßen werden auch hier kaum Güter des kurzfristigen Bedarfs angeboten; es dominieren die der mittel- und langfristigen Bedarfsdeckungsstufen. Dennoch erhält die Straße durch die geringe Qualität aller Waren ein sehr niedrigen Rang. Verwaltungsstellen und Praxen sind in diesem Bereich fast gar nicht zu finden. Die Rangstufe dieser Einkaufsstraße wird also z.T. durch die Warengruppen der Branchen und zum größten Teil durch die Qualität der Waren bestimmt.

Dieser Geschäftsbereich ist in der Bausubstanz überwiegend durch Gebäude geprägt, die vor 1800 errichtet worden sind. Unter ihnen befinden sich auch einige Palazzi, die jedoch einen sehr ungepflegten Eindruck machen. In der Bevölkerungsstruktur ist dieser Bereich durch eine Überrepräsentierung der Unterschicht geprägt. Somit ist hier ein alter, ungepflegter Baubestand mit niederrangigen Bevölkerungsschichten und mit der Qualität nach niederrangigen Geschäften vereinigt. Ein ganz ähnlich strukturiertes Geschäftsgebiet liegt in Catania um das Castello Ursino. In

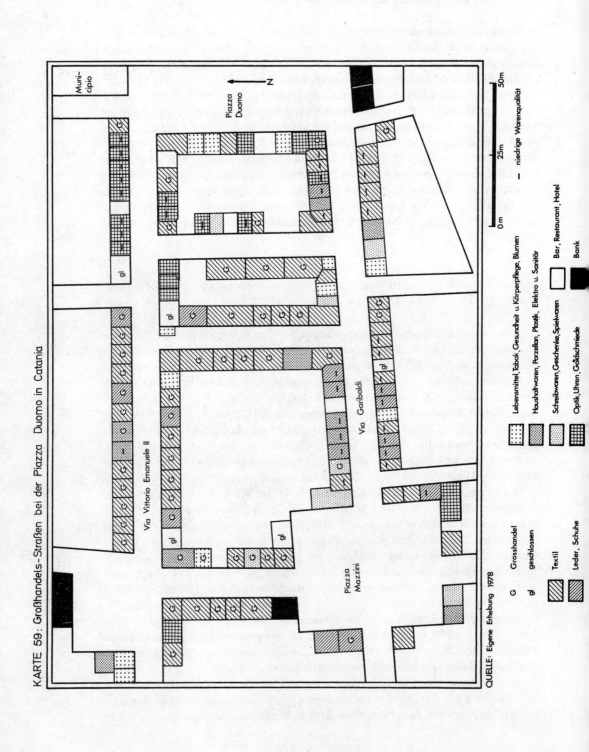

KARTE 59: Großhandels-Straßen bei der Piazza Duomo in Catania

QUELLE: Eigene Erhebung 1978

G   Grosshandel
gl   geschlossen

▨ Textil
▨ Leder, Schuhe

▨ Lebensmittel, Tabak, Gesundheit u. Körperpflege, Blumen
▨ Haushaltwaren, Porzellan, Plastik, Elektro u. Sanitär
▨ Schreibwaren, Geschenke, Spielwaren
▨ Optik, Uhren, Goldschmiede

□ Bar, Restaurant, Hotel
■ Bank

− niedrige Warenqualität

0m   25m   50m

Municipio

Piazza Duomo

Via Vittorio Emanuele II

Via Garibaldi

Piazza Mazzini

N

Agrigent existiert eine vergleichbare Geschäftsstraße allerdings ohne Großhandlungen außerhalb des „centro storico" in der Via Dante — Via Mazzini. Sie ist jedoch mit jüngeren Gebäudetypen verbunden. Auch in Catania gibt es diesen Geschäftsstraßentyp außerhalb des „centro storico" noch an anderer Stelle, in ähnlicher Grundstruktur jedoch mit wechselnder Dominanz unterschiedlicher Warengruppen. Somit besteht in diesem Fall kein eindeutiger Zusammenhang von Geschäftsstraßentyp und Gebäudetyp.

6.3.4. EINIGE GEBÄUDETYPEN UND IHRE BEDEUTUNG FÜR DIE LOKALISATION DER TERTIÄREN FUNKTIONEN

Bisher ließ sich die Verteilung der hochrangigen Geschäftsstraßentypen mit den aufwendigen Gebäuden in Zusammenhang bringen. Die in den toskanischen Städten für die Verteilung der Funktionen so wirksamen historischen Gebäudetypen der Palazzi und Klöster existieren in den sizilianischen Städten auch, freilich in einer andersartigen Struktur. Deshalb muß untersucht werden, welche Einwirkungen diese Gebäudetypen auf die tertiären Funktionen in den sizilianischen Städten haben.

Die Palazzi in den sizilianischen Städten sind in ihrer Mehrzahl so ungepflegt, daß sie zum großen Teil nur noch an Resten der äußeren Schmuckelemente erkennbar sind. Sie liegen meist außerhalb der Geschäftsstraßen und sind zu einfachen Wohnbauten abgesunken[47]. Nur wenige Palazzi sind heute gut erhalten; sie gehörten meist sehr bekannten und einflußreichen Familien, und sie sind überwiegend von besonderem kunstgeschichtlichem Interesse. Diese Bauten beherbergen fast ausschließlich Museen, die z.T., wie beim Palazzo Biscari in Catania, aus Sammlungen der alten Adelsfamilien hervorgegangen sind und in jüngerer Zeit mit den Sammlungen den Städten geschenkt wurden. Die gepflegt erhaltenen Palazzi sind jedoch die Ausnahme.

Die Klöster erlebten eine ähnliche Entwicklung wie die in den toskanischen Städten. Sie wurden im 19. Jahrhundert säkularisiert, und auch in den sizilianischen Städten wurde ein Teil der Klöster für staatliche und kommunale Behörden und Einrichtungen verwendet. So sind z.B. das Gefängnis in Agrigent und auch das dortige Rathaus ehemalige Klöster. Einige der Klöster wurden auch als Schulen genutzt. Jedoch sind diese Folgenutzungen die Ausnahme und keineswegs so regelhaft vorhanden wie in den toskanischen Städten. Die überwiegende Mehrzahl der staatlichen und kommunalen Behörden — vor allem die, die hoch bewertet wurden, wurden in Neubauten an den modernen Prachtstraßen untergebracht. Im allgemeinen verfielen die Klöster in den sizilianischen Städten nach ihrer Aufhebung, und sie wurden in einfache Wohnbauten umgewandelt. Diese Entwicklung bestätigt sich auch in anderen Städten Süditaliens, wie etwa in Neapel, wo viele Klöster nach ihrer Aufhebung erst Industrie- und Handwerksbetriebe auf-

---

47 Dies ist für viele sizilianischen Städten belegt (z.B. für Cefalù: Culotta 1978; u.a.).

nahmen und schließlich Wohnungen wurden (Döpp 1968, S. 247ff.)[48]. Zum Teil sind die Veränderungen der Klöster seit ihrer Aufhebung so stark, daß die alten Strukturen aus der heutigen Bausubstanz nur noch mit Mühe erkennbar sind.

Die Palazzi und Klöster haben in den sizilianischen Städten keine bedeutsamen Auswirkungen auf die Lokalisation der tertiären Funktionen gehabt. Obwohl auch in Sizilien die historischen Gebäudetypen noch bestehen, ist ihre Wechselwirkung mit der Anordnung der tertiären Funktionen in grundsätzlich anderen Bahnen verlaufen als in der Toskana, wo die mittelalterliche Bausubstanz noch immer von erstrangiger Bedeutung für das Gesicht und das öffentliche und private Leben der Städte ist.

6.3.5. ZUSAMMENFASSUNG:
DER ZUSAMMENHANG ZWISCHEN DEN GEBÄUDETYPEN UND DEN INNERSTÄDTISCHEN FUNKTIONSBEREICHEN IN DEN SIZILIANISCHEN BEISPIELSTÄDTEN

In den sizilianischen Beispielstädten haben die alten Gebäudetypen der „centri storici" die tertiären Funktionen nicht an sich gezogen. Da jedoch die Gebäude lange erhalten blieben, mußten sich viele innerstädtische Funktionen außerhalb dieser alten bebauten Bereiche ansiedeln. Die Palazzi als Oberschichtbauten liegen heute vorwiegend in Wohngebieten, und sie werden ausschließlich als Wohnungen genutzt. Der Zusammenhang zwischen den jüngeren Gebäudetypen und der tertiären Nutzung läßt sich in folgenden Punkten zusammenfassen:

1. Die hochrangigen Geschäfts- und Verwaltungsstraßen liegen deutlich voreinander getrennt in jeweils anderen Bereichen der Stadt. Sie lassen sich nach Branchenangebot und Warenqualität der Geschäfte, nach der Anzahl der Praxen und Büros sowie nach dem Aufwand der dort lokalisierten staatlichen und städtischen Verwaltungsbauten deutlich in unterschiedliche Rangstufen unterteilen.

2. Je jünger die aufwendigen Gebäudetypen der Straßen sind, desto höherrangig sind die Geschäfte und Verwaltungsstellen. Die exklusiven Geschäfte liegen in den Straßen mit aufwendigen Hochbauten des 20. Jahrhunderts, die nächst niedrigere Rangstufe der Corsostraße ist mit den Prachtbauten des 19. Jahrhunderts vergesellschaftet. Die niederrangigen Geschäftsstraßen liegen in älteren oder jüngeren Gebäuden, ohne daß sich ein Zusammenhang zu bestimmten Gebäudetypen ergibt. Die Straßen mit ranghöchsten Geschäften und Verwaltungsstellen sind gleichzeitig auch die Gebiete, die durch einen besonders hohen Anteil an Oberschichtbevölkerung gekennzeichnet sind.

3. Die Gebäudetypen der Palazzi und der ehemaligen Klöster bedingen in den sizilianischen Städten keine besondere Anordnung von tertiären Funktionen. Sie sinken im allgemeinen zu niederrangigen Wohngebäuden ab.

48 Die Nutzung der Klöster für Amtsstellen und ihre Umwandlung in einfache Wohnungen ist auch für viele andere Städte belegt (z.B. für Naro: Gangemi/La Franca 1978; für Cefalù: Culotta 1978; u.a.m.).

Aus diesem Zusammenhang zwischen Ranghöhe der Geschäftsstraßen und Alter der aufwendigen Gebäudetypen sowie aus der Lage der ranghöchsten Geschäftsstraßen außerhalb des „centro storico" läßt sich eine Verlagerung der Straßen mit den ranghöchsten tertiären Funktionen mindestens seit dem 19. Jahrhundert erneut bestätigen[49]. In der zweiten Hälfte des vorigen Jahrhunderts wurden die Corsostraßen mit aufwendigen Prachtbauten angelegt und sie waren für die Geschäftswelt, die staatlichen und kommunalen Verwaltungen sowie für die Praxen die höchstrangige Straße, in der sich alle diese Funktionen konzentrierten. Der Ausbau von Straßen mit aufwendigen Hochbauten im 20. Jahrhundert führte zur Verlagerung der höchstrangigen tertiären Funktionen dorthin. Dabei weisen die Funktionen der Corsostraßen eine gewisse Persistenz auf, sie sinken allenfalls nur langsam in ihrer Rangstufe ab. Besonders stark erhalten sich die staatlichen und kommunalen Behörden. Nur neu errichtete Dienststellen und „moderne" Abteilungen, wie etwa das Amt für Statistik in Agrigent, wandern in die neue hochrangige Straße ab. Damit ist für die Verteilung der tertiären Funktionen verschiedener Rangstufe in den sizilianischen Städten nicht die Konstanz der Nutzungen und Gebäudetypen wichtig, vielmehr folgen der Verlagerung der nach Gebäudetypen und Sozialschichtung höchstrangigen Straßen die hochrangigen tertiären Funktionen. Dadurch erhält das Hauptgeschäftszentrum der sizilianischen Städte seine eigenartige Struktur.

6.4. DIE LOKALISATION DES HANDWERKS IN TOSKANISCHEN UND SIZILIANISCHEN BEISPIELSTÄDTEN

Der hohe Anteil von Handwerksbetrieben gehört allgemein zu den charakteristischen Erscheinungen der italienischen Städte, und er fällt auch aus zwei Gründen als Besonderheit auf. Einerseits gibt es in den Städten zahlreiche Handwerksbetriebe, die zum überwiegenden Teil Kleinbetriebe sind; andererseits trifft man vielfach auf Betriebe, die ein bei uns selten gewordenes Kunsthandwerk betreiben. Dabei zeigen sich regionale Unterschiede in der Struktur der Handwerksbetriebe. In den toskanischen Städten ist der Anteil der kunsthandwerklich orientierten Betriebe sehr hoch, während in Sizilien die traditionellen Handwerke für den normalen Verbrauch dominieren.

Die Quellenlage für eine Untersuchung des Handwerks ist sehr ungünstig. In der offiziellen Statistik werden Handwerks- und Industriebetriebe zusammen erfaßt, so daß höchstens über Beschäftigtenzahlen die Handwerksbetriebe ausgegliedert werden können. Die Meldekarteien für Handwerker in den Industrie- und Handelskammern geben auch kein korrektes Bild, da viele der Gemeldeten ihren Beruf

---

49 Diese Verlagerung der hochrangigen tertiären Nutzungen aus dem „centro storico" hinaus wird für süditalienische Städte häufig beschrieben, ohne daß dies als ein charakteristisches Strukturmerkmal erkannt worden wäre (für Ragusa-Iblea: Anfossi/Talamo/Indovina 1959; für Pescara: Bonasera 1965; für Neapel: Döpp 1968; für Milazzo: Fornaro 1956; für Lecce Novembre 1961; für Cefalù: Culotta 1978; für Cosenza: Wallbaum 1980; für Tarent: Leers 1981; u.v.a.m.).

längst nicht mehr ausüben. Man nimmt an, daß bis zu 50 % der hier angegebenen Handwerker falsch gezählt sind. Die Kartierung der Handwerksbetriebe ergibt ebenfalls kein genaueres Bild der Handwerksgliederung, da hier nur die sichtbaren Betriebe erfaßt werden können. Ein wesentlicher Teil des Handwerks findet aber in Heimarbeit statt. Es muß also versucht werden, die Handwerksstruktur aus diesen verschiedenartigen, unvollständigen Quellen zu erschließen.

Tab. 24: Der Anteil der verschiedenen Branchen an den Handwerksbetrieben in Siena und Agrigent

	Siena		Agrigent		
		%	Gesamt-stadt	%	„centro storico"
1. Autoreparatur	68	25	120	54	19
2. Druckerei	7	3	7	3	6
3. Feinmechanik	26	9	19	9	16
4. Holzverarbeitung	70	26	27	12	20
5. Bau, Steine, Erden	9	3	4	2	–
6. Lederverarbeitung	31	11	14	6	–
7. Metallverarbeitung	32	12	23	10	11
8. Textilverarbeitung	20	7	7	3	7
9. Chemische Handwerksberufe	11	4	3	1	–
	274		224		

Quelle: Pricking 1980; eigene Erhebungen 1978

Die *Aufgliederung der kartierten Handwerksbetriebe* zeigt eine für Agrigent und Siena deutlich unterschiedliche Struktur in der Zusammensetzung (Tab. 24). In beiden Städten ist der Anteil der Betriebe, die mit Autoreparatur und Autopflege zu tun haben, sehr groß. In Agrigent dominieren sie jedoch stärker als in Siena. In Siena ist dagegen der Anteil der holzverarbeitenden Handwerksbetriebe sehr viel höher als in Agrigent. Zusätzlich haben auch die Betriebe der Leder-, der Metall- und der Textilverarbeitung einen höheren Anteil. Diese Untergliederung der Handwerksbetriebe nach Branchen ist nicht sehr aussagekräftig, da unter den verschiedenen Rubriken qualitativ ganz unterschiedlich zu bewertende-Handwerksberufe zusammengefaßt werden. In dem holzverarbeitenden Handwerk findet sich in den toskanischen Städten ein großer Anteil von Bilderrahmenschnitzern, Drechslern, Möbelschreinern usw., während es in Sizilien vor allem Reparatur- und Bauschreinereien sind. Unter den metallverarbeitenden Handwerksbetrieben in den toskanischen Städten spielen die Kunstschmiede eine große Rolle, während in den sizilianischen Städten die überwiegende Mehrzahl der Betriebe Balkongitter für Neubauten

herstellt. Es besteht also immer wieder ein Unterschied zwischen den mehr kunsthandwerklich orientierten Betrieben in den toskanischen Städten und den mehr auf
einfache Arbeiten ausgerichteten Handwerksbetrieben in den sizilianischen Städten
(ähnlich für Neapel: Döpp 1970, S. 148ff.). Diese Strukturunterschiede werden
durch die Untergliederung nach Branchen nur ungenügend dargestellt, z.T. werden
sie sogar verwischt.

Es soll versucht werden, mit einer anderen Art der Klassifizierung der Handwerksberufe die Strukturunterschiede besser zu erfassen. Für die Untergliederung
der *Handwerker in den sizilianischen Städten* wurde aus der Handwerkermeldekartei
der „Camera di Commercio" jeweils eine Stichprobe für Agrigent und für die Nach-
barstadt Favara ausgewertet[50]. In dieser Kartei wird der Begriff des Handwerkers
sehr weit gefaßt. Vielfach sind auch Hilfsarbeitsberufe wie Autowäscher als eigen-
ständiges Handwerk registriert worden. Alle in dieser Kartei aufgeführten Berufe
werden im folgenden als Handwerkerberufe angesprochen. Die Untergliederung der
Berufsangaben der Handwerker wurde nach sinngemäßen Gruppen vorgenommen,
die sich aus der Bewertung durch die Bevölkerung („moderne" und „traditionelle"
Berufe) und der notwendigen Ausbildung (spezielle Ausbildung oder Hilfsarbeitsberufe) ergeben. Die Verteilung auf die verschiedenen Gruppen ist in Agrigent und
Favara sehr gleichartig; sie zeigt Eigenheiten, die für die sizilianischen Städte typisch
sind (Tab. 25). Die Handwerker der Textilbranche[51] haben im Vergleich zur Kartierung einen sehr hohen Anteil, und sie treten hier überwiegend als Frauenberufe auf.
Es sind dies vor allem Frauen, die in Heimarbeit für die Textilindustrie arbeiten; so
existieren hier keine eigenständigen Handwerksbetriebe. Diese Art der Frauenar-
beit ist in Sizilien sehr weit verbreitet (s. auch: Cutrufelli 1976, S. 140ff.; Lay 1980,
S. 33f.; Schenda/Schenda 1965, S. 42, 96f.) und sie wird vor allem von den Frauen
der ärmeren Bevölkerungsschichten betrieben. Unter den restlichen Berufsgruppen
der Handwerker — jetzt vor allem auf die männlichen Handwerker bezogen — sind
drei Gruppen von großer Wichtigkeit: die Hilfsberufe[52], die Berufe, die mit Autoreparatur zusammenhängen[53] und die Berufe, für die zwar keine Ausbildung, aber
ein Startkapital notwendig ist[54].

Die Hilfsarbeitsberufe ersetzen die früher in der Berufsgliederung dominierende
Beschäftigung als Landarbeiter (Demarco 1964, S. 53ff.), und hieraus erklärt sich
auch ihr hoher Anteil. Der Berufswechsel, der sich in der Statistik in einem extre-

---

50 Für Agrigent wurden 319 von 1.500 und für Favara 321 von 1.200 Fällen ausgewertet.
51 Die Handwerksberufe der Textilverarbeitung sind in der Kartei noch weiter aufgegliedert in
   Hosenschneider, Hemdenschneider, Stricker, Sticker, Strumpfwirker usw.
52 Hierunter werden vor allem niederrangig bewertete Berufe, für die auch keine Ausbildung
   notwendig ist, zusammengefaßt wie etwa Autowäscher, Erdarbeiter, Bauarbeiter, Steinbrucharbeiter usw.
53 Wegen der hohen Bewertung des Autos sind diese Berufe sehr beliebt und entsprechend
   überlaufen. Ihr Spektrum reicht von der Karosseriereparatur über den Automechaniker bis
   zum Autolackierer.
54 In dieser Gruppe sind vor allem Berufe zusammengefaßt, die Transporte mit einem eigenen
   Auto oder Lastwagen übernehmen.

men Rückgang der in der Landwirtschaft tätigen Bevölkerung auswirkt, hat also letztlich nicht zu einer Änderung der sozialen Wertigkeit der Berufsgruppen geführt (ähnlich auch Schneider 1969, S. 117ff.; Ginatempo 1976, S. 110ff.; Hytten/Marchioni 1970; u.a.). Die Hilfsarbeitsberufe dominieren weiterhin (eine entgegengesetzte Interpretation siehe King/Strachan 1978). Nicht viel anders müssen die Berufe ohne Ausbildung mit eigenem Startkapital bewertet werden. In sie drängen vor allem rückgewanderte Gastarbeiter, die hier ihre Ersparnisse anlegen. In diesen Berufen sind die Beschäftigten nicht voll ausgelastet, und sie müssen entsprechend extrem lange Arbeitszeiten aufwenden, um den Lebensunterhalt zu verdienen. Die Berufe der Autoreparaturbranche sind Traumberufe unter den als „modern" geltenden Handwerksberufen, für die auch die Ausbildungsanforderungen nicht zu speziell sind. Diese Berufe sind sehr überlaufen, denn sie werden von den mit Hilfsarbeiten Beschäftigten als Aufstiegsmöglichkeit angesehen. Dies wirkt sich auch in einer extremen Spezialisierung der einzelnen Werkstätten aus[55].

So können die Handwerksgruppen der Tabelle 25 in vier große Kategorien zusammengefaßt werden:

1. Moderne Berufe mit einer speziellen Ausbildung, die sehr hoch gewertet werden. In ihnen ist nur ein sehr kleiner Teil der Handwerker beschäftigt.

Tab. 25: Der Anteil der unterschiedlichen Handwerksgruppen an den registrierten Handwerkern (in %)

	Favara			Agrigent		
	gesamt	männlich	weiblich	gesamt	männlich	weiblich
Moderne Berufe mit spezieller Ausbildung	2	4	–	2	4	1
traditionelle Handwerksberufe mit Ausbildung	11	21	1	12	23	1
traditionelle Eisenverarbeitung	2	4	1	2	3	1
traditionelle Berufe (lebensmittelbranche)	3	6	1	3	6	1
Autoreparatur	5	10	–	10	20	–
selbständige Berufe ohne Ausbildung mit Anfangskapital	8	14	–	3	6	–
Hilfsarbeiterberufe	17	32	–	16	32	–
Berufe der Textilindustrie	52	9	97	52	6	96

Quelle: Kartei der ‚Camera di commercio industria artigianato ed agricoltura'

55 So werden etwa die Werkstätten für Karosseriereparaturen und für Karosserielackierungen getrennt geführt.

2. Traditionelle Berufe, für die meist eine Ausbildung notwendig ist und die zur Deckung der normalen Ansprüche der städtischen Bevölkerung an Versorgungs- und Reparaturarbeiten dienen. Der Anteil an Handwerkern in dieser Gruppe muß als Normalausstattung einer Stadt gewertet werden.

3. Berufe, die heute Ausweichmöglichkeiten für die früher als Landarbeiter tätige ärmere Bevölkerung darstellen. In dieser Gruppe sind über 50 % aller „Handwerker" beschäftigt.

4. Typische Handwerksberufe der Frauen, die allgemein sehr niedrig bewertet werden und die nur aus wirtschaftlicher Not als Zuerwerb für das Familieneinkommen angenommen werden. Es handelt sich hier fast ausschließlich um Heimarbeiten für Industriebetriebe.

Für eine vergleichbare Untersuchung liegt in *Siena nur die Auswertung der offiziellen Betriebszählung* vor (Tab. 26)[56]. Da hier Betriebe und nicht die Hand-

Tab. 26: Die Untergliederung der Handwerksbetriebe in Siena

	Gesamt		„centro storico"		Neustadt	
1. Autoreparatur	130	12 %	59	8 %	71	16 %
2. Traditionelles Handwerk ohne Ausbildung	199	19 %	73	12 %	126	28 %
3. Traditionelles Handwerk, niederrangig, mit Ausbildung	391	37 %	249	41 %	142	31 %
4. Traditionelles Handwerk: Holzverarbeitung	119	11 %	79	13 %	40	9 %
5. Traditionelles Handwerk: Eisenverarbeitung	82	8 %	34	6 %	48	10 %
6. Traditionelles Handwerk, hochrangig	41	4 %	32	5 %	9	2 %
7. Traditionelles Handw., kunsthandwerklich	56	5 %	47	8 %	9	2 %
8. Handwerk mit moderner, spezieller Ausbildung	48	4 %	38	7 %	10	2 %

Quelle: Istat 1971 e

56 In Siena wurde eine Auswertung der Kartei der Industrie- und Handelskammer nicht gestattet. Statt dessen konnten hier die Betriebserhebungsbögen der Industriezählung von 1971 ausgewertet werden. Als handwerklich wurden hier die Betriebe mit höchstens 11 Beschäftigten ausgewählt.

werker erfaßt wurden, sind die Zahlenangaben nicht direkt mit denen von Agrigent vergleichbar; sie reichen jedoch aus, um eine ganz andersartige Untergliederung des Handwerks zu belegen. Die niederrangigen Handwerksberufe, für die keine eigene Ausbildung notwendig ist (z.B. Bauarbeiter, Steinbrucharbeiter usw.), haben meist keinen eigenen Betrieb. Sie sind deshalb in der Tabelle verhältnismäßig stark unterrepräsentiert und können nicht mit den Werten von Agrigent verglichen werden. Auffällig hoch ist der Anteil der kunsthandwerklich ausgerichteten Betriebe, die oft in ihren Produkten an die alten Handwerkstraditionen der toskanischen Städte anknüpfen[57]. Hierzu muß auch der größte Teil der holz- und eisenverarbeitenden Handwerksbetriebe gezählt werden, da sie dem Kunsthandwerk sehr nahe stehen. So kann im Vergleich zu Sizilien trotz des unterschiedlichen Grundlagenmaterials der allgemeine Unterschied festgehalten werden, daß in Siena die am traditionellen Kunsthandwerk orientierten Betriebe sehr stark vertreten sind und daß sie in charakteristischer Weise die Handwerksstruktur beeinflussen, während in Agrigent die niederrangigen, oft zu Hilfsberufen abgesunkenen Handwerksberufe dominieren. Kunsthandwerksberufe fehlen hier fast vollständig[58].

Es bestätigen sich also die Strukturunterschiede in der Handwerksgliederung der sizilianischen und toskanischen Städte. Die *Verteilung der Handwerksbetriebe* zeigt darüber hinaus einen verschiedenartigen Zusammenhang mit den Gebäudetypen. In *Siena* (Karte 60) konzentrieren sich die Betriebe im „centro storico" an mehreren Stellen. Sie sind im wesentlichen mit den Borgo-Bereichen identisch. Dabei sind in den einzelnen Borghi durchaus unterschiedliche Branchen überrepräsentiert. An der Via Camollia im Norden des „centro storico" dominieren die Betriebe der Auto- und Zweiradreparatur besonders stark. Diese Branche des Handwerks tritt auch sonst gehäuft an den Ausfallstraßen in den Borghi auf. Im Bereich des Castelvecchio im Südwesten der Stadt, im Borgo Salicotto im Südosten und im Borgo an der Via dei Rossi dominieren jeweils die Schreinerei-Betriebe. Sie haben in den verschiedenen Gebieten jeweils eine etwas andersartige Ausrichtung in ihrer Produktion: Im Salicotto-Viertel stellen sie neue Spezialmöbel — etwa Billardtische — her, während sie im Bereich um das Castelvecchio vorwiegend Reparatur- und Restaurationsarbeiten durchführen. Im Borgo bei San Domenico im Westen der Stadt sind die Handwerksbetriebe der Textil- und Lederbranche stärker vertreten (Pricking 1980). Abgesehen von dieser leichten Neigung zu einer räumlichen Gliederung sind die Handwerksbetriebe über die Borghi der gesamten Stadt relativ gleichmäßig verstreut.

Eine ähnliche Konzentration mit wesentlich höheren Dichtewerten ist auch in Florenz zu finden, wo vor allem der Borgo um die Piazza dei Ciompi, der Borgo S. Frediano und der Borgo bei Santa Maria Novella die höchsten Anteile von Handwerksbetrieben aufweisen. Wie stark die Borgostraßen durch sie bestimmt

---

57 Z.B. in der Lederverarbeitung, in der Herstellung „barocker" Möbel und Bilderrahmen usw.
58 In einzelnen Städten Süditaliens treten jedoch spezielle Kunsthandwerkszweige auf, deren Herkunft noch einer Klärung bedarf (z.B. in Caltagirone: Kacheln; in Sorrent: Holzintarsien usw.).

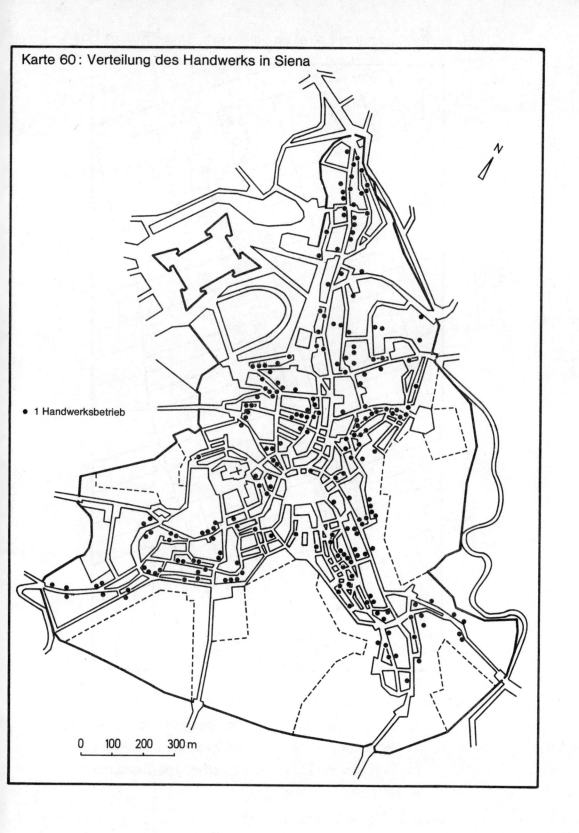

Karte 60: Verteilung des Handwerks in Siena

• 1 Handwerksbetrieb

0   100   200   300 m

Karte 61 : Handwerksbetriebe in der Via San Giovanni, Borgo S.Frediano, Florenz

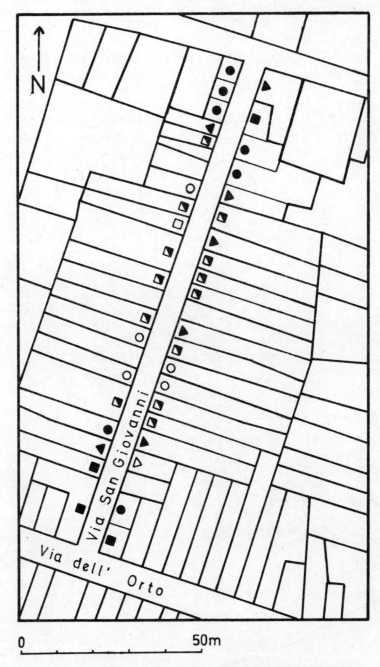

0   50m

- ● Möbelschreinerei
- ○ Holzverarbeitung
- △ Autoreparatur
- ▲ Metallverarbeitung

- ■ übrige Handwerksbetriebe
- ◪ geschlossene Betriebe
- □ öffentliche Verwaltung

Quelle : Eigene Erhebungen   1980

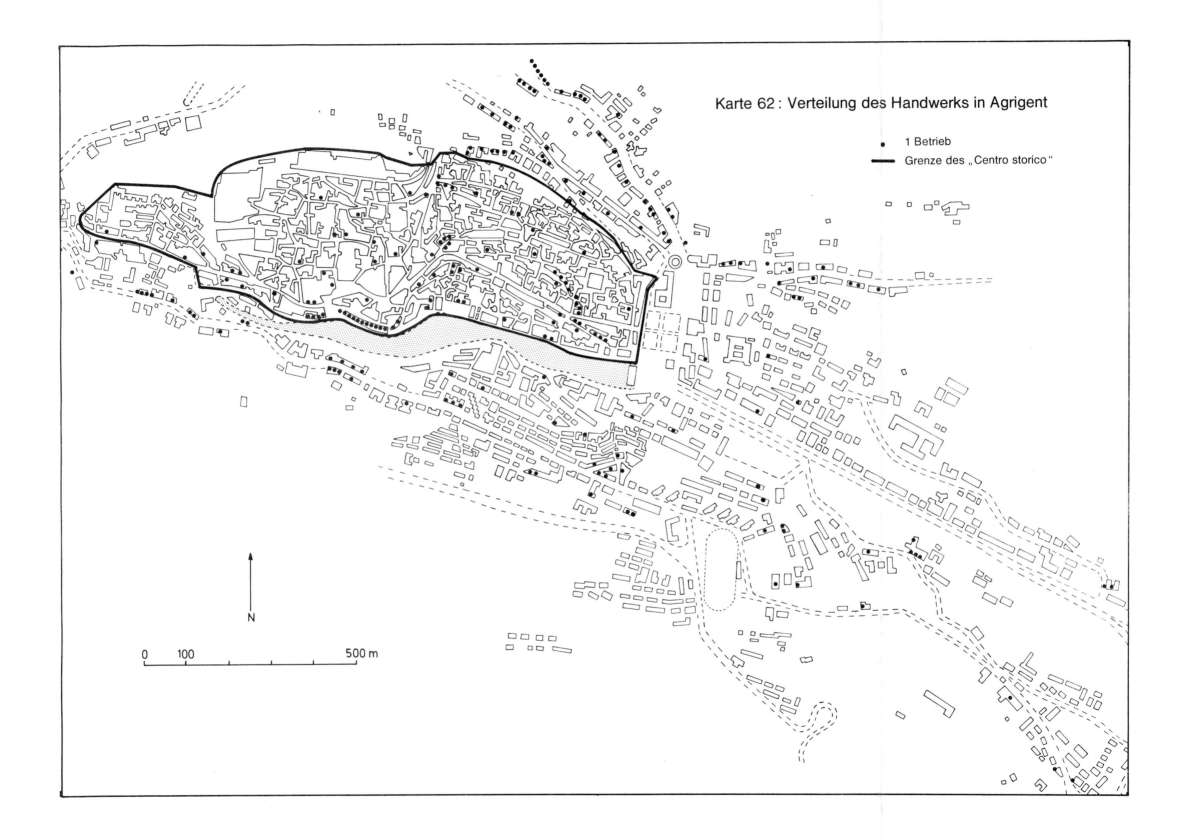

Karte 62 : Verteilung des Handwerks in Agrigent

- 1 Betrieb
— Grenze des „Centro storico"

N

0   100   500 m

werden, zeigt Karte 61 für die Via S. Giovanni im Borgo S. Frediano. Auch hier dominieren die Holz- und die Eisenverarbeitung. In fast allen Borgo-Häusern dieser Straße sind Räume für einen Handwerksbetrieb baulich vorgesehen[59].

Die Borghi wurden bei der Analyse der Gebäudetypen als Handwerker- und Arbeiterwohngebiete des 13. bis 15. Jahrhunderts charakterisiert. In vielen Fällen läßt sich durch schriftliche Quellen belegen, daß in ihnen auch schon zu dieser Zeit Handwerksbetriebe lokalisiert waren (für Siena: Balestracci/Piccinni 1977, S. 160ff.; für den Borgo S. Frediano in Florenz: Brucker 1969, S. 25; für S. Gimignano: Fiumi 1961, Tab. 11), so daß wiederum eine Persistenz des Gebäudetyps mit der Kontinuität einer Funktion verbunden ist. Das heißt natürlich nicht, daß sich nicht die Zusammensetzung der Handwerkerbevölkerung geändert oder keine Verschiebung in der Anordnung der Handwerksbetriebe stattgefunden hat. Solche Veränderungen lassen sich an verschiedenen Stellen finden. So ist der früher bedeutendste Handwerkszweig der Stoffherstellung seit dem 19. Jahrhundert völlig zum Erliegen gekommen. In Siena erinnern noch die Baustrukturen der Borgohäuser an der Fonte Branda mit großen Trocken- und Spannböden an diesen Gewerbezweig. Ebenso ist sicher der große Ausbau der Becken- und Waschanlagen unterhalb der Fonte Branda auf diese Tuchherstellung zurückzuführen. In Florenz sind die entsprechenden Bauten des Textilhandwerks im 19. Jahrhundert abgerissen worden (Fanelli 1973; Photographien von diesen Bauten s. Detti 1977, Bild 11). Verschiebungen der Handwerkerbevölkerung lassen sich etwa für das Sanierungsgebiet des Mercato Vecchio in Florenz nachweisen. Die zahlreichen Handwerksbetriebe in diesem Bereich, die auf die von den Castellaren herführende Mischstruktur der Bausubstanz zurückzuführen sind, mußten aus diesem Gebiet ausziehen, und sie wurden überwiegend im Borgo S. Frediano und bei Santa Croce angesiedelt (Detti 1977, S. 89). Trotz dieser Veränderungen kann auch heute noch ein Zusammenhang zwischen Borgohäusern als Gebäudetyp und Handwerksbetrieben festgestellt werden.

In *Agrigent* (Karte 62) ist der größte Teil der Handwerksbetriebe außerhalb des „centro storico" angesiedelt. Dabei ergeben sich charakteristische Unterschiede zwischen diesen beiden Teilbereichen der Stadt. Im „centro storico" sind die Handwerksbetriebe überwiegend gleichmäßig gestreut; es sind dies vor allem die Betriebe der Druckereien, der Feinmechanik, der Holz- und Textilverarbeitung (Tab. 24). Diese Handwerksbetriebe sind fast ausschließlich in den „Rücken-an-Rücken-Häusern" untergebracht. Über zwei Drittel aller Betriebe befinden sich aber außerhalb des „centro storico". Hier nehmen die Autoreparaturbetriebe eine ganz bedeutende Stellung ein. Sie sind an den Ausfallstraßen in dichter Folge aufgereiht. Auch die Autoreparaturbetriebe im „centro storico" liegen eigentlich an dessen Rand, etwa an der Via Empedocle. Mit ihnen vergesellschaftet sind die anderen metallverarbeitenden Betriebe. Die übrigen Handwerksbetriebe sind wieder relativ gleichmäßig gestreut. Ein Zusammenhang zu den Gebäudetypen findet sich hier nicht;

---

59 Ein Teil der als „geschlossen" kartierten Betriebe wurde offensichtlich zur Erhebungszeit nicht genutzt.

allerhöchstens läßt sich feststellen, daß – wie auch im „centro storico" – die Handwerksbetriebe eher in den niederrangigen Gebäudetypen lokalisiert sind. Eine deutliche Verbindung zu Geschäftsstraßentypen besteht ebenfalls nicht. Ähnliches läßt sich auch für Catania feststellen, wo als Beispiel ein Handwerksgebiet dargestellt wurde, das ganz auf die Herstellung billiger Sitzgarnituren aus Kunstleder eingestellt ist (Karte 54). Auch dieses Gebiet liegt abseits der übrigen Funktionsräume in sozial niedrig bewerteten Gebäudetypen.

Über das Alter der Handwerkergebiete in den sizilianischen Städten existieren kaum Quellenbelege. Jedoch ist aufgrund der geschilderten früheren Sozialstruktur und aufgrund des heutigen Aufbaus des Handwerks mit seinem großen Anteil an Hilfsarbeitsberufen kaum damit zu rechnen, daß in früherer Zeit eine Handwerkerschicht über das normale, für die Versorgung der Stadt notwendige Maß hinaus bestanden hat. Die große Anzahl der Handwerkerbevölkerung in den sizilianischen Beispielstädten ist damit eine relativ junge Erscheinung.

Damit bestätigt sich auch für die Handwerksbetriebe der Unterschied im Zusammenhang von Gebäudetyp und Funktion zwischen den toskanischen und sizilianischen Städten. In den toskanischen Beispielstädten ist mit der Persistenz der Borgohäuser auch ihre Nutzung durch Handwerksbetriebe konstant geblieben. In den sizilianischen Beispielstädten ist eine solche Kontinuität nicht nachweisbar. Hier fehlt in der Regel eine lange Handwerkstradition, und damit sind die Handwerksbetriebe nachträglich in den niederrangigen Wohngebieten – meist außerhalb des „centro storico" – eingerichtet worden. An den Ausfallstraßen haben sich dabei naturgemäß vor allem die Autoreparatur-Betriebe niedergelassen. Ein eindeutiger Zusammenhang zu bestimmten Gebäudetypen läßt sich dabei nicht feststellen.

6.5. ZUSAMMENFASSUNG:
DIE LOKALISATION DER TERTIÄREN FUNKTIONEN UND
DES HANDWERKS UND DIE GEBÄUDETYPEN

Die Untersuchung des Zusammenhangs zwischen der Anordnung der tertiären Funktionen und des Handwerks einerseits und der Gebäudetypen andererseits in den toskanischen und sizilianischen Beispielstädten führt zu ähnlichen Ergebnissen wie die Analyse der Verteilung der Sozialschichten. In den toskanischen Beispielstädten ist die Persistenz der Gebäudetypen mit einer durch die Zeiten gleichbleibenden Wertigkeit verbunden. Dies führte zu einer weitgehenden Erhaltung der in ihrer Lage schon früh festgelegten wirtschaftlichen, politischen und sozialen Raumgliederung innerhalb des „centro storico". Darüber hinaus läßt sich ein Fortbestehen der Lokalisation von Funktionen in bestimmten Gebäudetypen nachweisen. Das wurde vor allem für die Geschäftsgebiete, für die öffentliche Verwaltung und für die Handwerksbetriebe belegt. Zusätzlich ziehen vor allem die Palazzi und die Klöster aus unterschiedlichen Gründen ganz bestimmte Funktionen besonders stark an, so daß einerseits bestimmte Nutzungen in ihrer kleinräumigen Anordnung von der Verteilung dieser Gebäudetypen bestimmt werden, und andererseits Funktionen in der Nähe des Stadtzentrums angesiedelt werden, obwohl sie dort nicht ihren „normalen" Standort haben. Die Lage des Wirtschafts- und Verwaltungszentrums der Stadt ist dabei im wesentlichen über sehr lange Zeiträume hinweg innerhalb des „centro storico" konstant geblieben.

In den sizilianischen Beispielstädten ist die Persistenz der Gebäudetypen dagegen nicht mit einer Konstanz der Funktionsbereiche verbunden. Indem die höchstrangigen tertiären Nutzungen sich immer wieder in den hochrangigen Neubauten ansiedeln, entwickeln sich unterschiedliche Geschäftsstraßentypen, die innerhalb der Stadt räumlich voneinander getrennt sind. Dies ist seit der Entstehung der Geschäftsstraßen im 19. Jahrhundert an den Beispielstädten in zwei Phasen nachweisbar. Hierdurch entsteht eine klare Abhängigkeit der Rangstufe der Geschäftsstraßentypen vom Alter der aufwendigen Gebäudetypen, wobei die jüngsten Gebäudetypen mit der höchstrangigen Geschäftsfunktion korrelieren. Da jedoch auch hier die alten Gebäudetypen in der Stadt über lange Zeit erhalten bleiben, werden die neuen Gebäude außerhalb des „centro storico" angelegt. Die Handwerkergebiete sind relativ jung. Bei ihnen tritt kein Zusammenhang mit bestimmten niederrangigen Gebäudetypen auf. Die tertiären Funktionen legen sich also wie ein Netz mit verschiedenen Schwerpunkten über die Stadt. Hierbei haben sich das funktionale und das historische Stadtzentrum räumlich getrennt.

7. ÜBER DIE AUSWIRKUNGEN DER GENESE DER TOSKANISCHEN UND SIZILIANISCHEN BEISPIELSTÄDTE AUF IHRE HEUTIGE STRUKTUR

Die Untersuchungen haben gezeigt, daß sich die Genese der toskanischen und sizilianischen Städte auf die heutigen Strukturen auswirkt. Der entscheidende Träger dieser Auswirkung ist *die Bausubstanz in den Städten,* die in beiden Gebieten über sehr lange Zeit hinweg persistent geblieben ist. Trotz dieser vergleichbaren Erhaltung der Gebäude über sehr lange Zeiträume hinweg sind die Auswirkungen in den toskanischen und sizilianischen Städten grundsätzlich verschieden. Die Bausubstanz wurde in den Beispielstädten in einzelne Gebäudetypen untergliedert, die z.T. bis in das 13. Jahrhundert zurückdatierbar sind. Diese Gebäude sind in ihren baulichen Formen natürlich nicht bis heute starr geblieben, sondern sie veränderten sich im Laufe der Geschichte. Diese allmählichen Umgestaltungen innerhalb langer Zeiträume waren in den toskanischen und sizilianischen Städten jeweils unterschiedlich.

In den *toskanischen Städten* sind die historischen Gebäudetypen so weitgehend erhalten, daß sogar die Prinzipien ihrer Anordnung im 13. Jahrhundert und ein radikaler Umbruch in den Ordnungsprinzipien im 14. Jahrhundert in ihrer heutigen Verteilung erkennbar sind. Dabei wurde in den Beispielstädten die Bausubstanz immer wieder verändert. Bis zur ersten Hälfte des 19. Jahrhunderts hatten diese Veränderungen stets die gleiche Richtung: Die von Einzelpersonen errichteten Neubauten waren fast ausschließlich Palazzi, die in einer Palazzostraße oder als Palazzo mit Park in den Randbereichen angelegt wurden. Die Struktur der Gebäudetypen und ihre räumliche Anordnung in den Städten änderte sich also nur wenig. Gleichzeitig wurden seit dem 14. Jahrhundert immer wieder von der Stadt getragene Planungen durchgeführt, die alle die Aufgabe hatten, das Zentrum der Stadt repräsentativer zu gestalten. Es wurden hierfür Straßen verbreitert, und die Gebäudetypen für bestimmte Bereiche vorgeschrieben. Diese „Zentrumsplanungen der öffentlichen Hand" setzten sich oft gegen den starken Widerstand der Bürger im 19. Jahrhundert fort und wurden bis in die 30er Jahre dieses Jahrhunderts weitergeführt. Alleine sie führten zu einer Verdrängung der alten Gebäudetypen durch Neubauten und damit zu einer Überformung der alten Strukturen. Von privater Hand wurden keine alten Gebäude durch Neubauten ersetzt, sondern sie wurden durch innere Umbauten den neuen Nutzungsansprüchen angepaßt. Hierbei wurden viele der Palazzi ohne finanzielle Unterstützung der öffentlichen Hand von den privaten Eigentümern unter kunsthistorischen Gesichtspunkten restauriert. Auch die Bauten der unteren Sozialgruppen, wie die Massenwohnhäuser und die Borgo-Kleinhäuser, wurden nicht von Neubauten verdrängt, wenn nicht die Planung einer Flächensanierung dies bestimmte, obwohl durch eine dauernde bauliche Verdichtung oft beträchtliche hygienische Mängel in diesen Gebieten entstanden waren. Die Persistenz der Gebäude wirkte sich in den toskanischen Städten also so aus, daß die Gebäudetypen in ihrer ursprünglichen sozialen Wertigkeit erhalten geblieben sind.

Auch in den *sizilianischen Beispielstädten* sind die historischen Gebäudetypen über sehr lange Zeiträume erhalten geblieben, wenn sie nicht durch Naturkatastrophen zerstört wurden. Jedoch wirkt sich hier die lange Lebensdauer der Gebäude anders aus. Die Gebäudetypen der Oberschicht, die Palazzi, wurden nicht durch innere Umbauten neueren Nutzungsvorstellungen angepaßt, sondern sie verfielen mit ihrer Alterung und verloren schließlich ihren Charakter als Oberschichtwohnbauten. Die Unterschichtwohnbauten werden zwar phasenweise, wenn es die finanziellen Mittel erlauben, durch Aufstockungen und innere Umbauten den gestiegenen Wohnbedürfnissen angepaßt, jedoch bleiben sie auf ihrer unteren Rangstufe stehen. Aufwendige Wohnbauten für die Oberschicht werden immer wieder auf Abrißgebieten in den alt bebauten Bereichen errichtet; in den meisten Fällen werden sie aber als Ausbaugebiete der Stadt randlich angegliedert. Planungen der öffentlichen Hand für eine repräsentativere Ausgestaltung des Zentrums spielen hier bei der Entwicklung der Gebäudetypen keine Rolle. Das Absinken der alten Häuser in ihrer sozialen Wertigkeit ist immer mit einer Neuanlage hochrangiger Gebäudetypen an anderer Stelle in der Stadt verbunden. In den Beispielstädten sind zwei dieser Verlegungsphasen eindeutig nachweisbar.

Die vergleichbare Persistenz der historischen Gebäudetypen in den sizilianischen und toskanischen Städten wirkt sich geradezu gegensätzlich aus. In den toskanischen Beispielstädten sind trotz geplanter und als Sanierung durchgeführter großer Veränderungen die alten Strukturen so stark erhalten, daß man fast von einer Kontinuität der Gebiete einheitlicher Bausubstanz sprechen kann. Das alte Ordnungsmuster des 13. Jahrhunderts ist noch deutlich sichtbar. In den sizilianischen Beispielstädten ist die Persistenz der Gebäudetypen seit dem hohen Mittelalter mit ihrem stetigen Verfall und der Errichtung neuer hochrangiger Bauten an anderer Stelle verbunden. So läßt sich hier eine Veränderung der sozialen Wertigkeit der verschiedenen Gebiete innerhalb der Städte feststellen. Obwohl kaum Veränderungen der vorhandenen Bausubstanz von der öffentlichen Hand geplant wurden, verändert sich die Stadt wesentlich stärker als die der Toskana. In einzelnen Phasen führt das sogar zur Verdrängung einzelner abgesunkener Gebäude durch aufwendig errichtete Neubauten.

Diese unterschiedliche Richtung der Veränderungen der Gebäudetypen hat deutlich sichtbare Folgen auf die *Verteilung der Sozialgruppen der Bevölkerung*. Als übergeordnete Verteilung, die für die unterschiedlichen Stadttypen gleichermaßen gültig ist, ist feststellbar, daß auch heute große Teile der Oberschicht im funktionalen Zentrum der Städte wohnen. Damit läßt sich auch die Differenzierung der Bevölkerungsdichte in den italienischen Städten als ein sozial bedingtes Merkmal interpretieren; die Oberschichtwohngebiete fallen immer durch geringe Dichtewerte auf, die durch die Lokalisation tertiärer Funktionen in den gleichen Gebieten lediglich noch verstärkt werden. In der Verteilung der Sozialgruppen der Bevölkerung läßt sich über diese allgemeinen Gesichtspunkte hinaus eine klare Abhängigkeit von den Gebäudetypen und der Art ihrer Persistenz feststellen. In den toskanischen Beispielstädten bewahren oft sogar die Eigentümerfamilien seit dem hohen Mittelalter durch das Verhalten in ihren Palazzi bis heute diesen den hohen Rang. Damit sind diese Häuser während ihrer ganzen Geschichte bevorzugte Oberschichtwohnungen gewesen und geblieben. Für die Unterschichtwohngebiete der Borghi konnte ebenfalls ein gleichbleibender Sozialstatus der Bewohner nachgewiesen werden. Mit der Erhaltung der Gebäudetypen und ihrer Wertigkeit sind auch die Wohngebiete der verschiedenen Sozialschichten persistent geblieben. Die einzigen Bereiche mit einer deutlichen Änderung der Sozialstruktur sind die Sanierungsgebiete. In den sizilianischen Beispielstädten entspricht der Veränderung der Wertigkeit der Gebäudetypen eine Veränderung der Wohngebiete der verschiedenen Sozialgruppen. Dabei wandert die Oberschicht mit den neuen, aufwendig gebauten Gebäudetypen in andere Bereiche der Stadt, während der restliche Baubestand relativ einheitlich von unteren Sozialschichten bewohnt wird. Diese Wanderung der Oberschichtwohngebiete läßt sich auch durch die heutige Überrepräsentierung der Oberschicht in verschiedenen Gebieten der Stadt belegen: In den jüngsten aufwendigen Neubauten ist sie am stärksten überrepräsentiert und in den älteren aufwendigen Haustypen wird ihr Anteil geringer. Es zeigt sich also deutlich, daß in den toskanischen und sizilianischen Städten nicht nur die Sozialschichten unterschiedliche Gebäudetypen bevorzugen, sondern daß darüber hinaus die lange Lebensdauer der Wohnbauten verschiedenartige Auswirkungen hat und eine andersartige Anordnung der sozialen Bewohnergruppen sowie Unterschiede in der Stabilität des Sozialstatus der Wohngebiete hervorruft.

Mit dieser unterschiedlichen Auswirkung der Persistenz der Gebäudetypen steht auch die *Anordnung der hochrangigen tertiären Funktionen und des Handwerks* in engem Zusammenhang. Es ergibt sich wieder ein ähnlicher Gegensatz von Beharrung in den toskanischen Städten und von Verlagerung in den sizilianischen Städten. In den toskanischen Beispielstädten konnte eine Kontinuität des funktionalen Stadtzentrums und der Handwerkerbezirke im „centro storico" festgestellt werden. Da hier sowohl die Funktionsräume als auch die Gebäude über lange Zeit im gleichen Gebiet erhalten geblieben sind, sind einzelne direkte Auswirkungen von Gebäudetypen auf die Verteilung tertiärer Nutzungen faßbar. Die Palazzi und die Klöster bestimmen die kleinräumige Anordnung einzelner zentral gelegener Nutzungen. Somit ist in den toskanischen Städten die Auswirkung der alten Gebäudetypen auf die tertiären Funktionen deshalb so groß, weil die „Stadtzentren" von der Stadtentwicklung, den Bauten sowie der wirtschaftlichen und administrativen Gliederung her zusammen an einer Stelle innerhalb der Stadt liegen. In den sizilianischen Städten ist die Verlagerung der hochrangigen Gebäudetypen und der Wohngebiete der Oberschicht mit einer Verlagerung der höchstrangigen Funktionsbereiche verbunden. Die historischen Gebäudetypen blieben zwar erhalten, sie haben jedoch kaum einen Einfluß auf die Verteilung von tertiären Nutzungen. Die aufwendigen neuen Gebäudetypen werden dagegen seit dem 19. Jahrhundert immer als Wohngebiet für die Oberschicht und für die Lokalisation der höchstrangigen Funktionen errichtet. So bestimmt ihre Verteilung, gleichgültig ob sie an einer Straße aufgereiht oder als Einzelgebäude zwischen andere Gebäudetypen eingestreut sind, die Verteilung der hochrangigen Nutzungen innerhalb der Städte. Dies führt zu einer „Aufsplitterung" des funktionalen Zentrums der Städte auf einzelne, getrennt liegende, sehr weit auseinandergezogene Straßen. Somit liegen in den sizilianischen Städten das funktionale, das bauliche und das entwicklungsgeschichtliche Zentrum der Stadt jeweils an anderer Stelle. Damit ist die direkte Einflußmöglichkeit der älteren Gebäudetypen auf die Verteilung der tertiären Funktionen sehr stark eingeschränkt.

Es ist schwierig, für diese grundsätzlichen Unterschiede zwischen den toskanischen und den sizilianischen Städten Gründe anzugeben. Es bleiben viele Interpretationsmöglichkeiten, die jedoch entweder nicht widerspruchsfrei oder nur schwer belegbar sind. Regionale Unterschiede der Stadtplanungspolitik werden dabei sicher keine große Rolle spielen. Zum einen sind die hier für die toskanischen und sizilianischen Städte gefundenen Unterschiede nach der bisherigen Literatur ohne Zweifel auf die großen Kulturräume Mittelitalien und Süditalien verallgemeinerbar (Leers 1981; Wallbaum 1980; Döpp 1968; u.v.a.m.); sie gelten also für viel größere Bereiche. Zum anderen werden Planungen, die nicht den Vorstellungen und den wirtschaftlichen Interessen der Bevölkerung entsprechen, in Italien in aller Regel unterlaufen. Hierfür gibt es immer wieder eine Fülle eindrucksvoller Belege (für Agrigent etwa Mercandino/Mercandino 1976, S. 347ff.). So wird z.B. sowohl die Erhaltung der Palazzi in ihrer Wertigkeit in den toskanischen Städten als auch das Absinken ihrer Wertigkeit in den sizilianischen Städten von der Bevölkerung eventuell sogar gegen eine anderslautende Planung durchgesetzt.

Eine wesentliche steuernde Funktion kommt der Oberschichtbevölkerung der Städte und ihrem Verhalten gegenüber ihren Wohnbauten zu. Von ihr hängt vor allem die Erhaltung oder die Veränderung der Wertigkeit der hochrangigen Gebäudetypen und damit auch die Möglichkeit, diese Gebäude für andere tertiäre Funktionen zu nutzen, ab. Hier scheint im Wirtschaftsdenken der Oberschicht ein Grund für das Verhalten gegenüber den Gebäuden zu liegen. Weil in früherer Zeit in den toskanischen Städten die Oberschicht ihre Wohnbauten als Kapitalsicherheit und Rücklage ansah, mußte sie die Wertigkeit dieser Gebäude erhalten. Dies wurde durch eine dauernde Anpassung an neue hochrangige Nutzungsansprüche erreicht. In den sizilianischen Städten sah die Oberschicht ihre Wohnbauten nur als Repräsentationsobjekt und nicht als Kapitalanlage an. So wurden hier die Gebäude nicht neuen Nutzungsansprüchen angepaßt, sondern sie sanken mit ihrer Alterung in ihrem Wert immer mehr ab. Dieser Unterschied im Wirtschaftsdenken ist in gleicher Weise schon häufiger für die Erklärung der großräumigen kulturlandschaftlichen Gegensätze in Italien in agrargeographischen und kulturgeschichtlichen Untersuchungen herangezogen worden.

Damit gelten die Ergebnisse der Untersuchung nicht nur für die vier Beispielstädte oder die beiden Beispielregionen. Sie erklären — wie auch die vorliegende Literatur zeigt — die Stadtstrukturen für Mittelitalien und Süditalien, und es lassen sich dementsprechende *regionale Stadttypen* für Italien aufstellen. Diese sind aus den Unterschieden in der Stadtgeschichte erklärbar, und sie können damit ohne

Schwierigkeiten in den kulturräumlichen Dualismus der beiden Beispielregionen Italiens eingefügt werden. Darüber hinaus verweisen sie auf weitere Untersuchungsansätze, von denen drei angesprochen werden sollen.

Als erstes stellt sich die Frage nach der Erforschung der Besonderheiten der italienischen Stadt gegenüber den angloamerikanischen und mitteleuropäischen Modellvorstellungen. Aus der Analyse der vier Beispielstädte lassen sich leicht einige grundlegende Charakteristika ableiten. In der *Bevölkerungsstruktur* treten z.B. Merkmale auf, die in der bisherigen Literatur nur ungenügend erklärt werden konnten. Die Bevölkerungsdichte ist in den Innenstadtbereichen ungewöhnlich hoch. Die Hauptgeschäftszentren sind demnach weitgehend auch Wohngebiete, und die Untersuchung hat gezeigt, daß die tertiären Funktionen keineswegs die Wohnbevölkerung in dem Ausmaße verdrängt haben, wie es der Modellvorstellung entspräche. In der Untergliederung der Bevölkerung nach dem Familien- und Sozialstatus erweisen sich die üblicherweise benutzten Kriterien für Italien als untaugliches Instrumentarium. Die Indikatoren, die den Familienstatus messen sollen, sind letztlich als soziale Merkmale interpretierbar. In der Verteilung der Sozialgruppen bestehen zwischen dem „centro storico" und der Neustadt kaum Unterschiede; die verschiedenen Sozialschichten sind in beiden Bereichen etwa gleich stark vertreten. Die höchste und die niederste Schicht bewohnen beide auch den historischen Stadtkern. Damit ergibt sich keine großräumige, der Modellvorstellung entsprechende Segregation. Die feingliedrigere Untersuchung der Sozialschichtenverteilung bestätigt, daß die Schichten kleinräumig getrennt wohnen. Eine Segregation findet nur „straßenweise" oder sogar nur „hausweise" statt, und sie läßt sich gut mit den unterschiedlichen Gebäudetypen in Einklang bringen, deren Alter dabei keine Rolle spielt.

Die *Funktionsräume* in den italienischen Städten entsprechen ebenfalls nicht den gängigen Modellen, wie es sich besonders eindrucksvoll an den Hauptgeschäfts- und Verwaltungszentren zeigt. Letztere weisen in den toskanischen und sizilianischen Städten zwar grundsätzliche Unterschiede auf, jedoch entspricht keiner der beiden Typen den funktionalen Stadtzentren Mitteleuropas. In der toskanischen Stadt ist dieser Funktionsbereich ein geschlossenes Gebiet und liegt im historischen Stadtkern. Die hochrangigen Funktionen bewirken hier weder eine fortschreitende Umwandlung der Gebäude noch eine Verdrängung der Wohnbevölkerung. Sie richten sich statt dessen in ihrer Anordnung nach der vorhandenen Bausubstanz des „centro storico" und bevorzugen bestimmte historische Gebäudetypen. In der sizilianischen Stadt nimmt das Hauptgeschäfts- und Verwaltungszentrum keinen geschlossenen Bereich ein, sondern es ist auf mehrere Straßen verteilt, die sehr lang sind und die zusammen ein weitmaschiges, lockeres Netz bilden, in das ausgedehnte Wohngebiete eingeschoben sind. Diese Geschäftsstraßen liegen vor allem außerhalb des historischen Stadtkerns, so daß demnach die historischen Gebäudetypen auf die Verteilung der hochrangigen Funktionen kaum Einfluß haben. Dagegen befinden sie sich in Neubauten, die z.T. auch ältere Gebäude im historischen Stadtzentrum verdrängen. Jedoch kann dies nach der vorliegenden Untersuchung nicht als eine „aggressive Ausdehnung einer City" gedeutet werden.

Die bisher geschilderten Besonderheiten wurden vor allem aus der Persistenz der Bausubstanz mit ihren unterschiedlichen Folgeerscheinungen erklärt. Dieses Vorgehen war möglich, da sich auch die *Anordnung und Veränderung der Gebäude* nicht mit den gängigen Modellvorstellungen deckt. In der toskanischen Stadt blieben die gegensätzlichsten Gebäudetypen über so lange Zeit erhalten, daß es unserer Auffassung von Wirtschaftlichkeit widerspricht. Dennoch genügen sie den heutigen Ansprüchen, da sie durch entsprechende Umbauten angepaßt worden sind, und sie werden z.T. von hochrangigen Funktionen sogar bevorzugt. In der sizilianischen Stadt scheint dagegen das Verdrängen alter Gebäude mehr mit unseren Vorstellungen übereinzustimmen, wenn es auch über sehr lange Zeiträume hinweg vor sich geht. Jedoch ist es nicht durch das wirtschaftlich bedingte räumliche Wachstum des Hauptgeschäfts- und Verwaltungszentrums zu erklären; vielmehr werden die Gebäude durch die mehrfache Verlagerung dieses Funktionsbereiches innerhalb der Stadt verändert. Ob und wie lange Gebäude persistent bleiben, ist damit nicht auf die Wirtschaftskraft der konkurrierenden Nutzungen, sondern auf die Verlagerung der Funktionsbereiche zurückzuführen.

Diese wenigen Beispiele für die abweichenden Strukturen der italienischen Stadt mögen im Rahmen dieses Ausblicks genügen. Die Analyse der genetisch bedingten Bausubstanz bietet nur einen Ansatz für die Deutung dieser Unterschiede; sicherlich müssen weitere Erklärungsansätze herangezogen werden. Hier liegt noch ein weites Forschungsfeld mit lohnenden Fragestellungen vor, die schließlich zur *Entwicklung eigener Stadtmodelle für Italien* führen können. Möglicherweise können die Besonderheiten der italienischen Stadt in ähnlicher Weise auf die Stadt des mediterranen Kulturkreises übertragen werden.

Als zweites legen die Ergebnisse dieser Arbeit nahe, *den „sozialtopographischen" Ansatz für die genetische Stadtgeographie auf Mitteleuropa zu übertragen*. Ansätze sind hierfür in der historischen Stadtgeschichtsforschung vorhanden. Es ist jedoch sicherlich auch möglich, die historische „Sozialtopographie" zur Erklärung der heutigen Funktionsverteilung heranzuziehen. Da in der mitteleuropäischen Stadt die historischen Gebäudetypen nicht in dem Ausmaß erhalten geblieben sind wie in Italien, sind diese Zusammenhänge hier lediglich über den Parzellengrundriß und das Straßennetz faßbar. Beide beeinflussen die Folgenutzungen in den Städten häufig in charakteristischer Weise. So lassen sich ganze „Nutzungssukzessionen" aufstellen, wie es z.B. für die Ringstraßen geschehen ist. Aus diesem Ansatz käme der Genese der Städte bei der Interpretation der heutigen innerstädtischen Strukturen auch in Mitteleuropa eine größere Bedeutung zu.

Schließlich könnten die für die italienische Stadt gezeigten Besonderheiten der Struktur *Anregungen für die Stadtplanung* in Mitteleuropa bringen. Die Stadtplanung stützt sich bei uns vorwiegend auf angloamerikanische, britische und skandinavische Vorbilder und übernimmt auch deren Vorstellungen, wie z.B. die der „ökonomischen Sachzwänge". In den italienischen Städten liegen historisch gewachsene Vorbilder für die Verteilung der Stadtfunktion vor, die diesen vermeintlichen „Notwendigkeiten" widersprechen. Sie stimmen statt dessen in vielem mit den jüngsten Forderungen unserer Stadtplaner über die Erhaltung der alten Stadtstrukturen überein.

Sie könnten dann Vorbildcharakter für unsere Planung haben, wenn die innere Gliederung der italienischen Städte nicht als „Rückständigkeit" hinter einer weltweit ablaufenden inneren Strukturveränderung der Städte, sondern als eigenständiger und eigenwertiger Stadttyp begriffen wird.

LITERATURVERZEICHNIS

Abulafia, D. (1977): The two Italies. Economic relations between the Norman Kingdom of Sicily and the northern communes. Cambridge.

Accascina, M. (1941): I borghi di Sicilia. In: Architettura, S. 185–198.

– (1964): Profilo dell'architettura a Messina dal 1600 al 1800. Rom.

Agnello, G. (1952): L'Architettura bizantina in Sicilia. Florenz.

Agnello, G./Agnello, S. (1961): Siracusa barocca. Caltanissetta, Rom.

Albertini, R. (1955): Das florentinische Staatsbewußtsein im Übergang von der Republik zum Prinzipat. Bern.

Almagia, R. (1959): L'Italia. 2 Bd., Turin.

Amendola, G. (1976): La comunità illusoria. Disgregazione e marginalità urbana: il borgo antico di Bari, Mailand.

Anfossi, A./Talamo, M./Indovina, F. (1959): Ragusa: comunità in transizione. Turin.

Angotti, Th. (1977): Housing in Italy. Urban Development and political Change. New York, London.

Anzilotti, A. (1924): Il tramonto dello stato cittadino. In: Archivio storico italiano 82, S. 72–105.

Aquarone, A. (1961): Grandi città e aree metropolitane in Italia. Problemi amministrativi e prospettive di riforma. Bologna.

Arbeitskreis „Historische Stadtkerne" der Deutschen Unesco-Kommission (Hrsg.) (1975): Sanierung historischer Stadtkerne im Ausland. Frankreich, Großbritannien, Holland, Italien, Polen; Kurzberichte: CSSR, Österreich, Schweiz, Ungarn. Schriftenreihe „Stadtentwicklung" des Bundesministers für Raumordnung und Städtebau 02.002, Bonn-Bad Godesberg.

Archibugi, F. (1966): La città-regione in Italia. Turin.

Armignacco, V. (1953): Potenza: ricerche di geografia urbana. In: Rivista geografica italiana, S. 19–49.

Artimini, A. (1889): Il riordinamento ed il risanamento del centro di Firenze. In: Studi storici sul centro di Firenze, Neudruck: 1978, S. 9–16, Bologna.

Astengo, G. (1953): Monografia di una città. In: Urbanistica 12, S. 1–4.

Baldari, E./Farina, S. (1974): Il casentino. Una vallata montana dallo sfruttamento feudale all'annessione al contado urbano. In: Città, contado e feudi nell'urbanistica medievale (hrsg. v. Guidoni, E.), S. 63–99, Rom.

Balestracci, D./Piccinni, G. (1977): Siena nel Trecento. Assetto urbano e strutture edilizie. Florenz.

Balletta, R. (1974): Forcella: un caso di patologia urbana. In: Nord e Sud, S. 83–103.

Banti, L. (1960): Die Welt der Etrusker. Stuttgart.

Barbieri, G. (1972): Toscana. Le regioni d'Italia, Bd. 8, 2. Aufl., Turin.

Bargellini, P. (1977): Com'era Firenze 100 anni fa. Florenz.

Bargellini, P./Guarnieri, E. (1973): Firenze delle torri. Florenz.

Bassi, G./Chiuini, G./Di Lorenzo, A. (1974): Todi. L'organizzazione del contado tra espansione comunale e „periferie" feudali. In: Città, contado e feudi nell'urbanistica medievale (hrsg. v. Guidoni, E.), S. 149–180, Rom.

Belgiorno, G.E. (1965): Pistoia. Studio di geografia urbana. In: Boll. Soc. Geogr. Ital., Ser. 9, Vol. 6, S. 196–236.

Beloch, J. (1898): Antike und moderne Großstädte. In: Zeitschr. f. Sozialwiss. I, S. 413–423.

Beloch, J. (1904): La popolazione della Sicilia sotto il dominio spagnolo. In: Riv. Ital. di Sociologia, S. 28–45.

– (1937–1961): Bevölkerungsgeschichte Italiens. 3 Bd., Berlin, Leipzig.

Benevolo, L. (1969): La città italiana nel rinascimento. Mailand.
– (1976): Storia della città. Rom, Bari.
Berengo, M. (1974): Nobili e mercanti nella Lucca del Cinquecento. Turin.
Biadi, L. (1859): Storia della città di Colle in Val d'Elsa., Neudruck: 1971, Rom.
Biccherna (1912–1942): Libri dell'entrata e dell'uscita del comune di Siena detti della Biccherna, a cura del R. Archivio di Stato di Siena, Bd. I–XVIII, Florenz.
Blunt, A. (1972): Sizilianischer Barock. Frankfurt/M.
Bobek, H. (1974): Zum Konzept des Rentenkapitalismus. In: Tijdschrift voor economische en sociale geographie 45, S. 73–78.
Bocchini–Varani, M.A. (1975): Insediamento sommitale appenninico e insediamento vallico alpino. Le origini. In: Riv. Geogr. Ital. 82, S. 175–200.
Bognetti, G. (1966–1968): L'età langobarda. 4 Bd., Mailand.
Bonasera, F. (1965): Morfologia urbana costiera dell'Italia medio-orientale. In: Union Géographique Internationale, Comité National du Brasil, S. 274–283, Rio de Janeiro.
Bonelli Conenna, L. (1976): Signoria rurale e comunità contadina nella Maremma senese dal XVI al XVIII secolo. Quaderni di Studi senesi raccolti da Domenico Maffei, Nr. 35, Mailand.
Boscarino, S. (1980): La Sicilia e i Marmorari toscani. In: Firenze e la Toscana dei Medici nell' Europa del Cinquecento. Il potere e lo Spazio. La scena del principe, S. 239–248, Florenz.
Bowsky, W.M. (1970): The finance of the Commune of Siena 1287–1355. Oxford.
Braunfels, W. (1963): Stadtgedanke und Stadtbaukunst im Widerstreit von Guelfen und Ghibellinen im italienischen Mittelalter. In: Studium Generale 16, S. 488–492.
– (1964): Der Dom von Florenz. Olten, Lausanne, Freiburg.
  (1968): Institutions and their corresponding Ideals: An Essay on Architectonic Form and Social Institutions. In: Smithsonian Annual II, the Fitness of Man's Environment, S. 63–75, Washington.
– (1976): Abendländische Stadtbaukunst. Herrschaftsform und Baugestalt, Köln.
– (1979): Mittelalterliche Stadtbaukunst in der Toskana. 4. Aufl. Berlin.
Brezzi, P. (1959): I comuni medievali nella storia d'Italia. Turin.
Brucker, G.A. (1962): Florentine Politics and Society 1343–1378. „Princeton Studies in History 12", Princeton.
– (1968): The Ciompi Revolution. Florentines Studies, Hrsg. Nicolai Rubinstein, 2. Aufl., London.
– (1969): Renaissance Florence. New York, Sidney, Toronto.
– (1977): The civic world of early Renaissance. Florenz, New Jersey.
Brunner, O. (1956): „Bürgertum" und „Feudalwelt" in der europäischen Sozialgeschichte. In: Geschichte in Wissenschaft und Unterricht, S. 599–614. Nachdruck in: Die Stadt des Mittelalters, Bd. III, Hrsg. C. Haase, Wege der Forschung, Bd. 245, S. 480–501, Darmstadt 1976.
Bruno, P. (1957): Storia demografica di Messina dal 1860 ad oggi confrontata a quella delle maggiori città d'Italia. Messina.
Bucci, M./Bencini, R. (1971–1973): Palazzi di Firenze. 4. Bd., Florenz.
Buck, A. (1972): Die Kultur Italiens. Frankfurt.
Budelli, G./Camponeschi, C./Fiorentino, F./Marolda, M.C. (1974): L'Aquila. Nota sul rapporto tra „castelli" e „locali" nella formazione di una capitale territoriale. In: Città, contado e feudi nell'urbanistica medievale. Hrsg. Guidoni, E., S. 181–195.
Burckhardt, T. (1958): Siena, Stadt der Jungfrau. Olten, Lausanne.
Busca, A. (1973): Caratteristiche funzionali dei centri urbani nel mezzogiorno. Mailand.
Caciagli, G. (1970–1972): Pisa. 4. Bd., Pisa.
– (1975): Il castello in Italia. In: L'Universo 55, S. 745–816, 977–1032.
Cafiero, S. (1970): Aree metropolitani e mezzogiorno. In: Nord e Sud 17, S. 96–101.
– (1973): Un aspetto del divario nord-sud: la questione urbana. In: Mondo Economico, Nr. 48, S. 25–29.
Cairola, A./Carli, E. (1963): Il Palazzo Pubblico di Siena. Siena.

Cairola, A./Morandini, U. (1975): Lo spedale si Santa Maria della Scala. Siena.

Caldo, C. (1975): Palermo: „parassitopoli" regionale. In: Nord e Sud 22, S. 114–128.

Caldo, C./Santalucia, F. (1977): La città meridionale. Strumenti 65, Florenz.

Camera di Commercio Industria e Agricoltura di Agrigento (1963): L'economia della provincia di Agrigento e le prospettive del suo sviluppo. Palermo.

Camera di Commercio Industria e Artigianato ed Agricoltura (1973): Agrigento e i suoi comuni. Agrigent.

Campatelli, E. (1957): Una cittadina medievale: San Gimignano. In: Studi Geografici sulla Toskana, Suppl. al Vol. 63, della Riv. Geogr. Ital., S. 71–94, Florenz.

Canale, G.C. (1976): Noto. La struttura continua della città tardo-barocca. Il potere di una società urbana nel Settecento. Palermo.

Capecchi, I'/Gai, L. (1976): Il Monte della Pietà a Pistoia e le sue origini. Florenz.

Carabellese, F. (1905): L'Apulia ed il suo comune nell'alto medioevo. Bari.

Carli, E. (1965): Pienza. Die Umgestaltung Corrignanos durch den Bauherrn Pius II. Basel, Stuttgart.

Carocci, G. (1889a): Il centro di Firenze nel 1427. In: Studi storici sul centro di Firenze, Neudruck: 1978, S. 17–76, Bologna.

– (1889b): Il Palagio dell'Arte della lana – Monumento delle Arti. In: Studi storici sull centro di Firenze, Neudruck: 1978, S. 121–124, Bologna.

Carozzi, G./Mioni, A. (1970): L'Italia in formazione. Ricerche e saggi sullo sviluppo urbanistico del territorio nazionale. Bari.

Carpeggiani, P. (1977): Sabbioneta. Mantua.

Carta, G. (1971): Alcuni problemi del risanamento del centro storico di Palermo. In: Le grandi città italiane. Saggi geografici e statistici, Hrsg. R. Mainardi, S. 442–456, Mailand.

Carter, H./Vetter, F. (1980): Einführung in die Stadtgeographie. Berlin, Stuttgart.

Cassandro, G. (1959): Comune. In: Novissimo Digesto Italiano III, S. 810ff, Turin.

Cataudella, M. (1974): Il valore di „occupazione di base" nelle città italiane. Istituto di geografia dell'Università. Salerno.

Cecchelli, C. (1959): Continuità storica di Roma antica nell'alto medievo. In: La Città nell'alto medievo, S. 89–149, Spoleto.

Cecchini, G./Carli, E. (1962): San Gimignano. Mailand.

Cecchini, G./Neri, D. (1958): Il Palio. Mailand.

Celli, R. (1976): Studi sui sistemi normativi delle democrazie comunali. Bd. 1, Pisa, Siena, Florenz.

Centro Di Documentazione Su Roma Moderna Ernesto Nathan (1978): Roma: popolazione e struttura territoriale. Tavole statistiche e planimetrie. I quaderni di Roma, Nr. 2.

Cervellati, P.L./Scannavini, R./De Angelis, C. (1977): La nuova cultura della città. La salvaguardia dei centri storici, la riappropriazione sociale degli organismi urbani e l'analisi dello sviluppo territoriale nell'esperienza di Bologna. Mailand.

Chiappelli, L. (1926–1930): La formazione storica del comune cittadino in Italia. In: Archivio storico italiano, 84, 1926, S. 3–59; 85, 1927, S. 177–229; 86, 1928, S. 3–89; 88, 1930[1], S. 3–59; 88, 1930[2], S. 3–56.

Chapman Gower, C. (1973): Milocca. A sicilian village. London.

Charrier, J.-B. (1966): L'organisation de l'espace dans une „aire métropolitaine": le bassin de Florence-Pistoia. In: Ann. Geogr. 75, S. 57–83, Paris.

Cherubini, G. (1964): Proprietari, contadini e campagne senesi all'inizio del Trecento. In: Signori, contadini, borghesi. Ricerche sulla società italiana del basso medioevo, Hrsg. G. Cherubini, S. 254–255, Florenz.

– (1977): Una „Terra di città": La Toscana nel basso medioevo. In: I centri storici della Toscana. Hrsg. C. Cresti, Bd. 1, S. 7–16, Mailand.

Chiapelli, A. (1930–1931): Della topografia antica di Pistoia. In: Boll. Stor. Pist. 1930–31, S. 174–193.

Chierici, G. (1921): La casa senese al tempo di Dante. In: Bull. Senese di Storia Patria XXVIII, S. 343–380.

Chledowski, C. (1913): Siena. Berlin.

Civita, M.S. (1971): Piano di risanamento, restauri e sistemazione urbanistica di Bari vecchia. In: Le grandi città italiane. Hrsg. R. Mainardi, S. 398–479, Mailand.

Clarke, M.V. (1966): The Medieval City State. New York.

Claude, D. (1969): Die byzantinische Stadt im 6. Jahrhundert. München.

Collida, A./Fano, P.L./D'Ambrosio, M. (1968): Sviluppi economici e crescita urbana in Italia. Mailand.

Colonnesi, E. (1973): La città dell'Umbria (VI Regio) nell'antichità. In: Riv. Geogr. Ital. 80, S. 130–154.

Comello, C. (1974): Padova. Sviluppo politico e strutture urbane e territoriali di una città stato. In: Città, contado e feudi nell'urbanistica medievale, Hrsg. E. Guidoni, S. 5–36, Rom.

Comune Di Siena (1977): Legge speciale per la città di Siena. Risanamento del quartiere del Bruco. Siena.

Costantini, F. (1970): Ipotesi sulla topografia dell'antica Gubbio. In: Atti e memorie Acc. Tosc. di Scienze e Lettere, La Colombaria 35, S. 49–73.

Conti, G. (1889a): Saggio di storia di alcuni edifizi del centro di Firenze. In: Studi storici sul centro di Firenze, S. 77–116, Neudruck: 1978, Bologna.

– (1889b): Magistrature e uffici pubblici che risiedevano nel centro di Firenze. In: Studi storici sul centro di Firenze, S. 125–133, Neudruck: 1978, Bologna.

Coquery, M. (1963): Aspects demographiques et problèmes de croissance d'une ville ,,millionaire": la cas de Naples. In: Ann. de Geogr. 72, S. 572–604.

Cresti, C. (1977a): La Toscana dalla ricostruzione Leopoldina del ,,Territorio Riunito" all' unificazione nazionale (1737–1859). In: I centri storici della Toscana, Hrsq. C. Cresti, Bd. 1, S. 25–34, Mailand.

– (1977b): Firenze e i centri storici del territorio fiorentino. In: I centri storici della Toscana, Hrsg. C. Cresti, Bd. 1, S. 57–110, Mailand.

Cresti, C./Orefice, G. (1978): Caratteri sociali, situazioni ambientali e piani di risanamento del quartiere d'Oltrarno a Firenze (1865–1940). In: Storia Urbana 2.6, S. 181–207.

Crino, S. (1922): I centri doppi in Sicilia. In: L'Universo, S. 156–178, 221–239, 311–332, 369–394.

Cristiani, E. (1962): Nobilità e popolo nel comune di Pisa dalle origini del podestariato alla signoria dei Donoratico. Inst. Ital. per gli storici 13, Neapel.

Cristofani, M. (1979): Siena: Le Origini. Testimonianze e miti archeologici. Catalogo delle Mostra, Siena, Dicembre 1979 – Marzo 1980, Florenz.

Culotta, P. (1978): Cefalù – Città di costa. Un insediamento meridionale nelle città del mondo. In: Parametro, mensile internazionale di architettura e urbanistica, Nr. 67, S. 34–41.

Cuppini, C. (1975): Funzione e significato del palazzo nella storia della città. In: Il Palazzo italiano, Hrsg. Touring Club Italiano, S. 7–15, Mailand.

Cutrufelli, M.R. (1976): Disoccupata con onore. Lavoro e condizione della donna. 2. Aufl., Mailand.

Czajka, W. (1964): Beschreibende und genetische Typologie in der ostmitteleuropäischen Siedlungsformenforschung. In: Kulturraumprobleme aus Ostmitteleuropa und Asien, Hrsg.: G. Sandner. Schriften d. Geogr. Inst. d. Univ. Kiel, Bd. 23, S. 37–62.

Davidsohn, R. (1896–1927): Geschichte von Florenz. 4 Bd., Berlin, Neudruck Oldenburg 1969.

– (1928): Blüte und Niedergang der Florentiner Tuchindustrie. In: Zeitschr. f. d. ges. Staatswissenschaften 85, S. 225–255.

Davis, J. (1973): Land and family in Pisticci. London.

– (1976): An account of changes in the rules for transmission of property in Pisticci 1814–1961. In: Mediterranean Family Structures, Hrsg. J.G. Peristiany, S. 287–303, Cambridge, London, New York, Melbourne.

De Angelis, C.N. (1940): Le origini del comune meridionale. Saggio storico di diritto pubblico. Neapel.

De Arcangelis, A. (1975): Le Regioni dell'infanzia: la Sicilia. In: Nord e Sud 22, S. 56–70.

Del Badia, J. (1889): Il Tabernacolo del XV secolo in Via de'Cavalieri. In: Studi storici sul centro di Firenze, S. 117–120, Neudruck: 1978, Bologna.

Demarco, D. (1964): Il crollo del regno delle due Sicilie. Univ. degli Studi di Napoli, Biblioteca d. annali dell'Ist. di storia economia e sociale, Bd. 1, Neapel.

Dematteis, G. (1978): La crisi della città contemporanea. In: Le città. Capire l'Italia, Bd. 2, Hrsg. Touring Club Italiano, S. 170–198, Mailand.

Denecke, D. (1980): Die historische Dimension der Sozialtopographie am Beispiel südniedersächsischer Städte. In: Berichte zur deutschen Landeskunde, Bd. 54, S. 211–252.

De Rosa, G./Cestaro, A. (1973): Territorio e società nella storia del Mezzogiorno. Neapel.

De Seta, D. (1977): Città, territorio e Mezzogiorno in Italia. Turin.

De Seta, C. /Di Mauro, L. (1980): Palermo. Le città nella storia d'Italia. Rom, Bari.

De Simone, A. (1971): Palermo nei geografi e viaggiatori arabi del medioevo. In: Studi magrevini II, S. 129–189.

Detti, E. (1953): Le distruzioni e la ricostruzione. In: Urbanistica 12, S. 43–70.

– (1977): Firenze scomparsa. 2. Aufl., Firenze.

Detti, E./Di Pietro, G./Fanello, G. (1968): Città murate e sviluppo contemporaneo di 42 centri della Toscana. Lucca.

Dilcher, G. (1964): Bischof und Stadtverfassung in Oberitalien. In: ZRG Germ. Abt. 81, S. 225–266.

– (1967): Die Entstehung der lombardischen Stadtkommune. Untersuchungen zur deutschen Staats- und Rechtsgeschichte, N.F., Bd. 7, Aalen.

Doglio, C./Urbani, L. (1964): Programmazione e infrastrutture: Quadro territoriale dello sviluppo in Sicilia. Caltanissetta.

Döpp, W. (1968): Die Altstadt Neapels. Entwicklung und Struktur. Marburger Geogr. Schr. 37.

– (1970): Zur Sozialstruktur Neapels. In: Beiträge zur Kulturgeographie der Mittelmeerländer, Hrsg. C. Schott, Marburger Geogr. Schr. 40, S. 133–184.

– (1977): Der Einzelhandel in (Alt-) Venedig. In: Beiträge zur Kulturgeographie der Mittelmeerländer III, Hrsg. C. Schott. Marburger Geogr. Schr. 73, S. 109–146.

Doren, A. (1897): Entwicklung und Organisation der Florentiner Zünfte im 13. und 14. Jahrhundert. Leipzig.

– (1901): Die Florentiner Wolltuchindustrie vom 14. bis zum 16. Jahrhundert. Stuttgart.

– (1901–1908): Studien zur Florentiner Wirtschaftsgeschichte. 2. Bd., Stuttgart.

– (1908): Das Florentiner Zunftwesen vom 14. bis zum 16. Jahrhundert. Stuttgart, Berlin.

– (1934): Italienische Wirtschaftsgeschichte. Jena.

Dörrenhaus, F. (1971): Urbanität und gentile Lebensform. Erdkundliches Wissen, Beihefte zur GZ, H. 25, Wiesbaden.

– (1976): Villa und Villeggiatura in der Toskana. Eine italienische Institution und ihre gesellschaftsgeographische Bedeutung. Erdkundliches Wissen, Beihefte zur GZ, H. 44, Wiesbaden.

Dowd, D.F. (1961): The economic expansion of Lombardy 1300–1500. In: Journ. Econ. Hist. 21, S. 143–160.

Dupre Theseider, E. (1958): Problemi della città nell'alto medioevo. In: La città nell'alto medioevo, S. 37–51, Spoleto.

Dutt, R. (1972): Die Industrialisierung als Entwicklungsproblem Süditaliens. Diss., Freiburg.

Ennen, E. (1953): Frühgeschichte der europäischen Stadt. Bonn.

– (1975): Die europäische Stadt des Mittelalters. 2. Aufl., Göttingen.

Eschebach, H. (1970): Die städtebauliche Entwicklung des antiken Pompeji. Heidelberg.

Esposito, S. (1971): Catania metropoli terziaria. In: Le Grandi città italiane. Saggi geografici e statistici, Hrsg. R. Mainardi, S. 418–426, Mailand.

Etienne, R. (1974): Pompeji. Das Leben in einer antiken Stadt. Stuttgart.

Fanelli, G. (1973): Firenze. Architettura e città. 2. Bd., Florenz.

– (1980): Firenze. Le città nella storia d'Italia. Rom, Bari.

Fanfani, A. (1964): Città, mercante e dottrine nell'economia europea. Dal IV al XVIII secolo. Saggi in memoria di Gino Luzatto. Mailand.

Fantozzi Micali, O./Roselli,. P. (1980): La soppressioni dei conventi a Firenze. Riuso e transformazioni dal sec XVIII in poi. Florenz.

Fasoli, G. (1942): Ricerche sui borghi franchi dell'alta Italia. In: Rivista di storia del diritto italiano, XV, S. 78–99.

– (1954): Tre secoli di vita cittadina catanese (1092–1392). In: Archivio storico per la Sicilia orientale, S. 116–145.

– (1960): Che cosa sappiamo dalle città italiane nell'alto medioevo. In: Vierteljahrsschriften für Sozial- und Wirtschaftsgeschichte 47, S. 289–305.

– (1969): Dalla civitas al comune nell'Italia settentrionale. Lezioni tenute alla Facoltà di Magistero dell'Università di Bologna.

– (1973): Feudo e castello. In: Storia d'Italia, Bd. 5.1, I Documenti, S. 263–308, Turin.

Fasoli, G./Bocchi, F. (1973): La città medioevale italiana. Florenz.

Fazio, M. (1980): Historische Stadtzentren in Italien. Köln.

Fehn, H. (1977): Gedanken zum Wandel des Begriffsinhaltes „Stadt" am Beispiel der Stadterhebungen von Bayern seit 1800 und der zentralörtlichen Gliederung 1970. In: Beiträge zur geogr. Methode und Landeskunde. Festgabe für G. Höhl. Mannheimer Geogr. Arb., H. 1, S. 295–318.

Fei, S. (1971): Nàscita e sviluppo di Firenze città borghese. Florenz.

– (1977): Firenze 1881–1898: Le grande operazione urbanistica. Rom.

Ferri, F. (1974): Mirandola. Il regno dei Pico. Modena.

Fichera, F. (1925): Una città settecentesca (Catania). Rom.

Finley, M. (1977): Die antike Wirtschaft. München.

– (1979): Das antike Sizilien. München.

Fiumi, E. (1956): Lui rapporti economici fra città e contado nell'età comunale. In: Archivio storico italiano 114, S. 18–68.

– (1961): Storia economica e sociale di S. Gimignano. Florenz.

– (1968): Demografia movimento urbanistico e classi sociali in Prato dell'età comunale ai tempi moderni. Biblioteca storica toscana 14, Florenz.

Fornaro, A. (1956): Milazzo: studi di geografia umana. In: Quaderni di geografia umana per la Sicilia e la Calabria, S. 15–50.

Franchetti Pardo, V. (1977): Il nuovo stato territoriale nella Toscana medicea. In: I centri storici della Toscana, Hrsg. C. Cresti, Bd. 1, S. 17–24, Mailand.

Francovich, R. (1973): I castelli del contado fiorentino nei secoli XII e XIII. Atti dell'Ist. di Geografia 3, Florenz.

– (1974): Per la storia dell'insediamento mugellano: il caso di Ascianello. In: Archeologia medievale, cultura, materiale, insediamenti, territorio, I, S. 57–79.

Friedmann, A. (1913): Der mittelalterliche Welthandel von Florenz in seiner geographischen Ausdehnung. Abh. d. K.K. Geogr. Ges. in Wien X.

Friedmann, D. (1974): Le terre nuove fiorentine. In: Archeologia medioevale I, S. 31–47.

Friedrichs, J. (1977): Stadtanalyse. Soziale und räumliche Organisation der Gesellschaft. Hamburg.

Fröhlich, K. (1953): Das verfassungstopographische Bild der mittelalterlichen Stadt im Lichte der neueren Forschung. In: Städtewesen und Bürgertum als geschichtliche Kräfte. Gedächtnisschr. f. F. Höhrig, Hrsg. A.v. Brandt, W. Kopp, u.a., S. 61–94, Lübeck. Nachdruck in: Die Stadt des Mittelalters, Bd. I, Hrsg. C. Haase, Wege der Forschung, Bd. 263, 1978, S. 287–337.

Fulvio, M. (1968): Lucca, le sue corti, le sue strade, le sue piazze. Lucca.

Gabert, P. (1964): Turin, ville industrielle. Etude de geographie économique et humaine. Paris.

Gaddoni Schiassi, S. (1977): Centri a pianta regolare in Emilia-Romagna: i castelli medievali. In: L'Universo 57, S. 1073–1096.

Galasso, G. (1959): Il commercio amalfitano nel periodo normanno. In: Studi in onore di Riccardo Filangieri, Bd. 1, Neapel.

Galtung, J. (1965): The structure of traditionalism: a casestudy from western Sicily. In: Journal of International Affairs, 19(2), S. 217–232.

Gambi, L. (1956): La popolazione della Sicilia fra il 1374 e il 1376. In: Quaderni di Geografia umana per la Sicilia e la Calabria, S. 3–10.

– (1973): Da città ad area metropolitana. In: Storia d'Italia, Bd. 5,1. I Documenti, S. 370–424, Turin.

– (1978): Le città e l'organizzazione dello spazio in Italia. In: Le Città. Capire l'Italia, Bd. 2, Hrsg. Touring Club Italiano, S. 8–25, Mailand.

Gangemi, G./La Franca, R. (1978): Naro. Ricognizione del patrimonio storico monumentale e urbanistico-edilizio. In: Parametro, Nr. 67. Mensile internazionale di architettura e urbanistica, S. 22–27.

Ganshof, F.L. (1967): Was ist das Lehnswesen? 2. Aufl., Darmstadt.

Gantner, J. (1928): Grundformen der europäischen Stadt. Versuch eines historischen Aufbaues in Genealogien. Wien.

Garufi, C.A. (1946–1947): Patti agrari e comuni feudali di nuova fondazione in Sicilia. Dallo scorcio del secolo XI algli albori del Settecento. In: Archivio Storico Siciliano. 1946, S. 31–111; 1947, S. 7–134.

Ghelardoni, P. (1971): Faenza: ricerche di geografia urbana. In: Boll. Soc. Geogr. Ital., Ser. 9, Vol. 12, Fasc. 4–6, S. 209–286.

Giacone, P. /Zannella, C. (1974): Ferentino. Vescovo e francescani nel sistema della chiese urbane. In: Città, contado e feudi nell'urbanistica medievale, Hrsg. E. Guidoni, S. 197–210, Rom.

Giannoni, M. (1976): Struttura sociale e demografica di Roma. In: Studi Romani.

Ginatempo, N. (1976): La città del Sud. Territorio e classi sociali. Mailand.

Ginori Lisci, L. (1972): I palazzi di Firenze nella storia e nell'arte. 2 Bd., Florenz.

Girgenti, V. /Leone, N.G. (1978): Residui rurali e scorie urbane in Paternò. In: Parametro, mensile internazionale di architettura e urbanistica, Nr. 67, S. 28–33.

Glöckner, K. (1954): Die Lage des Marktes im Stadtgrundriß. In: Nassauische Ann. 65, S. 86–93.

Goetz, W. (1944): Die Entstehung der italienischen Kommunen im frühen Mittelalter. Sitzungsbericht d. Bayr. Akad. d. Wiss. 1944, München.

Goldthwaite, R.A. (1968): Private wealth in renaissance Florence. A study of four families. Princeton.

– (1972): The florentine palace as domestic architecture. In: American Historical Rev. 76, S. 977–1012.

Gothein, E. (1886): Die Kulturentwicklung Süditaliens in Einzeldarstellungen. Breslau.

Grote, A. (1976): Florenz. Gestalt und Geschichte eines Gemeinwesens. 4. Aufl., München.

Gruber, K. (1977): Die Gestalt der deutschen Stadt. 3. Aufl., München.

Guarnieri, G. (1967): Da porto Pisano a Livorno città attraverso le trappe della storia e della evuluzione geografica. Pisa.

Guidi, L. (1978): Napoli fra le due guerre: politica fascista nel settore delle trasformazioni edilizie ed urbanistiche. In: Storia Urbana, 2.6, S. 241–268.

Guidoni, E. (1970): Arte e Urbanistica in Toscana 1000–1315. Biblioteca di storia dell'arte 3, Rom.

– (1971): Il Campo di Siena. Rom.

– (1980): Die Europäische Stadt. Eine baugeschichtliche Studie über ihre Entstehung im Mittelalter. Venedig, Stuttgart.

Guirrieri, F. (1972): Architettura e interventi territoriali nella Toscana granducale. Florenz.

Haan, J.C. de (1939): De italiaansche stadtscommune van consulaat tot signorie. In: Tijdschr. v. Geschiedenis 54, S. 407–434.

Haase, C. (1958): Stadtbegriff und Stadtentstehungsgeschichte in Westfalen. Überlegungen zu einer Karte der Stadtentstehungsgeschichte. In: Westf. Forsch.; Mitt. d. Provinzialinstituts f. westf. Landes- und Volkskde., 11. Bd., S. 16–32, Münster. Nachdruck in: Die Stadt des Mittelalters. Bd. I. Hrsg. C. Haase. Wege der Forsch., Bd. 243, 1978, S. 67–101, Darmstadt.

– (1960): Die Entstehung der westfälischen Städte. Veröffentlichungen des Provinzialinstituts f. westf. Landes- und Volkskde., Reihe 1, H. 11, Münster.

Hammond, M. (1972): The city in the ancient world. Cambridge.

Haverkamp, A. (1971): Friedrich I. und der hohe italienische Adel. In: Beiträge zur Geschichte Italiens im 12. Jahrhundert. S. 53–92. Vorträge und Forschungen. Sonderband 9. Konstanzer Arbeitskreis für mittelalterliche Geschichte. Sigmaringen.

Hay, D. (1978): Profilo storico del Rinascimento italiano. Bari.

Herlihy, D. (1958): The agrarian revolution in southern France and Italy. In: Speculum 37, S. 23–37.

– (1967): Medieval and renaissance Pistoia. The social history of an Italian town, 1300–1430. New Haven a. London.

– (1968): Santa Maria Impruneta: a rural comune in the late middle ages. In: Florentine studies politics and society in renaissance Florence. Hrsg. N. Rubinstein, S. 242–276, London.

– (1972): Pistoia nel medioevo e nel Rinascimento (1200–1430). Biblioteca storica Toscana 16, Florenz.

– (1973a): Pisa in the early Renaissance. A study of urban growth. London.

– (1973b): Pisa nel duecento con appendice di Documenti. (Vita economica e sociale d'una città italiana del Medioevo). Pisa.

– (1976): Società e spazio nella città italiana del medioevo. In: La storiografia urbanistica. Atti del 1° convegno internazionale di storia urbanistica. S. 174–190, Lucca.

Hintze, O. (1970a): Der moderne Kapitalismus als historisches Individuum. Ein kritischer Bericht über Sombarts Werk. In: Otto Hintze: Feudalismus – Kapitalismus. Hrsg. G. Oestreich, S. 114–164, Göttingen.

– (1970b): Wesen und Verbreitung des Feudalismus. In: Otto Hintze: Feudalismus – Kapitalismus. Hrsg. G. Oestreich, S. 12–47, Göttingen.

Höhl, G. (1962): Fränkische Städte und Märkte im geographischen Vergleich. Forschungen zur deutschen Landeskunde, Bd. 139, Bonn-Bad Godesberg.

Holzner, L. (1981): Die kultur-genetische Forschungsrichtung in der Stadtgeographie – eine nicht-positivistische Auffassung. In: Die Erde, S. 173–184.

Huttenlocher, F. (1963): Städtetypen und ihre Gesellschaften an Hand südwestdeutscher Beispiele. In: GZ 51, S. 161–182.

Hyde, J.K. (1973): Society and politics in medieval Italy. The evolution of the civil life 1000–1350. London.

Hytten, E. /Marchioni, M. (1970): Industrializzazione senza sviluppo. Gela: una storia meridionale. Mailand.

Insolera, I. (1973): L'urbanistica. In: Storia d'Italia 5,1. I Documenti, S. 427–488, Turin.

Istituto Centrale Di Statistica (1951): IX Censimento generale della popolazione 4–5 Nov. 1951. Caratteristiche demografiche ed economiche dei grandi comuni. Bd. 1–3, Rom 1959.

– (1961a): 10° Censimento generale della popolazione 15 Ott. 1961. Vol. III. Dati sommari per comune. Fascicolo 52, Provincia di Siena, Rom 1964.

– (1961b): 10° Censimento generale della popolazione 15 Ott. 1961. Vol. III. Dati sommari per comune. Fascicolo 48, Provincia di Firenze, Rom 1965.

– (1961c): 10° Censimento generale della popolazione 15 Ott. 1961. Vol. III. Dati summari per comune. Fascicolo 84, Provincia de Agrigento, Rom 1965.

- (1961d): 10° Censimento generale della popolazione 15 Ott. 1961. Vol. III. Dati sommari per comune. Fascicolo 87, Provincia di Catania, Rom 1966.
- (1971a): 11° Censimento generale della popolazione 1971. Tabulato meccanografico relativo allo spoglio per sezioni di comune, comune di Agrigento, Rom.
- (1971b): 11° Censimento generale della popolazione 1971. Tabulato meccanografico relativo allo spoglio per sezioni di comune, comune di Catania, Rom.
- (1971c): 11° Censimento generale della popolazione 1971. Tabulato meccanografico relativo allo spoglio per sezioni di comune, comune di Firenze, Rom.
- (1971d): 11° Censimento generale della popolazione 1971. Tabulato meccanografico relativo allo spoglio per sezioni di comune, comune di Siena, Rom.
- (1971e): 5° Censimento generale dell'industria e del commercio 25 Ott. 1971. Stato definitivo delle sezioni, Siena, Rom.
- (1971f): 11° Censimento generale della popolazione 24 Ott. 1971. Vol. III. Popolazione delle frazioni geografiche e delle locatità abitate dei comuni. Fascicolo 9, Toscana, Rom 1974.
- (1971g): 11° Censimento generale della popolazione 24 Ott. 1971. Vol. III. Popolazione delle frazioni geografiche e delle locatità abitate dei comuni. Fascicolo 19, Sicilia, Rom 1975.

Jäger, H. (1969): Historische Geographie. Das Geographische Seminar. Braunschweig.

Jecht, H. (1926): Studien zur gesellschaftlichen Struktur der mittelalterlichen Städte. In: Vierteljahresschr. f. Sozial- und Wirtschaftsgeschichte 19, S. 48–85.

Kantorowicz, E. (1963): Kaiser Friedrich II. Düsseldorf, München.

Kellenbenz, H. (1958): Der italienische Großkaufmann und die Renaissance. In: Vierteljahresschr. f. Sozial- und Wirtschaftsgeschichte 45, S. 145–167.

Keller, H. (1969): Der Gerichtsort in oberitalienischen und toskanischen Städten. Untersuchungen zur Stellung der Stadt im Herrschaftssystem des Regnum Italicum vom 9. bis 11. Jahrhundert. In: Quellen und Forschungen aus italienischen Archiven und Bibliotheken, 49, S. 1–72.
- (1970): Die soziale und politische Verfassung Mailands in den Anfängen des kommunalen Lebens. In: Hist. Zeitschr. 211, S. 34–61.
- (1977): Einwohnergemeinden und Kommune: Probleme der italienischen Stadtverfassung im 11. Jahrhundert. In: Hist. Zeitschr. 224, S. 561–579.

Kent, F.W. (1977): Household and lineage in renaissance Florence. The Family Life of the Capponi, Ginori and Rucellai. New Jersey.

Keyser, E. (1958): Städtegründungen und Städtebau in Nordwestdeutland im Mittelalter. Forschungen zur deutschen Landeskunde, Bd. 111, Remagen.

Keyser, E. (1963): Stadtgrundriß als Geschichtsquelle. In: Studium Generale, 6, S. 345–351. Nachdruck in: Die Stadt des Mittelalters. Hrsg. C. Haase, Bd. 1, Wege der Forschung, Bd. 263, S. 371–383, Darmstadt 1978.

King, R.L. (1975): Geographical perspectives on the evolution of the Sicilian Mafia. In: Tijdschrift voor Economische en Sociale Geographie, 66(1), S. 21–34.

King, R.L./Strachan, A. (1978): Sicilian agro-towns. In: Erdkunde 32, S. 110–123.

Kirschstein, M. (1923): Siena. München.

Kirsten, E. (1956): Die griechische Polis als historisch-geographisches Problem des Mittelmeerraumes. Coll. Geogr. 5, Bonn.
- (1958a): Raumordnung und Kolonisation der griechischen Geschichte. In: Raumforschung und Landesplanung, Bd. X. Historische Raumforschung II. Zur Raumordnung in den alten Hochkulturen, S. 25–46, Bremen.
- (1958b): Römische Raumordnung in der Geschichte Italiens. In: Raumforschung und Landesplanung, Bd. X. Historische Raumforschung II. Zur Raumordnung in den alten Hochkulturen, S. 47–71, Bremen.

Kirsten, E./Buchholz, E.W./Köllmann, W. (1965–1968): Raum und Bevölkerung in der Weltgeschichte. 4 Bd., Würzburg.

Klöpper, R. (1957): Der geographische Stadtbegriff. In: Geogr. Taschenbuch 1956/57, S. 453–461.

Koenigs, W. (1974): Stand der Forschung über öffentliche Bauten im griechischen Bereich. In: Die antike Stadt und ihre Teilbereiche. Ergebnisbericht über ein Kolloquium. Veranstaltet vom Architektur-Referat des Deutschen Archäologischen Instituts 2. bis 4.5.1974. Diskussionen zur archäologischen Bauforschung I, S. 68–74, Berlin.

Kotelnikowa, L.A. (1976): Die italienische Stadt des frühen Mittelalters (VIII.-X. Jh.) und ihre Rolle im Prozeß der Genesis des Feudalismus. In: Stadtgemeinde und Stadtbürgertum im Feudalismus. Protokoll der 1. Tagung der Fachkommission Stadtgeschichte vom 20.–21. Nov. 1974 in Magdeburg, S. 27–43, Magdeburg.

Kramer, H. (1968): Geschichte Italiens. Stuttgart.

Lanza Tomasi, G. (1966): Le ville di Palermo. Palermo.

Lautensach, H. (1940): Taormina und seine Landschaft. In: Zeitschr. f. Erdk. VIII., S. 161–169.

Lay, C. (1980): Das tägliche Erdbeben. Ein Bericht über die Stadt Neapel: Arbeitslosigkeit, Schmuggel, Mafia, Revolten. Berlin.

Leers, K.J. (1981): Die räumlichen Folgen der Industrie-Ansiedlung in Süditalien – das Beispiel Tarent (Tarento). Düsseldorfer Geogr. Schr., H. 17.

Lehmann, E. (1959): Bemerkungen zu den baulichen Anfängen der deutschen Stadt im frühen Mittelalter. In: La città nell'alto medioevo, S. 559–590, Spoleto.

Leng, G. (1979): Die Theorie des „Rentenkapitalismus" als sozialgeographischer Erklärungsversuch des Problems „Unterentwicklung/Entwicklung". – Eine Analyse und Kritik – In: Geogr. Beiträge zur Entwicklungs-Länderforschung. Hrsg. K.H. Hottes. Friedens- und Konfliktforschung, H. 12, Bonn-Bad Godesberg.

Lepsius, M.R. (1965): Immobilismus: Das System der sozialen Stagnation in Süditalien. In: Jahrbuch f. Nationalökonomie und Statistik, 177, S. 304–342, Stuttgart.

Lera, G. (1975): Lucca. Città da scoprire. Lucca.

Lichtenberger, E. (1963): Die Geschäftsstraßen Wiens. Eine statistisch-physiognomische Analyse. In: Mitt. d. Österr. Geogr. Gesellschaft, Bd. 105, S. 463–504, Wien.

– (1972a): Die europäische Stadt – Wesen, Modelle, Probleme. In: Ber. z. Raumforschung und Raumplanung, 16, Wien.

– (1972b): Ökonomische und nicht-ökonomische Variablen kontinental-europäischer Citybildung. In: Die Erde 103, S. 216–262.

Limburger, W. (1910): Die Gebäude von Florenz. Architekten, Straßen und Plätze in alphabetischen Verzeichnissen. Leipzig.

Lo Jacono, G. (1968): Studi e rilievi di Palazzi Palermitani dell'età Barocca. Palermo.

Lopes Pegna, M. (1974): Firenze dalle origine al Medioevo. Florenz.

Lopez, R.S. (1938): Storia delle colonie genovesi nel Mediterraneo. Bologna.

Lopez, R.S./Raymond, I.W. (1955): Medieval trade in the mediterranean world. Illustrative documents, translated with introductions and notes. New York, London.

Lopreato, J. (1974): Emigration and social change in southern Italy. In: The sociology of community, Teil III. Peasant society in southern Italy. Hrsg. C. Bell; H. Newby, S. 84–142, London.

Lusini, V. (1927): Storia del palazzo Chigi-Saracini. Siena.

Luzzatto, G. (1949): Storia economica d'Italia I: L'antichità e il medioevo. – Rom.

– (1966): L'inurbamento delle popolazioni rurali in Italia nei secoli XIIe XIII. In: Dai servi della gleba agli albori del capitalismo, S. 407–433, Bari.

– (1970): Breve storia economica dell'Italia medievale. Turin.

Machiavelli, N. (1934): Geschichte von Florenz. Deutsche Übersetzung v. A. v. Reumont, Wien.

Mack Smith, D. (1968): A History of Sicily. London.

Magherini, M. (1957): Lo sviluppo topografico ed economico di Certaldo (Valdelsa). Studi Geografici sulla Toscana. Suppl. al Vol. LXIII della Riv. Geogr. Ital., S. 113–122, Florenz.

Magi, P. (1973): Firenze di una volta. Florenz.

Maier, J./Paesler, R./Ruppert, K./Schaffer, F. (1977): Sozialgeographie. Braunschweig.

Mainardi, R. (1971): Caratteristiche demografiche ed economiche delle grandi città italiane. In: Le grandi città italiane. Saggi geografici e statistici. Hrsg. R. Mainardi, S. 21–63, Mailand.

Mancuso, F. (1978): Dal Quattrocento all'Ottocento: le città di antico regime. In: Le città. Capire l'Italia, Bd. 2, Hrsg. Touring Club Italiano, S. 85–128, Mailand.

Manselli, R. (1971): Grundzüge der religiösen Geschichte Italiens im 12. Jahrhundert. In: Beiträge zur Geschichte Italiens im 12. Jahrhundert. Vorträge und Forschungen. Sonderband 9. Konstanzer Arbeitskreis für mittelalterliche Geschichte, S. 5–35, Sigmaringen.

Manshard, W. (1977): Die Städte des tropischen Afrika. Urbanisierung der Erde, Bd. 1, Hrsg. W. Tietze, Berlin, Stuttgart.

Maraspini, A. (1968): The study of an Italian village. Paris.

Marconi, P. (1933): Agrigento. Rom.

Marengo, G. (1971): L'evoluzione edilizia di Bari. In: Le grandi città italiane. Saggi geografici e statistici, Hrsg. R. Mainardi, S. 392–397, Mailand.

Martines, L. (1963): The social world of the florentine humanists 1390–1460. London.

Maschke, E. (1966): Die Wirtschaftspolitik Kaiser Friedrich II. im Königsreich Sizilien. In: Vierteljahresschr. f. Sozial- und Wirtschaftsgeschichte 53, S. 289–328.

Matzerath, H. (1974): Von der Stadt zur Gemeinde. Zur Entwicklung des rechtlichen Stadtbegriffs im 19. und 20. Jahrhundert. In: Archiv f. Kommunalwissenschaft, Bd. 13(1), S. 17–46.

Mc Elrath, D.C. (1962): The Social Areas of Rome. In: American Sociological Rev. 27, S. 376–391.

Meer, T.L.V. (1951): Wandlungen des Stadtbegriffs. Diss. Zürich.

Meli, C. (1974): La Valdelsa. Lotta economico-militare e dinamica degli insedimenti nel baricentro viario della Toscana. In: Città, contado e feudi nell'urbanistica medievale, Hrsg. E. Guidoni, S. 37–62.

Melis, F. (1964): Firenze. In: Città, mercanti, dottrine nell'economia europea dal IV al XVIII secolo. Saggi in memoria di Gino Luzzatto. Hrsg. A. Fanfani, S. 107–150.

– (1962): Aspetti della vita economica medievale. Studi nell'archivio Datini di Prato. Siena.

– (1967): L'economia delle città minori della Toscana. In: Le zecche minori toscana fino al XIV secolo. S. 13–39, Pistoia.

Meneghetti, L. (1971): Aspetti di geografia della popolazione Italia 1951–1967. Mailand.

Megozzi, G. (1931): La città italiana nell'alto Medioevo. Il periodo langobardo – franco. In appendice: Il comune rurale del territorio lombardo-tosco. 2. Aufl., Florenz.

Mercandino, C./Mercandino, A. (1976): Storia del territorio e delle città d'Italia. Dal 1800 ai giorni nostro. Mailand.

Meynen, A. (1975): Großstadt – Geschäftszentren. Köln als Beispiel – Eine Bestandsanalyse. Wiesbaden.

Meynen, E. (1976): Köln am Rhein – Kontinuität, Persistenz, Sequent Occupance, Innovation. In: Mensch und Erde, Festschrift f. W. Müller-Wille, Hrsg.: K.-F. Schreiber; P. Weber. Westfälische Geogr. Studien, Bd. 33, Münster, S. 275–288.

Micalizzi, P. (1974): Gubbio. Modelli politici e urbanistici dal comune guelfo alla signoria. In: Città, contado e feudi nell'urbanistica medievale. Hrsg. E. Guidoni, S. 101–125, Rom.

Michelucci, G./Migliorini, E. (1953): Firenze. Storia dello sviluppo urbanistico. In: Urbanistica 12, S. 5–28.

Mioni, A. (1978a): Le città nell'epoca dell'industrializzazione dall'Unità alla prima guerra mondiale (1860–1920). In: Le città. Capire l'Italia, Bd. 2, Hrsg. Touring Club Italiano, S. 129–155, Mailand.

– (1978b): Le città italiane tra le due guerre (1920–1940). In: Le città. Capire l'Italia, Bd. 2, Hrsg. Touring Club Italiano, S. 156–170, Mailand.

Mochi-Onory, S. (1933): Vescovi e città. – Bologna.

Monheim, R. (1969): Die Agrostadt im Siedlungsgefüge Mittelsiziliens untersucht am Beispiel Gangi. Bonner Geogr. Abh., H. 91.

– (1971): La struttura degli insedimenti nella Sicilia centrale come retaggio storico e problema attuale. In: Boll. Soc. Geogr. Ital., Ser. 9, Vol. 12, S. 667–683.

Monti, S. (1971): Torre del Greco. Ricerca di geografia umana. In: Boll. Soc. Geogr. Ital., Ser. 9, Vol. 12, S. 87–136.

Mor, C.G. (1969): Pavia Capitale. In: Atti del 40 congresso internazionale di studi sull'medioevo. Spoleto, S. 21–31, Pavia.

Morandini, U. (1969): Il castellare dei Malavolti a Siena. In: Quattro monumenti italiani. Hrsg. Ist. naz. delle assicurazioni.

Mori, A. (1920): Sulla formazione di nuovi centri abitati in Sicilia negli ultimi quattro secoli. In: Riv. Geogr. Ital. 27, S. 149–177.

– (1958): Osservazioni preliminari sulla struttura delle città italiane. In: Studi geogr. in onore del Prof. R. Biasatti, S. 171–172, Florenz.

Mori, A./Cori, B. (1969): L'area di attrazione delle maggiori città italiane. In: Riv. Geogr. Ital. 76, S. 3–14.

Morello, G. (1962): L'industrializzazione della provincia di Siracusa. Problemi della società italiana XIX. Bologna.

Moretti, I. (1979): Le „terre nuove" del contado Fiorentino. Collana di studi storico-territoriali. Aspetti e vicende dell'insediamento umano in Toscana. Bd. 4, Florenz.

Moss, L.W./Cappannari, S.C. (1960): Patterns of kinship, comparaggio and community in a south Italian village. In: Anthropological Quarterly 33, 1, S. 24–32.

– (1962): Estate and class in a south Italian hill village. In: American Anthropologist, 64, 2, S. 287–300.

Mothes, O. (1884): Die Baukunst des Mittelalters in Italien von der ersten Entwicklung bis zu ihrer höchsten Blüthe. 2 Bd., Jena.

Müller, R. (1975): Die Entwicklung der Naturwerksteinindustrie im toskanischen Apennin als Funktion städtebaulicher Gestaltung. Frankfurter Wirtschafts- und Sozialgeogr. Schr., H. 19, Frankfurt.

Mumford, L. (1978): Die Stadt – Geschichte und Ausblick. 2 Bd., München.

Nahmer, D. v.d. (1965): Die Reichsverwaltung in Toscana unter Friedrich I. und Heinrich VI. Diss., Freiburg.

Nardi, P. (1972): I borghi di San Donato e di San Pieto a Ovile. „Populi", Contrade e compagnie d'armi nella società senese dei secoli XI-XIII. In: Bull. senese di storia patria LXXIII-LXXV, 1966–1968, S. 7–59, Siena.

Nasalli Rocca, E. (1968): Palazzi e torri gentilizie nei quartieri delle città italiane medioevali. L'esempio di Piacenza. In: Contributi dell'Istituto di storia medioevale, Bd. 1, Mailand.

Natale, F. (1957): Problemi di una storia della popolazione siciliana medioevale. In: Quaderni di geografia umana per la Sicilia e la Calabria, S. 1–20, Messina.

Nepi, C./Ferrara, G. (1977): Siena e le sue terre. In: I centri storici della Toscana. Hrsg. C. Cresti, Bd. 1, S. 177–218, Mailand.

Niemeier, G. (1935): Siedlungsgeographische Untersuchungen in Niederandalusien. Abh. aus dem Gebiet der Auslandskunde, 42, Hamburg.

– (1942): Europäische Stadtdorfgebiete als Problem der Siedlungsgeographie und der Raumplanung. In: Sitzungsber. europ. Geogr., Hrsg. N. Krebs, Würzburg, S. 329–352, Leipzig.

Nissen, H. (1883–1902): Italische Landeskunde. 3 Bd., Berlin.

Novembre, D. (1961): Lecce, studio di geografia urbana. In: Studi Salentini 12, S. 238–374.

– (1973): Geografia urbana della Puglia. Bari.

Ofner, R. (1967): Zur Definition der Stadt. In: Kölner Zeitschr. f. Soziologie und Sozialpsychologie 19, S. 546–551.

O'Loughlin, J.V./Glebe, G. (1980): Faktorökologie der Stadt Düsseldorf – ein Beitrag zur urbanen Sozialraumanalyse. Düsseldorfer Geogr. Schr. 16.

Ottokar, N. (1948): Criteri d'ordine, di regolarità e d'organizzazione nell'urbanistica ed in genere nella vita fiorentina dei secoli XIII-XIV. In: Studi comunali fiorentini, S. 143–149, Florenz.

- (1974): Il comune di Firenze alla fine del Duegento. 3. Aufl., Biblioteca di cultura storica 69, Turin.

Padellaro, P./Panizzia, M. (1976): Roma formale e informale. Neapel.

Pampaloni, G. (1963): Palazzo Strozzi. Rom.

- (1973): Firenze al tempo di Dante. Documenti sull'urbanistica fiorentina. Rom.

Patzak, B. (1912): Palast und Villa in der Toskana. Versuch einer Entwicklungsgeschichte. Leipzig.

Pecchioli, A. (1966): Vecchia città. Siena stupenda d'anima e di forma. Siena.

Pecora, A. (1968): Sicilia. Le regioni d'Italia. Bd. 17, Turin.

Pecori, C.L. (1853): Storia della terra di San Gimignano. Florenz.

Pellegrino, T. (1976): L'antica città di Lecce. Guida al centro storico. Bari.

Pepi, Z. (1964): Il palazzo dell'INA nel castellare Malavolti. Siena.

Peri, I. (1953/1956): Città e campagna in Sicilia. 2 Bd., Atti della Accad. di Scienze Lettere e Arti di Palermo, Ser. 4, Bd. 10, Bd. 13.

Perogalli, C. (1975): Caratteri dei Palazzi privati italiani. In: Il Palazzo italiano. Hrsg. Touring Club Italiano, S. 177–189, Mailand.

Pescetti, L. (1963): La storia di Volterra. Biblioteca della „Rassegna Volterrana". Volterra.

Peyer, H.C. (1955): Stadt und Stadtpatron im mittelalterlichen Italien. Wirtschaft, Gesellschaft, Staat. Züricher Studien zur allgemeinen Geschichte 13, Zürich.

- (1960): Die Geschichte Italiens im 14. Jahrhundert. In: Das Trecento Italiens im 14. Jahrhundert, S. 7–35, Zürich, Stuttgart.

Piamarta, L. (1953): Rovereto, ricerche di geografia urbana. In: Ann. d. ricerche e studi di Geografia 9, S. 37–76, Movara.

Piattoli, R. (1943): Per la storia di Pistoia e delle città circostanti anni 1314 e 1329–30. In: Bull. storico pistoiese XLV, S. 29–40.

Piccinato, L. (1978): Urbanistica medievale. Bari.

Pierotti, P. (1965): Lucca edilizia urbanistica medioevale. Mailand.

- (1972): Urbanistica. Storia e Prassi. Florenz.

Pietra Mellara, C. (1980): Il Duomo di Siena. Evoluzione della forma dalle origini alla fine del Trecento. Florenz.

Piper, E. (1982): Der Stadtplan als Grundriß der Gesellschaft. Topographie und Sozialstruktur in Augsburg und Florenz um 1500. Frankfurt.

Pirenne, H. (1940): Die Geburt des Abendlandes. Der Untergang der Antike am Mittelmeer und der Aufstieg des germanischen Mittelalters. Amsterdam.

- (1971a): Le città del Medioevo. Bari. Übersetzung von: Pirenne: Les villes du moyen age, Brüssel 1927.

- (1971b): Sozial- und Wirtschaftsgeschichte Europas im Mittelalter. München.

Pisani, N. (1953): Noto la città d'oro. Syrakus.

Pizzorno, A. (1969/70): Le grandi città italiane. In: Archivio di studi urbani e regionali, S. 94–111.

Plesner, J. (1979): L'emigrazione dalla Campagna alla città libera di Firenze nel XIII secolo. Florenz. (Übersetzung von: L'émigration de la campagne à la ville libre de Florence au XIII siècle, Kopenhagen 1934).

Poseck, U. (1966): Geographische Auswirkungen der Verstädterung als Lebensform. Ein sozialgeographischer Beitrag zur historischen Stadtgeographie. Diss., Köln.

Pricking, T. (1980): Die Bevölkerungs- und Erwerbsstruktur von Siena (Toskana). Hausarbeit zur ersten Staatsprüfung für das Lehramt am Gymnasium (maschinenschriftl.), Düsseldorf.

Prunai, G./Pampaloni, G./Bemporad, N. (1971): Il palazzo Tolomei a Siena. Florenz.

Puccinelli, A.P. (1947): Lo sviluppo topografico di Pistoia. In: Bull. Storico Pistoiese, S. 3–31.

Raith, W. (1979): Florenz vor der Renaissance. Der Weg einer Stadt aus dem Mittelalter. Frankfurt, New York.

Ramella, V. (1972): Storia della città di Vigevano. Vigevano.

Raumer, F. v. (1840): Italien. Leipzig.

Renouard, Y. (1949): Les hommes d'affaires italiens au moyen-age. Paris.
– (1975/76): Le città italiane dal X al XIV secolo. 2 Bd., Mailand.
Riccardi, L. (1957): Storia demografica e delle classi professionali fra il 1821 e il 1955, di un villaggio di altura in fase di necrosi (Savoea) e di due centri littorali di sua proliferazione (Santa Teresa e Furci) nella regione Peloritana. In: Quaderni di Geografia umana per la Sicilia e la Calabria II, S. 85–141, Messina.
Richter, M. (1937): Die „terra murata" im florentinischen Gebiet. In: Mitt. d. Kunsthist. Inst. In Florenz V, S. 351–386, Florenz.
Rigillo, A. (1974): Campania: città e territorio. Neapel.
Rochefort, R. (1959): Un pays du latifondo sicilien: Corleone. In: Ann. Econ. Soc. Civilisations, 14, 3, S. 441–460.
– (1971a): Le città e il problema di lavoro: Catania. In: Le grandi città italiane. Saggi geografici e statistici. Hrsg. L. Mainardi, S. 413–417, Mailand.
– (1971b): Le città siciliane e il problema del lavoro: Palermo. In: Le grandi città italiane. Saggi geografici e statistici. Hrsg. R. Mainardi, S. 427–441, Mailand.
Rodolico, N./Marchini, G. (1962): 1 Palazzi del Popolo nei Comuni toscani nel Medioevo. Florenz.
Romano, S.F. (1965): Le classi sociali in Italia dal Medioevo all'età contemporanea. Turin.
Roover, R. de (1963): The rise and decline of the Medici Bank (1397–1494). Cambridge.
Rörig, F. (1971): Die Stadt in der deutschen Geschichte. In: F. Rörig, Wirtschaftskräfte im Mittelalter, Hrsg. P. Kaegbein, S. 658–680, Wien, Köln, Graz.
Ross, J. (1905): Florentine Palaces and their stories. – London.
Rossi, A. (1973): Die Architektur der Stadt. Skizze zu einer grundlegenden Theorie des Urbanen. Düsseldorf. Übersetzung von: L'Architettura della città, Bd. 8, ‚Biblioteca di Architettura e Urbanistica', Mailand 1966.
Rossi-Doria, M. (1958): The land tenure system and class in southern Italy. In: American Historical Rev. 64, 1, S. 46–53.
Rudolph, H. (1935): Stadt und Staat im römischen Italien. Untersuchungen über die Entwicklung des Munizipalwesens in der republikanischen Zeit. Leipzig.
Ruggiero, V. (1975): Siracusa, nuovo centro coordinatore della Sicilia sud-orientale. In: Riv. geogr. Ital. 82, S. 21–86.
Rutenburg, V. (1971): Popolo e movimenti popolari nell'Italia del '300 e '400. Bologna.
Sabelberg, E. (1975): Der Zerfall der Mezzadria in der Toskana urbana. Entstehung, Bedeutung und gegenwärtige Auflösung eines agraren Betriebssystems in Mittelitalien. Kölner Geogr. Arb., H. 33.
– (1980a): Das „zentrale Marktviertel". Eine Besonderheit italienischer Stadtzentren am Beispiel von Florenz. In: Die Erde 111, S. 57–71.
– (1980b): Siena. Ein Beispiel für Auswirkungen mittelalterlicher Stadtentwicklungsphasen auf die heutige Bausubstanz in den toskanischen Städten. In: Beiträge zur Geographie des Mittelmeerraumes. Hrsg. A. Gerstenhauer; K. Rother. Düsseldorfer Geogr. Schr., H. 15, S. 111–131.
– (1981): Die Palazzi in toskanischen und sizilianischen Städten und ihr Einfluß auf die heutigen innerstädtischen Strukturen – dargestellt an den Beispielen Florenz und Catania. In: Marburger Geogr. Schr., H. 84, S. 165–191.
– (1982): Genetische Stadttypen in der Toskana und in Sizilien. Die Wechselbeziehungen zwischen genetisch festgelegter Bausubstanz und heutigen Funktionen im städtischen Gefüge von Florenz, Siena, Catania und Agrigent. Habilitationsschrift (masch. schr.), Düsseldorf.
– (1983): The persistence of palazzi and intra-urban structures in Tuscany and in Sicily. In: Journal of Historical Geography 9, 3, S. 247–264.
Saitta, D. (1957): Strutture sociali della popolazione di Messina fra il 1820 e il 1827 desunte dai documenti di stato civile. In: Quaderni di geografia umana per la Sicilia e Calabria, II, S. 25–84.

Saladini, C. (1974): Ascoli Piceno. Policentrismo e „strade delle torri" nella città vescovile. In: Città, contado e feudi nell'urbanistica medievale. Hrsg. E. Guidoni, S. 127–148, Rom.

Salmi, M. (1967): Il palazzo e la collezione Chigi-Saracini. Siena.

Salvemini, G. (1960): Magnati e poplani in Firenze dal 1280 al 1295. Seguito da la dignità cavellersca nel Comune di Firenze. Biblioteca di cultura storica, 64, Turin.

Salvini, E. (1969): Semifonte. Florenz.

Salvioli, G. (1903): Le colonizzazioni in Sicilia nei secoli XVI e XVII (contributo alla storia della proprietà). In: Vierteljahresschr. für Sozial- und Wirtschaftsgeschichte, 1, S. 70–78.

Salvucci, G. (1963): San Gimignano. L'Universo 43, S. 247–258.

Sanfilippo, M. (1978): Dalla crisi urbana del periodo tardoantico alla città-stato tardomedievale. In: Le città. Capire L'Italia, Bd. 2. Hrsg. Touring Club Italiano, S. 56–84, Mailand.

Santini, P. (1887): Società delle torri in Firenze. In: Archivio storico italiano, Serie 20, 4, S. 25–58, 178–204.

Sapori, A. (1952): Le marchand italien au moyen-age. Paris.

Savioli, L. (1953): Lo sviluppo di Firenze dal 1900 al 1950. In: Urbanistica 12, S. 29–42.

Sayons, A.E. (1932): Les opérations des banquiers italiens en Italie et aux foires de la Champagne pendant le XIIIe siécle. In: Revue historique 170, S. 1–31.

Schenda, R./Schenda, S. (1965): Eine sizilianische Straße. Volkskundliche Beobachtungen aus Monreale. Volksleben, Bd. 8, Tübingen.

Schepers, J. (1967): Mittelmeerländische Einflüsse in der Bau- und Wohnkultur des westlichen Mitteleuropas. In: Europäische Kulturverflechtungen im Bereich der volkstümlichen Überlieferung. Festschrift zum 65. Geburtstag Bruno Schiers. Hrsg. G. Heilfurth u. H. Sints. Veröff. d. Inst. f. mitteleurop. Volksforsch. d. Univ. Marburg, Bd. 5, S. 1–27, Göttingen.

Schiaparelli, A. (1908): La casa fiorentina e i suoi arredi nei secoli XIV e XV. Florenz.

Schlesinger, W. (1957): Über mitteleuropäische Städtelandschaften der Frühzeit. In: Blätter f. deutsche Landesgeschichte, Bd. 93, S. 15–42.

– (1963): Stadt und Burg im Lichte der Wortgeschichte. In: Studium Generale, 16, S. 433–444.

Schmid, H.F. (1957): Das Weiterleben und die Wiederbelebung antiker Institutionen im mittelalterlichen Städtewesen. In: Ann. di storia del diritto 1. S.

Schmiedt, G. (1964): Contributo della foto-interpretazione alla ricostruzione della situazione geografico topografico degli insediamenti antichi. Scomparsi in Italia. In: L'Universo 44, S. 955–996.

Schneider, F. (1914): Die Reichsverwaltung in Toskana von der Gründung des Langobardenreiches bis zum Ausgang der Staufer (589–1268). Bibliothek des preuß. hist. Inst. in Rom, Bd. 11, Rom.

– (1924): Entstehung der Burg- und Landgemeinden in Italien. Arbeiten zur mittleren und neueren Geschichte 68, Berlin.

Schneider, G. (1899): Die finanziellen Beziehungen der florentinischen Bankiers zur Kirche von 1285–1304. Staats- und Sozialwissenschaftliche Forschungen, Hrsg. G. Schmoller, Bd. 17, H. 1, Leipzig.

Schneider, J. (1969): Family patrimonies and economic behavior in western Sicily. In: Anthropological Quarterly 42, S. 109–129, Washington.

Schneider, P. (1969): Honor and conflict in a Sicilian town. In: Anthropological Quarterly 42, S. 130–154, Washington.

Schöller, P. (1953): Aufgaben und Probleme der Stadtgeographie. In: Erdkunde 7, S. 161–184.

Scholz, H. (1952): Insediamento umano e sfruttamento dei territori nella Sicilia centrale e meridionale. In: Geographica Helvetica, 7, S. 9–16.

Schwarz, G. (1952): Das Problem der regionalen Stadttypen an europäischen Beispielen. In: Tag. ber. u. wiss. Abh. dt. Geogr. tag Frankfurt 1951, Remagen, S. 133–140.

– (1966): Allgemeine Siedlungsgeographie. Lehrbuch der Allgemeinen Geographie, Hrsg. H. Obst, Bd. 6, 3. Aufl., Berlin.

Seidlmayer, M. (1962): Geschichte Italiens. Stuttgart.

Sestan, E. (1960): La città comunale italiana dei secoli XI-XIII nelle sue note caratteristiche rispetto al movimento comunale europea. In: Rapport du Congres international des historiques (= Internationaler Kongress für Geschichtswissenschaften 11), S. 75–95.

– (1968): Italia medievale. Neapel.

Sestini, A. (1958): Qualche osservazione geografico-statistica sulle conurbazioni italiane. In: Studi geografici in onore del Prof. Renato Biasutti. Supplemento al vol LXV del Riv. geogr. Ital., S. 313–328.

Sereni, E. (1962): Storia del paesaggio agrario italiano. Bari.

Shevky, E./Bell, W. (1955): Social Area Analysis: Theory, illustrative applications and computational procedure. Standford.

Sica, P. (1976): Storia dell'urbanistica. Rom, Bari.

Silberschmidt, W. (1931): Die Bedeutung der Gilde, insbesondere der Handelsgilde, für die italienische Städtefreiheit. In: Z GR LI, S. 132–174.

Silvermann, S. (1975): Three bells of civilization. The life of an Italian hill town. New York, London.

Simeoni, L. (1951): La liberazione dei servi a Bologna nel 1256–1257. In: Archivio storico italiano 109, S. 3–26.

Sjøberg, G. (1960): The preindustrial City. Glencoe, Ill.

Solmi, A. (1929): Le corporazioni romane nella città dell'Italia superiore nell'alto Medioevo. Mailand.

Sombart, W. (1907): Der Begriff Stadt und das Wesen der Städtebildung. In: Archiv f. Sozialwissenschaften und Sozialpolitik XXV, Neue Folge, Bd. 7, S. 1–9.

Spatrisano, G. (1972): Lo Steri di Palermo e l'architettura siciliana del Trecento. Palermo.

Stahl, B. (1965): Adel und Volk im Florentiner Dugento. Köln, Graz.

Stein, N. (1971): Die Industrialisierung an der Südostküste Siziliens. Bevölkerungs- und Sozialgeographische Strukturwandlungen eines mediterranen Raumes. In: Die Erde 102, S. 180–207.

Stewig, R. (1966): Bemerkungen zur Entstehung des orientalischen Sackgassengrundrisses am Beispiel der Stadt Istanbul. In: Mitt. d. österr. Geogr. Ges., Bd. 108, S. 25–47.

Stoob, H. (1956): Kartographische Möglichkeiten zur Darstellung der Stadtentstehung in Mitteleuropa besonders zwischen 1450 und 1800. In: Forschungs- und Sitzungsberichte der Akademie für Raumforschung und Raumordnung, Bd. 6, Historische Raumforschung I, S. 21–76, Bremen-Horn.

– (1965): Formen und Wandel staufischen Verhaltens zum Städtewesen. In: Festschrift H. Aubin zum 80. Geburtstag, Bd. 2, S. 423–451, Wiesbaden.

– (1970): Minderstädte. Formen der Stadtentwicklung im Spätmittelalter. In: Forschungen zum Städtewesen in Europa, Bd. 1, Räume, Formen und Schichten mitteleuropäischer Städte, S. 225–245, Köln, Wien.

– (1971): Die Castelli der Colonna. In: Quellen und Forschungen aus italienischen Archiven und Bibliotheken, 51, S. 207–249.

– (1972): Norba – Ninfa – Norma – Sermoneta. Dauer und Abbruch städtischen Lebens. In: Die Stadt in der europäischen Geschichte. Festschrift Edith Ennen. Hrsg. W. Besch; K. Fehn; D. Hörold; F. Irsigler; M. Zender. Bonn.

Stopani, R. (1977): Medievali „case da signore" nella campagna fiorentina. Florenz.

– (1979): Il contado fiorentino nella seconda meta del dugento. Florenz.

Strahm, H. (1950): Zur Verfassungstopographie der mittelalterlichen Stadt mit besonderer Berücksichtigung der Gründungsphase der Stadt Bern. In: Zeitschr. f. Schweizerische Geschichte, 30, S. 372–410.

Susini, G. (1978): La città antica. In: Le città. Capire l'Italia, Bd. 2, Hrsg. Touring Club Italiano, S. 26–55, Mailand.

Sznura, F. (1975): L'espansione urbana di Firenze nel Dugento. Florenz.

Tavera, N. (1978): L'Ascesa di Piombino al declino della Repubblica di Pisa. Florenz.

Tenenti, A. (1970): Firenze dal comune a Lorenzo il Magnifico 1350–1494. Mailand.

Tentori, T. (1976): Social classes and family in a southern Italian town: Matera. In: Mediterranean Family Structures. Hrsg. J.G. Peristiany. S. 273–285, Cambridge, London, New York, Melbourne.

Teti, M.A. (1978): La città di Catanzaro dal 1860 al 1920: evoluzione urbanistica e condizioni di vita della popolazione. In: Storia Urbana 2, 6, S. 55–83.

Toepfer, H. (1968): Die Bonner Geschäftsstraßen. Räumliche Anordnung, Entwicklung und Typisierung der Geschäftskonzentrationen. Arbeiten z. Rheinischen Landeskunde, H. 26, Bonn.

Tolaini, E. (1967): Forma Pisana. Problemi e ricerche per una storia urbanistica della città di Pisa. – Pisa.

Tomasi, G.L. (1965): Le Ville di Palermo. Palermo.

Tommasi, G. (1847): Sommario della storia di Lucca dall'anno MIV all'anno MDCC. Neudruck: 1967, Lucca.

Tömmel, J. (1976): Bologna – Planungspolitik als praktische Kritik des Agglomerationsprozesses. In: Stadtentwicklungsprozeß – Stadtentwicklungschancen: Planung in Berlin, Bologna und in der VR China. Geogr. Hochschulmanuskripte, H. 3, S. 35–134, Göttingen.

Torelli, P. (1930–1952): Un comune cittadino in territorio ad economia agricola. 2 Bd., Mantua.

Toschi, U. (1936): Questioni di morfologia urbana della Sicilia ionica. In: Riv. Geogr. Ital. 62, S. 1–28.

Touring Club Italiano (Hrsg.) (1961): L'Italia storica. Conosci L'Italia. Bd. 5, Mailand.

Trease, G. (1974): Die Condottieri. Söldnerführer, Glücksritter und Fürsten der Renaissance. München.

Vaccari, P. (1950): Profilo storico di Pavia. Pavia.

– (1956): Pavia nell'alto medioevo e nell'età comunale. Pavia.

– (1959): Pavia nell'alto medioevo. In: La città nell'alto medioevo, S. 151–192, Spoleto.

Vannucchi, M. (1977): I problemi dell'intervento nei centri storici toscani oggi: il ruolo della regione nel recupero sociale e del patrimonio edilizio. In: I centri storici della Toscana. Hrsg. C. Cresti, Bd. 1, S. 41–46, Mailand.

Venerosi Pesciolini, G. (1933): La strada Francigena nel contado di Siena nei Sec. XIII e XIV. In: La Diana VIII, S. 118–155.

Vercauteren, F. (1962): Die spätantike Civitas im frühen Mittelalter. In: Bull. für deutsche Landesgeschichte, 98.

Verdiani-Bandi, A. (1973): I castelli della Val d'Orcia e la Repubblica di Siena. 2. Aufl., Montepulciano.

Villa, P. (1941): Urbanistica rurale in Sicilia. Palermo.

Villani, P. (1974): Mezzogiorno tra riforme e rivoluzione. Rom, Bari.

Vittinghoff, F. (1958): Zur Verfassung der spätantiken Stadt. In: Studien zu den Anfängen des europäischen Städtewesens. Reichenau Vorträge 1955–56. Vorträge und Forschungen, Bd. 4, Lindau, Konstanz.

– (1978): „Stadt" und Urbanisierung in der griechisch-römischen Antike. In: Hist. Zeitschr., Bd. 226, S. 547–563.

Viviani, R. (1977): Interventi nelle città e nel territorio toscano dall'unità nazionale al secondo Dopoguerra. In: I centri storici della Toscana. Hrsg. C. Cresti, Bd. 1, S. 35–40, Mailand.

Vöchting, F. (1965): Gesellschaft und Wirtschaft einer süditalienischen Kleinstadt. In: Jahrbücher f. Nationalökonomie und Statistik 177, S. 494–524, Stuttgart.

Volpe, G. (1961): Questioni fondamentali sull'origine dei comuni italiani. In: Medioevo italiano, Auflg. 2, S. 85–118, Florenz.

– (1964): Toscana medievale, Massa Marittima, Volterra, Sarzana. Florenz.

– (1969): L'Italia che nasce. Florenz.

Vries-Reilingh, H.D. de (1968): Gedanken über die Konsistenz in der Sozialgeographie. In: Zum Standort der Sozialgeographie. Wolfgang Hartke zum 60. Geburtstag, Hrsg. K. Ruppert. Münchner Stud. z. Sozial- u. Wirtschaftsgeogr., Bd. 4, S. 109–117, Kallmünz/Regensburg.

Waley, D. (1952): Medieval Orvieto. The political history of an Italian City-State 1157–1334. Cambridge.

– (1969): Die italienischen Stadtstaaten. München.

Wallbaum, U. (1980): Cosenza. Geographische Untersuchung einer süditalienischen Provinzhauptstadt. Diss. Düsseldorf.

Wapler, G. (1979): Die zentralörtliche Funktion der Stadt Perugia. Bestimmungsfaktoren und Bedeutung für das Umland. Abh. d. Geogr. Inst. d. FU Berlin, Anthropogeographie, Bd. 28.

Ward-Perkins, J. (1962): Etruscan towns, Roman roads and medieval villages: the historical geography of southern Etruria. In: Geogr. Journal 128, S. 389–405.

Weber, K.E. (1966): Materialien zur Soziologie Siziliens. Diss. Heidelberg.

Weber, M. (1921): Die Stadt. In: Archiv f. Sozialwissenschaft und Sozialpolitik 47, auch in: Wirtschaft und Gesellschaft, Bd. 2, Tübingen. 1947 = Grundriß d. Sozialökonomie 3.

– (1964): Die ‚Objektivität‘ sozialwissenschaftlicher Erkenntnis. In: M. Weber: Soziologie, Weltgeschichtliche Analyse, Politik. Hrsg. E. Baumgartner. 3. Aufl., S. 186–262, Stuttgart.

Wirth, E. (1979): Theoretische Geographie. Grundzüge einer Theoretischen Kulturgeographie. Stuttgart.

Wolf, K. (1971): Geschäftszentren. Nutzung und Intensität als Maß städtischer Größenordnung. Ein empirisch-methodischer Vergleich von 15 Städten der BRD. Frankfurt.

Zanetto, G./Lando, F. (1980): Mestre: analisi tipologica di una struttura urbana. In: Boll. Soc. Geogr. Ital., Ser. 10, Vol. 9, S. 213–255.

Zdekauer, L. (1896): La vita privata dei Senesi nel Dugento. Siena.

SUMMARY

Cities in Sicily and Tuscany show such marked differences in their internal structure that they must be regarded and interpreted as „regional city types" in Italy. Following the cultural-genetic concept these differences are analysed by using a historic-geographical approach. The urban morphology in its historic context offers for Italian cities a particular insight into their patterns as buildings have been preserved over extremely long periods. In many cases they can be traced back as far as the 13th century. Structure, arrangement and changes of these persistent buildings reflect the fundamental differences in the urban history of both regions. In Tuscany these old buildings have maintained their social and functional value whereas in Sicily, in spite of showing the same kind of persistence physically, they have not. This difference in the persistence of buildings has been of considerable influence on the spatial patterns of the residential areas and the distribution of tertiary functions and must be seen as the main reason for the regional variations of the present city patterns. In Tuscany, historic buildings have been adapted to the life style and housing aspirations of the inhabitants, even to those of the upper classes, or they have attracted high order tertiary functions and thereby influenced the spatial pattern of these functions. This means, social and functional areas as well as property values have remained relatively stable over a long period. In Sicily however, decay and devaluation of these historic buildings of the former upper classes correspond with spatial shifts of social and functional areas in the cities. Here, neither the upper classes nor high order tertiary functions have shown any interest in these historic buildings. Instead they have prefered new and modern buildings along the periphery of the historic city centre. These results are considered as a first step towards the development of a general typology of Italian cities.

Bild 1: Der Palazzo del Popolo in Siena ist als Sitz der Stadtverwaltung 1297–1310 erbaut worden. Auch heute befinden sich hier noch die Amtsräume des Bürgermeisters und viele kommunale Ämter. In Teilen ist er heute Museum.

Bild 2: Wehrtürme und kleine Palazzi an der Piazza Cisterna, San Gimignano. Da die Stadt früh von Florenz annektiert wurde, hat sich die alte Baustruktur der Wehrtürme mit kleinen angegliederten Palazzi besonders gut erhalten.

Bild 3: Der Palazzo Gondi in Florenz (1490–1501) entspricht mit seiner Frührenaissancefassade dem Idealbild eines florentiner Palazzo. Heute befinden sich Wohnungen und Büros in dem Gebäude.

Bild 4: Massenwohnhäuser an der Piazza del Mercato in Siena. Auch diese einfachen Wohnhäuser stammen in ihrer Bausubstanz aus dem 13.–14. Jahrhundert.

Bild 5: Borgo-Kleinhäuser an der Via Vallerozzi in Siena. Deutlich ist die gleichmäßige Parzellenbreite und die individuelle Gebäudehöhe zu erkennen.

Bild 6: Palazzo an der Via Duomo in Agrigent. Trotz des sehr verfallenen Zustandes sind die barocken Stilelemente des Palazzo noch gut zu erkennen.

Bild 8: Altes Einraumhaus im „centro storico" von Agrigent. In dieser einfachen Form werden die Häuser heute nur noch selten als Wohnhaus genutzt.

Bild 7: „Rücken-an-Rücken-Häuser" in Porto Empedocle. Es sind deutlich die kleinen Grundflächen der Häuser (ein Raum pro Stockwerk) und die unterschiedliche Aufstockung zu erkennen.

Bild 10: Isolierte, aufwendige Hochbauten im „centro storico" von Agrigent an der Via Empedocle. In den Hochhäusern befinden sich Eigentumswohnungen der Luxusklasse.

Bild 9: Blick in die Via Atenea in Agrigent von der Piazzale Roma aus. Die Corso-Straße ist vorwiegend durch Gebäude des 19. Jahrhunderts geprägt.